民法典

新规则
速查速用
大全集

根据民法典及相关司法解释
和规范性文件精心编写

聚焦民法典新增法律规定
结合社会生活中的热点法律问题

张思星 | 主 编 |
李 坤 | 副主编 |

中国法制出版社
CHINA LEGAL PUBLISHING HOUSE

前　言

法律是治国之重器，良法是善治之前提。《中华人民共和国民法典》（以下简称《民法典》）的颁布是我国民商事法制建设步伐不断加快的见证，也是世界民事法律法典化进程的重要一环。《民法典》凝结了几代法律人的智慧，借鉴了人类法治文明建设的优秀成果，是对新时代中国人民利益关切的回应，能够解决当前司法实践中面临的棘手问题。

正如伟大的法学家霍姆斯所言："法律的生命不在于逻辑，而在于经验。"法律只有嵌入实践中才能彰显其生命力，而知法懂法正是法律得以正确实践的基础和前提。为了让广大人民群众增强对《民法典》的理解，提高法律素养，全国各地积极开展了各种宣传学习《民法典》的活动，民众学习热情也空前高涨。

学习必须要抓住重点，要有针对性。为了适应时代的发展，《民法典》在之前的《物权法》《合同法》《婚姻法》《继承法》《收养法》《侵权责任法》等法律条文的基础上，或修改，或增加，汇聚成法典。特别是大批新增法律规定，非常值得关注。如为了回应国民生活的新需要，《民法典》新增了离婚冷静期的规定；为了更有力地保护合法私产，《民法典》新增了侄甥辈代位继承的规定；为了实现"居有其屋"，《民法典》新增了居住权的规定；为了更全面地保障人的尊严，《民法典》新增了人格权的规定；为了抵制社会中屡禁不止的一些侵权现象，《民法典》新增了禁止高空抛物等规定；为了更好地规范经济交流，《民法典》将有名合同范围进一步扩大，增加了如保证合同、保理合同、物业服务合同、合伙合同等。《民法典》的新规定还有很多，我们在学习的时候，应抓住《民法典》较之旧法的"变化"之处，多多关注新规定。

然而法律的语言总是凝练的，不似大众日常交谈那般平实通俗，尤其是在面对新的法律条文时，很多人或是一知半解，或是难解全意，更有甚者会产生与立法者本意相左的理解。为了帮助大家更高效、更准确地学习新规，理顺条文背后的原理与逻辑，我们特意编写了本书。

本书具有两大特色：其一为“新”，其二为“易”。

所谓“新”，即本书的编者在对比研究《民法典》与前法的基础上，就发生实质变化的法律条文及新增的法律条文进行了系统整理，结合实际生活提出法律问题，并用新规定来分析新问题，从而达到带领读者学习《民法典》新规定的目的。

所谓“易”，即在本书中使用“案例—解析—条文”的模式，通过一个个案例故事，将《民法典》的各项新规展示出来，以案说法，深入浅出，娓娓道来，简单易学，相信读者一定能看得明白、看得进去。

知识无境，多多益善。当然，我们在学习《民法典》的路上，不能仅仅止步于新规定，对于其他规定，也应当多多了解和学习。在此，我们衷心希望本书能成为您学习《民法典》的得力助手，同时，也真诚地希望您给予本书批评与指导！

目　录

一、民法总则

二、物　权

三、合　同

四、人格权

五、婚姻家庭

六、继　承

七、侵权责任

一、民法总则

1. 新冠肺炎疫情期间，孩子因家人被隔离而无人照料的，哪些部门有义务照料孩子？

案 例

小白今年6岁，读幼儿园大班。虽然小白一家三口都生活在北京，但是她的父母是进京务工人员，在北京并无亲戚。新冠肺炎疫情期间，小白的父母一直在社区的菜市场卖菜。有关部门在流调之后将小白的父母认定为密切接触者，并将他们安排到集中隔离点进行观察。因为隔离需要至少两周的时间，年纪尚小、生活不能自理的小白在此期间可能要独自生活，所以她的父母很是担心小白的安危。请问在这种情况下，哪些部门有义务照料小白呢？

解 析

矜老恤幼不仅是中华民族的传统美德，也是现代法治的基本要求。疫情期间，一些家长因被认定为密切接触者或感染者而被安排至集中隔离点，家中年幼的孩子无人照顾。《民法典》第34条规定了在发生突发事件等紧急状况时，监护人暂时无法履行监护职责，被监护人的生活处于无人照料状态的，被监护人住所地的居委会、村委会或民政部门负有为被监护人提供必要的临时生活照料措施的义务。即在发生紧急状况时，出于对公共利益的保护，可能会对个人自由进行合法克减，但应当把对个人的影响降到最小。监护人因为法律或公共政策的限制无法照料被监护人的生活的，由代表国家意志的相关部门承担起这一责任具有合理性和合法性。

在上面的案例中，小白作为一名年仅6岁的儿童，不具备独自生活的能力，且身边没有能照料其生活的人。新冠肺炎疫情属于突发事件，小白的父母因为被隔离而暂时无法承担监护责任，因此小白住所地的居委会或民政部门则对其负有照料的义务。

条 文

《中华人民共和国民法典》

第三十四条 监护人的职责是代理被监护人实施民事法律行为，保护被监护人的人身权利、财产权利以及其他合法权益等。

监护人依法履行监护职责产生的权利，受法律保护。

监护人不履行监护职责或者侵害被

监护人合法权益的，应当承担法律责任。

因发生突发事件等紧急情况，监护人暂时无法履行监护职责，被监护人的生活处于无人照料状态的，被监护人住所地的居民委员会、村民委员会或者民政部门应当为被监护人安排必要的临时生活照料措施。

2. 14岁的孩子购买电脑后，商城可以要求其父母在多长时间内对其购买行为予以确认？

案 例

小王今年14岁，是一名中学生。一天，他在逛街时发现电脑商城正在做店庆活动，凡购买价值6000元以上的电脑，均可获赠高品质蓝牙耳机一副。小王想了想，觉得有一台电脑可以方便自己听网课、查资料，于是用自己的压岁钱以6299元的价格购买了一款笔记本电脑。在和销售人员聊天时，小王透露自己今年14岁，还在念初中。销售人员请示了经理，经理表示小王的购买行为需要其父母确认。但是，这款笔记本电脑销售火爆，活动数量有限，还有其他人在等待购买。那么对其购买行为，商城可以要求小王的父母在多长时间内予以确认？

解 析

在现实生活中，每个人都有支配自己财产的权利。随着人们生活水平的提高，很多未成年人都有自己的“小金库”，但这并不意味着他们可以任意支配自己的“小金库”。《民法典》第145条第1款规定，限制民事行为能力人在实施非纯获利益的民事法律行为或者与其年龄、智力、精神健康状况不适应的民事法律行为时，需要其法定代理人的同意或追认。这一条款实际上是通过事前立法的方式保护限制民事行为能力人的利益。限制民事行为能力人受制于年龄、智力、精神健康状况等因素，有时候并不能作出恰当的处分行为。法定代理人的介入能够为他们的权益增加一层保障，这也是《民法典》公平原则的体现。

在上面的案例中，14岁的小王属于限制民事行为能力人，其用压岁钱购买电脑属于处分自己的财产，但对于一个14岁的孩子来讲，6299元的数额已经超出了其处分能力范围。在这场交易中，电脑商城和14岁的孩子并不处于实质平等的地位。因此，如果要认定小王的购买行为有效，需要其父母的同意或追认。至于追认的时间，根据《民法典》第145条第2款的规定，商城可以催告其父母在收到通知后30日内予以追认。如果其父母在30日内未予答复，则视为拒绝追认。此时，商场可以将电脑卖给其他顾客。

条 文

《中华人民共和国民法典》

第十九条 八周岁以上的未成年人为限制民事行为能力人，实施民事法律行为由其法定代理人代理或者经其法定代理人同意、追认；但是，可以独立实施纯获利益的民事法律行为或者与其年龄、智力相适应的民事法律行为。

第一百四十五条 限制民事行为能力人实施的纯获利益的民事法律行为或者与其年龄、智力、精神健康状况相适应的民事法律行为有效；实施的其他民事法律行为经法定代理人同意或者追认后有效。

相对人可以催告法定代理人自收到通知之日起三十日内予以追认。法定代理人未作表示的，视为拒绝追认。民事法律行为被追认前，善意相对人有撤销的权利。撤销应当以通知的方式作出。

二、物　权

（一）通　则

3. 抵押权人可以将抵押人的不动产权证书的照片发到微博上吗？

案　例

朱先生从小家境贫寒，很早便来到大城市打工，他凭借着自己的聪明才智成了一名青年企业家。然而，今年朱先生的公司由于经营不善出现了比较严重的资金问题，他便找到生意伙伴王先生借款100万元。王先生同意了朱先生的请求，但需要他将位于郊区的一栋别墅作为抵押。于是，二人一起到不动产登记中心办理了抵押登记，朱先生顺利拿到100万元借款。王先生为了炫耀，将朱先生的不动产权证书拍照发到了微博上。朱先生看到之后要求王先生删除此条微博。那么，朱先生的要求有法律依据吗？抵押权人可以将抵押人的不动产权证书的照片发到微博上吗？

解　析

不动产权证书是确定房主对房屋享有权利的根据，记载了房主和房屋的一些基本信息，如果随意公开，将会泄露房主的个人信息。《民法典》第216条第1款明确规定，不动产登记簿是物权归属和内容的根据。同时，该法第219条强调，利害关系人不得公开、非法使用权利人的不动产登记资料。由此可知，我国法律明确规定不能随意公开不动产登记簿，债权人等利害关系人也不能公开、非法使用债务人的不动产登记资料。

在上面的案例中，虽然朱先生将自己的房产抵押给了王先生，但王先生作为抵押权人不能擅自将朱先生的房产证在微博等社交平台上公开，这样很可能造成朱先生个人信息的泄露。朱先生可以要求王先生立即删除微博，消除影响并赔礼道歉。

条　文

《中华人民共和国民法典》

第二百一十六条第一款　不动产登记簿是物权归属和内容的根据。

第二百一十九条　利害关系人不得公开、非法使用权利人的不动产登记资料。

4. 买房人超过3个月未办理不动产登记的，预告登记还有效吗？

案　例

2020年12月，吴某与甲公司签订了商品房预售合同。双方约定甲公司将某小区的一套房屋卖给吴某，并约定于2021年2月办理登记过户手续。合同签订后，吴某依照合同约定向甲公司交付了首付费用18万元。因未到约定办理登记过户的时间，吴某为保障自身权益，向房屋登记机关提交了身份证明、商品房预售合同、《预告登记申请书》等材料，申请办理了不动产买卖预告登记。2021年2月18日，甲公司通知吴某可以办理不动产登记，请吴某抽时间前去办理。吴某当时正在外地出差，便回复甲公司等他回去再另约时间。谁知因手头事务繁忙，吴某竟将此事忘得一干二净。直到2021年5月23日甲公司将该房屋出售给他人，吴某这才着急起来。吴某认为，自己购买的预售商品房已经办理了预告登记，甲公司不能转售。那么，该套房屋所有权属于谁？吴某迟迟未办理不动产登记，其之前办理的预告登记是否仍然有效？

解　析

预告登记是为保全物权请求权而进行的不动产登记，目的是保障即将发生的不动产物权变动，其本质特征是使被登记的请求权具有物权的效力。也就是说，进行了预告登记的请求权，对后来发生的与该请求权内容相同的不动产物权的处分行为具有对抗效力。根据《不动产登记暂行条例实施细则》第85条的规定，商品房等不动产预售的，当事人可以按照约定申请不动产预告登记。

在上面的案例中，吴某购买的是预售商品房，可按相关规定申请办理预告登记。办理预告登记后，未经吴某同意，甲公司不得再随意转售该房屋。但是，根据《民法典》第221条、《最高人民法院关于适用〈中华人民共和国民法典〉物权编的解释（一）》第4条的规定，办理预告登记后，自能够进行不动产登记之日起90日内未申请登记的，预告登记失效。因此，由于吴某于2月18日接到甲公司通知可以办理不动产登记，但自此之日起90日内未申请登记，因此该预告登记于5月19日失效，房屋所有权人仍为甲公司。也就是说，甲公司仍然享有出售该房屋的权利，该房屋已不存在妨碍出售的障碍。

条　文

《中华人民共和国民法典》

第二百二十一条　当事人签订买卖房屋的协议或者签订其他不动产物权的协议，为保障将来实现物权，按照约定可以向登记机构申请预告登记。预告登记后，未经预告登记的权利人同意，处分该不动产的，不发生物权效力。

预告登记后，债权消灭或者自能够进行不动产登记之日起九十日内未申请登记的，预告登记失效。

《最高人民法院关于适用〈中华人民共和国民法典〉物权编的解释（一）》

第四条 未经预告登记的权利人同意，转让不动产所有权等物权，或者设立建设用地使用权、居住权、地役权、抵押权等其他物权的，应当依照民法典第二百二十一条第一款的规定，认定其不发生物权效力。

《不动产登记暂行条例实施细则》

第八十五条 有下列情形之一的，当事人可以按照约定申请不动产预告登记：

（一）商品房等不动产预售的；

（二）不动产买卖、抵押的；

（三）以预购商品房设定抵押权的；

（四）法律、行政法规规定的其他情形。

预告登记生效期间，未经预告登记的权利人书面同意，处分该不动产权利申请登记的，不动产登记机构应当不予办理。

预告登记后，债权未消灭且自能够进行相应的不动产登记之日起3个月内，当事人申请不动产登记的，不动产登记机构应当按照预告登记事项办理相应的登记。

（二）所有权

5. 征收村里的土地，应该如何补偿？

案 例

覃某所在村位于城市近郊，离市区仅两公里。近年来，城镇化规模发展迅速，该村被政府划入开发区，准备进行商业园区建设。该村占地面积约2000亩，有300户村民。覃某家在早年申请了宅基地使用权，修盖了一座200平方米的房子，进行了简单的装修，获得了房屋所有权证。2021年1月，开发区管委会正式进行征地补偿工作，以村为单位进行登记。覃某及部分村民对征地补偿内容、归属、分配等存在疑问，导致前期的登记工作推进困难。为加快征收进度，开发区管委会准备为村民召开一场咨询解答座谈会。那么，征收村里的土地，应当如何补偿呢？

解 析

我国土地所有权分为国家土地所有权和集体土地所有权，村集体土地所有权归属于村民集体。政府出于公共利益的考量，可以按照法定权限和程序征用村集体所有的土地进行规划、开发，并根据相应的标准规定给予土地所有权人、使用权人、承包人等利益相关人一定的补偿。土地是农民维持生活、进行生产的基础，应当依法、足额、及时保障农民合法权益。在征地过程中，需要明确征地赔偿项目及赔偿费用的归属等问题，以此保障利益相关人的合法权益。根据《民法典》第243条第2款的规定，征收集体所有的土地，补偿项目包括土地补偿费、安置补助费、村民住宅补偿费、其他地上附着物补偿费、青苗补偿费、被征地农民的社会保障费用。其中，土地补偿费归村集体经济组织所有，土地补偿费赔付后，由村集体经济组织召开村民会议，形成补偿款分配方案；村民住宅补偿费、其他地上附着物补偿费、青苗补偿费等根据村民个人情况有所差异；被征地农民的社会保障费由县级以上地方人民政府纳入相应的养老等社会保障体系。

在上面的案例中，覃某所在村的土地被征收后，村集体经济组织应当获得土地补偿费，归集体所有，覃某会获得青苗补偿费、村民住宅补偿费等。此外，覃某因承包土地被征收，无法进行生产生活，还会获得相应的社会保障费。

条 文

《中华人民共和国民法典》

第二百四十三条第二款 征收集体所有的土地，应当依法及时足额支付土地补偿费、安置补助费以及农村村民住宅、其他地上附着物和青苗等的补偿费用，并安排被征地农民的社会保障费用，保障被征地农民的生活，维护被征地农民的合法权益。

6. 渔民意外发现无人小岛，可以据为己有吗？

案 例

谢某是长岛县的居民，祖辈靠海而居，以打鱼为业。某日，谢某和同村渔民按照平常的捕鱼路线出海打鱼，当谢某一行人航行到长山列岛时，海上突然大雾弥漫，能见度极低，风力达到7级。谢某一行人在恶劣的天气条件下迷失了方向，艰难前行。两个小时后，天气好转，大雾渐渐消散，一座无人岛出现在了谢某一行人面前。该岛是长山列岛中的一个小岛，面积仅有0.078平方千米，距离长岛县城约15海里，岛上并没有居民居住，只有出海打鱼的渔民偶尔会在岛上停靠，躲避风雨。对于这座无人小岛，谢某一行人可以将其据为己有吗？

解 析

我国国土辽阔，山岳、湖泊、草原、沙漠、海岛等自然资源类型丰富。众所周知，土地、矿藏、水流、海域、森林、草原、荒地、滩涂、海岛等自然资源的所有权归属于国家。其中，海岛包括有居民海岛和无居民海岛，无居民海岛是指不属于居民户籍管理的住址登记地的海岛，对于无居民海岛，2010年3月起施行的《海岛保护法》明确规定无居民海岛归国家所有，由国务院统一规划、管理。《民法典》第248条继承前法规定，明确无居民海岛所有权属于国家，国务院为具体管理机关，代表国家对海岛进行统一规划、开发利用。无居民海岛蕴含着丰富的资源，具有重要的经济价值和生态价值，关涉国家海洋权益，是国家海洋开发战略的重要一环。国务院代表国家行使无居民海岛所有权，有利于最大限度地合理开发、保护海岛自然资源。

在上面的案例中，谢某等人虽然发现了一处无人岛，但并不能理所当然地将其据为己有，随意开发利用。无居民海岛和土地、矿藏、水流、海域、森林等自然资源一样，所有权归属于国家。由国家进行统一管理、集中开发才能更好利用、发挥自然资源的价值。

条 文

《中华人民共和国民法典》

第二百四十八条 无居民海岛属于国家所有，国务院代表国家行使无居民海岛所有权。

《中华人民共和国海岛保护法》

第四条 无居民海岛属于国家所有，国务院代表国家行使无居民海岛所有权。

7. 村民有权查阅村集体的财产收入及支出明细吗？

案 例

20世纪90年代，为方便农业生产灌溉，凤凰村组织修建了水库。随着社会经济的发展，生产经营呈现多样化发展趋势，凤凰村除了发挥水库的蓄水灌溉功能，还允许本村村民以竞价方式承包水库进行水产养殖，承包所得收入归村集体所有。2021年1月，凤凰村村委会进行了财务公开，村民发现村集体财产已经所剩无几。有村民认为，承包水库所得收入十分可观，除了维持村集体的正常开销，应当有较多结余，因此对村集体的财产收入和使用情况产生了疑问。在这种情况下，村民有权查阅村集体的财产收入及支出明细吗？

解 析

村集体经济组织的成员依法对村集体财产享有所有权，有权知晓财产使用情况并且可以通过村民会议决定集体财产的用途。但是在实践中，村委会等村集体组织往往通过简单的张贴方式公布村集体组织的财产状况，村民并不能详细了解每一笔收入的使用情况。对此，《民法典》第264条规定，村民委员会等集体经济组织有义务向集体成员公布集体财产的收入、支出等情况，村集体成员可以查阅、复制相关资料。该项规定进一步保障了集体成员的知情权和监督权，有利于集体财产得到合理使用并受到有效监督。

在上面的案例中，凤凰村部分村民对村集体财产收益和使用情况存在疑问，可以要求村集体经济组织依照法律、行政法规以及章程、村规民约的要求对外公布财产状况。在此过程中，村民也可以要求对村集体经济组织账簿等进行查阅、复制，村集体经济组织不得以任何理由拒绝。

条 文

《中华人民共和国民法典》

第二百六十四条 农村集体经济组织或者村民委员会、村民小组应当依照法律、行政法规以及章程、村规民约向本集体成员公布集体财产的状况。集体成员有权查阅、复制相关资料。

8. 业主委员会在什么情况下可以依法申请使用建筑物及其附属设施的维修基金？

案　例

黄某系禾木小区的业主。小区建造完成到现在已经有7年了，黄某居住的单元楼房屋外墙、屋顶等出现了破损，几次暴雨过后，破损程度更加严重，外墙皮有时会掉落下来，很容易砸到行人，非常危险，需要尽快进行维修。黄某多次向小区业主委员会反映情况，要求尽快维修。业主委员会成员向某解释说，不是他们不想修，而是因为建筑物及其附属设施的维修资金的使用需经业主共同决定，现在无法召集规定数量的业主就此事进行表决，因此无法动用小区维修金。黄某很疑惑，难道业主委员会不能直接依法申请使用维修金吗？那么，业主委员会在什么情况下可以依法申请使用建筑物及其附属设施的维修资金？

解　析

现实生活中，小区建成后经常会面临需要对建筑物及其附属设施进行维修、更新和改造的情况，但实践中存在着建筑物及其附属设施的维修资金收取难、签字表决难、提取使用程序烦琐等问题，给小区业主的正常生活带来不便。对此，《民法典》第281条不仅扩大了建筑物及其附属设施维修资金的使用范围，还在程序上新增了业主委员会“依法申请使用建筑物及其附属设施的维修资金”的方式。该条第2款规定，对于紧急情况下需要维修建筑物及其附属设施的，业主委员会可以依法申请使用建筑物及其附属设施的维修资金。

在上面的案例中，黄某居住的单元楼外墙、屋顶等出现了破损，不仅会危及房屋安全，还会危及楼下往来行人的安全，属于紧急情况下需要维修建筑物及其附属设施的范围，可以由业主委员会依法申请使用维修资金对破损的房屋外墙、屋顶进行维修。

条　文

《中华人民共和国民法典》

第二百八十一条　建筑物及其附属设施的维修资金，属于业主共有。经业主共同决定，可以用于电梯、屋顶、外墙、无障碍设施等共有部分的维修、更新和改造。建筑物及其附属设施的维修资金的筹集、使用情况应当定期公布。

紧急情况下需要维修建筑物及其附属设施的，业主大会或者业主委员会可以依法申请使用建筑物及其附属设施的维修资金。

9. 物业服务企业在小区电梯间投放广告产生的收入应归谁所有？

案　例

元某是某物业公司负责人，在公司开始为幸福小区（刚建成，还没有成立业主委员会）提供物业服务时，元某私自与一些商家达成在小区各电梯内投放商业广告的协议。两年间，该物业公司共收取广告费4.5万元。幸福小区业主委员会成立后，要求物业公司归还这笔费用。元某当场拒绝，称广告费系公司的经营性收入，应该用于弥补物业服务费的不足，不应该交给小区业主委员会。小区业主委员会随即要求元某拿出物业服务费亏损的凭据，元某一直没有提供凭据，并拒绝归还电梯广告收入。那么，物业服务企业在小区电梯间投放广告产生的收入应归谁所有？

解　析

如今，因为在小区投放电梯广告的费用较为便宜，广告宣传效果也较为明显，越来越多的商家选择在小区电梯间内投放广告，随之也引发了小区电梯广告收入的归属问题。对此，《民法典》第282条明确规定，利用业主共有部分产生的收入属于业主共有，但同时也考虑到小区管理人对此付出的心血，所以允许扣除合理成本。

在上面的案例中，商家在幸福小区各电梯投放广告的行为实际上是在利用业主共有部分进行商业宣传，所以这部分广告产生的收入属于业主共有，该小区物业应当将4.5万元电梯广告费扣除合理成本之后归还给业主。

条　文

《中华人民共和国民法典》

第二百八十二条　建设单位、物业服务企业或者其他管理人等利用业主的共有部分产生的收入，在扣除合理成本之后，属于业主共有。

10. 物业服务企业或者其他管理人是否有义务在小区开展垃圾分类工作？

案　例

陆某是荷花小区的物业公司负责人。一天，陆某接到政府通知，要求该物业公司协助配合有关部门在荷花小区施行垃圾分类。陆某接到通知后，认为这件事不是特别重要，物业公司也没有执行的义务，便只向小区业主发送了垃圾分类的相关通知，没有在小区大门处设置垃圾分类回收点。经过一段时间后，政府派专人来检查垃圾分类工作开展情况，发现荷花小区根本没有按规定进行垃圾分类，对陆某进行了严肃的批评。那么，物业服务企业或者其他管理人是否有义务在小区开展垃圾分类工作？

解　析

现代社会，物业服务企业在小区日常管理中承担了比较多的责任，在推进垃圾分类、人口普查、疫情防控、治安秩序维护等工作中发挥了重要作用。为切实维护小区居民的人身财产安全和社会公共利益，避免个别物业服务企业消极怠工，不配合政府依法实施的应急处置措施和其他管理措施，《民法典》第285条第2款为物业服务企业及其他管理人设定了“执行政府依法实施的应急处置措施和其他管理措施”的义务。由此可知，对于政府依法实施的应急处置措施和其他管理措施，物业服务企业或者其他管理人是有义务执行的。

在上面的案例中，垃圾分类属于政府依法实施的管理措施，陆某作为小区物业公司负责人，在接到政府通知后有义务执行政府依法实施的垃圾分类措施，应积极配合开展相关工作。

条 文

《中华人民共和国民法典》

第二百八十五条第二款 物业服务企业或者其他管理人应当执行政府依法实施的应急处置措施和其他管理措施，积极配合开展相关工作。

11. 邻居违章搭建，损害自身合法权益的，当事人可以怎么办？

案 例

田某是合家欢小区5栋1单元3楼的住户。因为个人需要，田某私自在过道窗户前搭建了一个储物间。这样一来，不仅过道变得狭窄，来往不方便，隔壁董某家客厅（对着走廊）的采光和通风也受到影响。于是，董某向小区业主委员会反映情况，并多次与业主委员会委员李某一起与田某协商，但田某一直未处理，甚至还辱骂董某。董某无奈之下只好向住建部门投诉。请问，邻居违章搭建，损害自身合法权益的，当事人可以怎么办？

解 析

对于在小区内任意弃置垃圾、装修房屋产生噪声、侵占通道、违章搭建、拒付物业费等行为，除了可以请求行为人停止侵害、排除妨碍、消除危险、恢复原状、赔偿损失等，《民法典》第286条还增加了一种救济方式，即向有关行政主管部门报告或者投诉。由此可知，业主或行为人违章搭建，拒不履行相关义务的，有关当事人可以向有关行政主管部门报告或者投诉。

在上面的案例中，田某私自在过道窗户前搭建储物间的行为，已经影响到了同楼层其他住户对公共过道的使用，侵犯了邻居董某的合法权益，董某及小区业主委员会委员李某多次与田某协商，但田某一直未处理，故董某可以依法向住建部门投诉。

条 文

《中华人民共和国民法典》

第二百八十六条 业主应当遵守法律、法规以及管理规约，相关行为应当符合节约资源、保护生态环境的要求。对于物业服务企业或者其他管理人执行政府依法实施的应急处置措施和其他管理措施，业主应当依法予以配合。

业主大会或者业主委员会，对任意弃置垃圾、排放污染物或者噪声、违反规定饲养动物、违章搭建、侵占通道、拒付物业费等损害他人合法权益的行为，有权依照法律、法规以及管理规约，请求行为人停止侵害、排除妨碍、消除危险、恢复原状、赔偿损失。

业主或者其他行为人拒不履行相关义务的，有关当事人可以向有关行政主管部门报告或者投诉，有关行政主管部门应当依法处理。

12. 将共有的平房改为仓库，需要经过多少人的同意？

案 例

顾某甲、顾某乙、顾某丙、顾某丁四人为亲兄弟，共同继承了刚去世的父母遗留下来的一大间平房。四人达成协议，约定各自享有该平房四分之一的产权份额，因管理该房屋产生的相关费用由四人分摊。随后，四人对该平房进行了产权变动登记，权利人登记为四人，共有情况为按份共有。因平房的增值空间有限，且考虑到该平房所在的地理位置，2021 年 4 月，顾某甲和顾某乙商议，决定将该平房重新修缮，改为仓库使用。因顾某甲和顾某乙是家中大哥和二哥，平日里对家里的事也是说了算的，就未与其余二人商量，直接动工修缮了房屋。完工后，顾某丙和顾某丁提出了异议，认为顾某甲和顾某乙的做法侵犯了其共有人的权益。那么，顾某甲和顾某乙的行为是否合法？如需重修房屋，应至少经几人同意才算合法？

解 析

按份共有人对共有的不动产或者动产按照其份额享有所有权。也就是说，每一按份共有人都在其相应份额上对共有物享有占有、使用、收益和处分的权利。但在现实生活中，经常有共有人发现在其不知情的情况下共有物被其他共有人私自处分的情况发生。为了保护各共有人的权利不被侵犯，《民法典》第 301 条规定，共有人对共有的不动产或者动产进行处分、作出重大修缮、变更性质或者用途的，应当经占份额三分之二以上的按份共有人或者全体共同共有人同意。如果共有人事先对相应情形作出了约定，则应依照其约定处理。

在上面的案例中，平房为顾某甲、顾某乙、顾某丙、顾某丁四人按份共有。顾某甲和顾某乙将平房重新修缮改为仓库使用的行为已经改变了共有物的性质和用途，构成重大修缮行为。因此，顾某甲和顾某乙应当在作出处分行为前先取得占份额三分之二以上，即三个以上的按份共有人同意才可以动工。然而顾某甲和顾某乙未与其余共有人商量就直接动工了，因此其行为是不合法的，应至少再争取一个共有人同意。

条 文

《中华人民共和国民法典》

第三百零一条 处分共有的不动产或者动产以及对共有的不动产或者动产作重大修缮、变更性质或者用途的，应当经占份额三分之二以上的按份共有人或者全体共同共有人同意，但是共有人之间另有约定的除外。

13. 因装修而添附在房屋内的建筑材料所有权归谁？

案 例

2021年3月，刘某为准备结婚而购置了一套房产。贾某系刘某雇用的为新房进行装修施工的工人。双方于同年4月签订了装修合同，合同约定：工程期限为60天，工程价款为12000元，贾某如需购买建筑材料应当在取得刘某同意后自行购买并由刘某最后统一清算费用。房屋装修如期完成，刘某在验收时发现房屋装修过程中贾某先行购买的许多建筑材料并未征得自己同意，并且这些建筑材料的风格自己并不喜欢，因此不该偿付这些材料的费用。那么，在该批材料难以拆除的情况下，其所有权应当归属于谁？刘某是否应该偿付贾某先行垫付的材料费呢？

解 析

添附是指因加工、附合和混合而产生一种新的物的行为。如果这个“新的物”在物理上不可拆解或者拆解后会对物的价值有极大破坏，则应本着维持物权秩序、物的整体经济价值的原则以及保护无过错当事人的原则进行权利和义务的分配，这也是我国民法中公平原则的体现。《民法典》第322条规定，因加工、附合、混合而产生的物的归属，有约定的，按照约定；没有约定或者约定不明确的，依照法律规定；法律没有规定的，按照充分发挥物的效用以及保护无过错当事人的原则确定。因一方当事人的过错或者确定物的归属造成另一方当事人损害的，应当给予赔偿或者补偿。

在上面的案例中，装修工人贾某完成装修后，装修材料已经附着于刘某的房屋上，成为房屋难以拆解的一部分，如果强行拆解会造成更大的经济损失，破坏新物也就是整体装修工程的效用。但二人在装修合同中已经明确约定贾某应当经过刘某同意后才可购买和使用装修材料，因此贾某私自用料并垫付价款的行为是不符合约定的，即贾某存在过错。在双方对“添附物的归属”未作约定的情况下，根据充分发挥物的效用以及保护无过错当事人的原则，装修后材料的所有权应当以归刘某所有为宜，刘某应当支付贾某事先约定的工程价款和材料费用，但贾某应当根据其过错对刘某进行适当赔偿。

条 文

《中华人民共和国民法典》

第三百二十二条 因加工、附合、混合而产生的物的归属，有约定的，按照约定；没有约定或者约定不明确的，依照法律规定；法律没有规定的，按照充分发挥物的效用以及保护无过错当事人的原则确定。因一方当事人的过错或者确定物的归属造成另一方当事人损害的，应当给予赔偿或者补偿。

14. 在无人领取的情况下，遗失物经过多长时间会归国家所有？

案 例

一天，丽丽和小于在某市的商业步行街购物，在逛街途中发现地上有一枚金戒指。这枚金戒指造型独特，戒圈内侧还刻有疑似姓名首字母的字样。二人觉得这枚金戒指对于失主来说一定有不寻常的意义，便在周围寻找了很久，可是一直没有找到失主。离开前，他们将金戒指交到了步行街附近的派出所，警察对他们表示感谢，并及时发布了招领公告。但一年多过去了，仍未有人到派出所认领这枚金戒指。那么，无人领取的遗失物多久之后会归国家所有？

解 析

拾金不昧既是中华民族的传统美德，也是现代法律所倡导的文明精神。为了鼓励拾金不昧的行为，帮助权利人及时找回遗失物，《民法典》第314条、第315条规定，遗失物的拾得人应当及时通知权利人领取，或者将其送至有关部门，有关部门应当通知权利人或者及时发布招领公告。但是，为了及时确定遗失物的归属，该法第318条同时规定，遗失物自发布招领公告之日起一年内无人认领的，归国家所有。

在上面的案例中，丽丽和小于将捡拾到的金戒指上交到公安机关，如果公安机关发布招领公告一年后仍无法找到金戒指的所有权人，金戒指将归国家所有。

条 文

《中华人民共和国民法典》

第三百一十四条 拾得遗失物，应当返还权利人。拾得人应当及时通知权利人领取，或者送交公安等有关部门。

第三百一十五条 有关部门收到遗失物，知道权利人的，应当及时通知其领取；不知道的，应当及时发布招领公告。

第三百一十八条 遗失物自发布招领公告之日起一年内无人认领的，归国家所有。

（三）用益物权

15. 居住权的设立，仅签订居住权合同就可以了吗？

案 例

刘大爷的子女因毕业后一直在国外工作，于是在国外定居并且结婚生子。为了照顾刘大爷，其子女请了一名保姆黄某负责照料刘大爷的日常生活。由于黄某十分善解人意，且为人开朗热情，刘大爷对她感到特别满意。渐渐地，二人暗生情愫，决定有生之年互相陪伴，但没有进行结婚登记。刘大爷比黄某大十几岁，担心如果自己先走一步黄某一人没有地方居住，于是就和黄某签订了居住权合同，在自己的房子上给黄某设立居住权。后来，刘大爷去世，其子女回国处理刘大爷的遗产，准备将上述房屋出售。这时，黄某拿出居住权合同，说刘大爷为其设立了居住权，其有权利继续居住在该房子里。那么，黄某仅凭她和刘大爷签订的居住权合同，就可以证明该居住权设立了吗？

解 析

居住权是一种新的用益物权，根据《民法典》第366条的规定，居住权人有权按照合同约定，对他人的住宅享有占有、使用的用益物权，以满足生活居住的需要。居住权的设立可以通过合同进行约定，也可以通过遗嘱的方式设立。但是，居住权的设立除了需要签订居住权合同，还需要履行其他手续。根据《民法典》第368条规定居住权无偿设立，但是当事人另有约定的除外。当事人在签订居住权合同后，还需要去登记机构申请居住权登记，居住权才能设立。

在本案中，刘大爷和黄某仅签订了居住权合同，并没有去登记机构申请居住权登记，因此，该房屋上的居住权并未设立。

条 文

《中华人民共和国民法典》

第三百六十六条 居住权人有权按照合同约定，对他人的住宅享有占有、使用的用益物权，以满足生活居住的需要。

第三百六十七条第一款 设立居住权，当事人应当采用书面形式订立居住权合同。

第三百六十八条 居住权无偿设立，但是当事人另有约定的除外。设立居住权的，应当向登记机构申请居住权登记。居住权自登记时设立。

第三百七十一条 以遗嘱方式设立居住权的，参照适用本章的有关规定。

16. 居住权合同一般应包括哪些条款？

案 例

杨爷爷和刘奶奶将自己在农村的房子卖掉后，用毕生积蓄在某市以儿子的名义买了一套房子，作为儿子的婚房。在儿子小杨结婚之前，两位老人和儿子聊过，以后要和他一起生活。但二人和儿子儿媳居住一段时间后，由于生活习惯不同，产生了很多摩擦与矛盾。在一次争吵中，儿媳甚至说要将两位老人赶出去。两位老人觉得该房子虽然登记在儿子名下，但是用自己的钱购买的。为了保障自己的权益，二人向某律师事务所的张律师进行咨询，该律师告诉二人，他们可以与儿子签订居住权合同，在房子上设立居住权，这样二人就可以一直在该房子里居住了。那么，居住权合同一般应包括哪些条款？

解 析

赡养父母是子女的法定义务，也是中华民族的传统美德。在生活中，由于年轻人还没有稳定的经济来源，父母通常会为其购置房产。为保障自己的权利，父母可以在为子女购置房产时，与其签订居住权合同，使自己可以一直居住在房子里。居住权是为了生活需要，在他人的房屋中生活、居住的权利。居住权的设立可以以合同的方式进行，且需要采用书面形式。至于具体的内容，根据《民法典》第 367 条的规定，一般应当包括当事人的姓名或者名称和住所、住宅的位置、居住的条件和要求、居住权期限、解决争议的方法等条款。此外，居住权的设立还需要办理登记。

因此，在本案例中，如果杨爷爷和刘奶奶要和小杨签订居住权合同，该合同中应当至少包括三人的姓名和住所、住宅的位置、居住的条件和要求、居住权期限、解决争议的方法等条款。

条 文

《中华人民共和国民法典》

第三百六十七条 设立居住权，当事人应当采用书面形式订立居住权合同。

居住权合同一般包括下列条款：

（一）当事人的姓名或者名称和住所；

（二）住宅的位置；

（三）居住的条件和要求；

（四）居住权期限；

（五）解决争议的方法。

17. 已设立居住权的住宅能否出租？

案 例

明先生和翁女士曾经是夫妻，目前已经离婚。其共有住宅的所有权人是明先生，但由于两人在离婚协议中要分配房产，而双方都暂时仅有这一个住处，双方便协商，由明先生为翁女士在房子上设立居住权，以此来代替协议履行。过了一段时间，明先生就步入了下一段婚姻，便搬出了原来的房子，并且想将该房产出租来补贴家用。那么，已设立居住权的住宅能否出租？

解 析

根据《民法典》第 369 条的规定，除非当事人另外有约定，已经设立居住权的住宅不能够进行出租。因此，为了保护居住权人的权利，法律明确限制将设立了居住权的房屋出租。

在本案例中，明先生不能够随意出租已经为翁女士设立了居住权的房屋，只有经过翁女士的同意，也就是在法律规定的“另有约定”的情况下，明先生才能够出租该房屋。

条 文

《中华人民共和国民法典》

第三百六十九条 居住权不得转让、继承。设立居住权的住宅不得出租，但是当事人另有约定的除外。

18. 房屋上设立的居住权有存续期间的限制吗？

案 例

王奶奶的女儿唐某在国外定居，王奶奶一个人在国内孤苦无依，非常寂寞。某次，她在外出时，不小心被车撞伤了，好心的刘阿姨将其送到医院。在交谈过程中，王奶奶得知刘阿姨是做保姆工作的，想着自己反正也需要有人来照顾，于是就邀请刘阿姨来照顾自己的饮食起居。在相处两年后，王奶奶觉得自己和刘阿姨已经形同亲人，为了让刘阿姨在城市中有个落脚的地方，王奶奶就在自己的房子上为刘阿姨设立了居住权，让其可以一直居住。王奶奶将这件事告诉了女儿，唐某尊重王奶奶的想法，对刘阿姨居住在母亲的房子里没有意见。但是，唐某担心刘阿姨去世后，其后代会搬来继续居住在该房子里。那么，房屋上设立的居住权有存续期间的限制吗？

解 析

居住权不是一直存在的，会受到存续期间的限制。根据《民法典》第369条、第370条的规定，居住权与所有权不同，不能转让、继承。也就是说，在居住期限届满或者居住权人死亡后，居住权就消灭了。同时，居住权的设立需要向登记机构申请居住权登记，且在登记后居住权才设立，因此，在居住权消灭时，也应当及时办理注销登记。

在本案例中，王奶奶为刘阿姨设立居住权，让其可以一直居住在自己的房子里。因此，在刘阿姨活着的时候，该居住权会一直存在。但是，刘阿姨去世后，其子女等继承人是不能通过继承的方式取得居住权的。此外，唐某可以让王奶奶与刘阿姨在居住权合同中补充约定居住权的期限，以此来保护自己的权利。

条 文

《中华人民共和国民法典》

第三百六十九条 居住权不得转让、继承。设立居住权的住宅不得出租，但是当事人另有约定的除外。

第三百七十条 居住权期限届满或者居住权人死亡的，居住权消灭。居住权消灭的，应当及时办理注销登记。

（四）担保物权

19. 承包人可以将海域使用权用于抵押贷款吗？

案 例

小王从小生活在我国东部沿海地区，毕业后在家乡承包了一片海滩用于养殖，并办理了海域使用权证书。因从事的海域养殖带来了不错的收益，所以小王准备投资其他项目。由于现有资金不足，小王就想用其承包的海域使用权向银行申请抵押贷款。那么，小王可以这样做吗？

解 析

在我国，海域涉及国家主权，专属于国家所有，是国家领土的重要组成部分，任何集体和个人都不能享有海域所有权。但是，为了发挥海域的使用价值并提高利用效率，国家允许将海域的使用权转让给集体或个人。因此，若经过合法程序，公民有权利依法利用特定的海域进行养殖、运输、采矿、修建港口和各种设施等，并取得相应收益。

本案例中，小王合法使用海滩，并办理了海域使用权证书，依法享有海域使用权。根据《民法典》第 395 条第 1 款第 3 项的规定，债务人或者第三人有权处分的海域使用权可以抵押。因此，小王可以以海域使用权进行抵押贷款。

条 文

《中华人民共和国民法典》

第三百九十五条 债务人或者第三人有权处分的下列财产可以抵押：

（一）建筑物和其他土地附着物；

（二）建设用地使用权；

（三）海域使用权；

（四）生产设备、原材料、半成品、产品；

（五）正在建造的建筑物、船舶、航空器；

（六）交通运输工具；

（七）法律、行政法规未禁止抵押的其他财产。

抵押人可以将前款所列财产一并抵押。

20. 被抵押的财产经合理转让后，抵押权人能否向购买人主张抵押权？

案 例

刘某和杨某既是朋友，又是生意上的合作伙伴。刘某大学学的是机械相关专业，毕业后开办了公司进行高新材料的生产。年初，刘某因做生意资金周转困难，向杨某借款人民币 40 万元，二人于杨某家中分别签订了《借款合同》和《抵押合同》。杨某于签订借款合同的当日按照约定将 40 万元通过银行转账的方式转至刘某指定账户。刘某将其公司新研发但还未投入市场的产品抵押给了杨某，并办理抵押登记。一年后，欠款到期，刘某经杨某多次催促也未能偿还借款。于是，杨某向法院提起诉讼，要求刘某偿还欠款，同时要求行使其对上述产品的抵押权。但法院在审理案件的过程中发现，涉案的产品已于抵押权设置后、案件立案前被合法转让给江某。江某出示了《买卖合同》、向刘某支付购买产品费用的银行流水以及其他相关材料。那么，杨某作为抵押权人，可以向江某主张抵押权吗？

解 析

《民法典》第 404 条规定，以动产抵押的，不得对抗正常经营活动中已经支付合理价款并取得抵押财产的买受人。《最高人民法院关于适用〈中华人民共和国民法典〉有关担保制度的解释》（以下简称《民法典担保制度解释》）第56条也规定，买受人在出卖人正常经营活动中通过支付合理对价取得已被设立担保物权的动产，担保物权人请求就该动产优先受偿的，人民法院不予支持。

在上面的案例中，抵押的产品为刘某公司所生产，在其借款后一年内，该产品上架销售，符合企业经营常规。江某正常买入产品，且支付了合理对价，依法拥有对产品的所有权，故杨某不能向江某主张抵押权。

但需要注意的是，《民法典担保制度解释》第56条还规定了几种例外情形：（1）购买商品的数量明显超过一般买受人；（2）购买出卖人的生产设备；（3）订立买卖合同的目的在于担保出卖人或者第三人履行债务；（4）买受人与出卖人存在直接或者间接的控制关系；（5）买受人应当查询抵押登记而未查询的其他情形。也就是说，在上述情形下，买受人在出卖人正常经营活动中通过支付合理对价取得已被设立担保物权的动产，担保物权人请求就该动产优先受偿的，人民法院予以支持。在上面的案例中，如果杨某能证明刘某和江某的交易之间存在以上情形的，则可以向江某主张抵押权。

条　文

《中华人民共和国民法典》

第四百零四条　以动产抵押的，不得对抗正常经营活动中已经支付合理价款并取得抵押财产的买受人。

《最高人民法院关于适用〈中华人民共和国民法典〉有关担保制度的解释》

第五十六条　买受人在出卖人正常经营活动中通过支付合理对价取得已被设立担保物权的动产，担保物权人请求就该动产优先受偿的，人民法院不予支持，但是有下列情形之一的除外：

（一）购买商品的数量明显超过一般买受人；

（二）购买出卖人的生产设备；

（三）订立买卖合同的目的在于担保出卖人或者第三人履行债务；

（四）买受人与出卖人存在直接或者间接的控制关系；

（五）买受人应当查询抵押登记而未查询的其他情形。

前款所称出卖人正常经营活动，是指出卖人的经营活动属于其营业执照明确记载的经营范围，且出卖人持续销售同类商品。前款所称担保物权人，是指已经办理登记的抵押权人、所有权保留买卖的出卖人、融资租赁合同的出租人。

21. 某一财产上同时设立了抵押权和质权的，其清偿顺序该如何确定？

案　例

刘某大学毕业后工作了几年，有了一点积蓄，因为一直有个创业的梦想，遂将原有的工作辞掉了。在创业过程中，由于资金周转不过来，刘某就将父母为其购置的汽车抵押给某银行，贷款6万元，并办理了抵押登记。后来，为了维持公司的日常运转，刘某只好将该车拿去质押给客户池某，以此来担保之前所欠的1万元借款。一年后，两笔借款均已到期，但刘某无力偿还。那么，在刘某的汽车同时设立了抵押权和质权的情况下，其清偿顺序该如何确定？

解 析

抵押权和质权都属于法定担保物权，其目的都是担保债务的清偿，以此来实现债权人的债权。在现实生活中，为了使自己的财产能够得到充分利用，债务人可能在同一动产同时设立抵押权和质权。因此，就会出现如何确定清偿顺序的问题。《民法典》第415条对此作出了明确规定，即同一财产既设立抵押权又设立质权的，拍卖、变卖该财产所得的价款按照登记、交付的时间先后确定清偿顺序。请注意，这里是“抵押权登记”和“质押物交付”的先后顺序。

在本案例中，刘某在自己的汽车上设立了抵押权和质权，当债务到期其无力清偿时，因为抵押权设立在先，且办理了抵押登记，因此，银行就该辆汽车拍卖或变卖所得价款具有优先受偿权，优先于拥有质权的池某受偿。

条 文

《中华人民共和国民法典》

第四百一十五条 同一财产既设立抵押权又设立质权的，拍卖、变卖该财产所得的价款按照登记、交付的时间先后确定清偿顺序。

22. 在合同中约定了流质条款的情况下，质押物能直接归债权人所有吗？

案 例

杨某准备经营一个果园，但由于资金匮乏，遂决定向邻居刘某借钱。双方在合同中约定，借款10万元，借期为两年，年利率为1.5%。刘某为保证自己的债权能够实现，要求杨某提供担保，杨某将自己收藏的一幅名画质押给了刘某。二人在质押合同中约定，如果两年后杨某未将借款全部还清，那么该名画就直接归刘某所有。两年后，杨某未能如期偿还借款，刘某主张该幅名画直接归自己所有。那么，他的主张能得到法律的支持吗？

解 析

质押是为担保债权的实现而设定的，属于法定的担保方式，可以分为动产质押和权利质押两种。其中，动产质押的设立需要向质权人交付动产，以转移动产的占有。此外，根据《民法典》的规定，质权自出质人交付质押财产时设立。

在本案中，杨某将自己的名画质押给刘某，以此来担保刘某债权的实现。在签订质押合同后，杨某将该画转移给刘某占有时质权设立。同时，二人在质押合同中约定，如果杨某在两年后未能如期归还借款，该画就直接归刘某所有，该条款属于流质条款。根据《民法典》第428条的规定可知，质押物的所有权不能通过约定直接归债权人所有，即刘某不能根据该约定直接取得名画的所有权，而是需要按照法定方式对该名画进行优先受偿。根据《民法典》第436条的规定，实现优先受偿的法定方式包括质权人可以与出质人协议以质押财产折价，也可以对该名画进行拍卖、变卖。因此，刘某不能直接取得该名画的所有权，但可以与杨某协议就该名画进行折价，或者刘某可向法院申请对该名画进行拍卖或者变卖，以此来实现自己的债权。

条 文

《中华人民共和国民法典》

第四百二十八条 质权人在债务履行期限届满前，与出质人约定债务人不履行到期债务时质押财产归债权人所有的，只能依法就质押财产优先受偿。

第四百三十六条 债务人履行债务或者出质人提前清偿所担保的债权的，质权人应当返还质押财产。

债务人不履行到期债务或者发生当事人约定的实现质权的情形，质权人可以与出质人协议以质押财产折价，也可以就拍卖、变卖质押财产所得的价款优先受偿。

质押财产折价或者变卖的，应当参照市场价格。

23. 以股权出质的，质权何时设立？

案 例

姜某、王某、吴某毕业后成立了某广告有限公司，三人的股权分配情况如下：姜某30%、王某40%、吴某30%。后来，姜某因私事以个人名义向唐某借款100万元，唐某要求姜某提供担保，姜某遂将自己在广告公司的30%的股权出质给了唐某，二人签订了质押合同，但没有将出质情况记载于该公司的股东名册上。在出质期间，由于公司运转困难，为了获得流动资金，姜某与唐某协商后将已经出质的股权中8%的股权转让给了钱某，并将所获价款一部分用于公司经营，另一部分用于偿还唐某的借款。那么，是否在唐某和姜某签订质押合同后，以该股权为标的的质权就已经设立？如果已设立，该股权能否转让？

解 析

质权的设立除了质押合同有效，出质人有相应的处分权，还需要公示，即动产为转移占有，而权利质权的标的的交付则根据类型的不同而有所差异。根据《民法典》第440条的规定，股权可以作为出质的客体，但是以基金份额、股权出质的，质权自办理出质登记时设立。也就是说，在本案例中，姜某和唐某签订质押合同后，还应该办理出质登记，但双方没有办理，因此该股权质权没有设立。

而在股权质权成立的情况下，该股权是否可以转让呢？根据《民法典》第443条的规定，基金份额、股权出质后，不得转让，但是出质人与质权人协商同意的除外。也就是说，如果出质人没有和质权人协商并取得其同意，出质的股权是不能转让的。

条 文

《中华人民共和国民法典》

第四百四十条 债务人或者第三人有权处分的下列权利可以出质：

（一）汇票、本票、支票；

（二）债券、存款单；

（三）仓单、提单；

（四）可以转让的基金份额、股权；

（五）可以转让的注册商标专用权、专利权、著作权等知识产权中的财产权；

（六）现有的以及将有的应收账款；

（七）法律、行政法规规定可以出质的其他财产权利。

第四百四十三条 以基金份额、股权出质的，质权自办理出质登记时设立。

基金份额、股权出质后，不得转让，但是出质人与质权人协商同意的除外。出质人转让基金份额、股权所得的价款，应当向质权人提前清偿债务或者提存。

24. 以知识产权出质的，该质押在何时生效？

案 例

某互联网科技有限公司因正在拓展一个新的业务，经过讨论决定将本公司享有的一项发明专利质押给银行，以此来作为向银行借款的担保。银行通过专门的机构对该专利进行了市场价值评估，并调查了该专利的权属情况。2021年3月4日，银行与该互联网科技有限公司签订了正式的书面合同，并向该公司提供了100万元的贷款。后来，在银行的要求和催促下，该公司于2021年3月10日到专利部门进行了质押登记。那么，该互联网科技有限公司以其享有的发明专利作质押，该质押自何时起正式生效？

解 析

知识产权是人们智力成果的体现，具有一定的财产价值属性，可以作为质权的客体，以此来实现其交换价值。根据《民法典》第444条的规定，以注册商标专用权、专利权、著作权等知识产权中的财产权出质的，质权自在有关主管部门办理出质登记时设立。因此，根据上述规定可知，当事人以知识产权出质的，除了需要签订质押合同，还需要办理出质登记。

在本案例中，某互联网科技有限公司在2021年3月4日与银行签订质押合同时，以专利发明为客体的质权还并未设立，该质权在2021年3月10日某互联网科技有限公司去专利部门办理出质登记后才正式成立和生效。

条 文

《中华人民共和国民法典》

第四百四十四条 以注册商标专用

权、专利权、著作权等知识产权中的财产权出质的，质权自办理出质登记时设立。

知识产权中的财产权出质后，出质人不得转让或者许可他人使用，但是出质人与质权人协商同意的除外。出质人转让或者许可他人使用出质的知识产权中的财产权所得的价款，应当向质权人提前清偿债务或者提存。

25. 当事人以汇票出质必须签订书面合同吗？

案 例

某房地产开发公司最近获得了一块建设用地的使用权，准备修建商业住房。该公司向某金融机构申请贷款，并将这块地的使用权抵押给了该金融机构，双方签订了书面合同，办理了抵押登记。后来，该房地产开发公司投资失败，履行债务的能力明显降低，金融机构就要求其另行提供补充担保，以此来实现自己的债权。于是，该房地产开发公司将本公司为收款人、票面金额为500万元的银行承兑汇票质押并交付给了该金融机构，但双方并未签订书面合同，仅在汇票上背书记载了“质押”字样并签章。那么，该权利质权是否已经设立？

解 析

质押属于法定担保方式，其设立需要按照法律规定的方式进行。根据《民法典》第441条的规定，以汇票、本票、支票等票据权利出质的，质权自权利凭证交付质权人时设立。由此可知，以汇票出质的，需要将汇票交付给质权人。此外，根据《民法典担保制度解释》第58条的规定，以汇票出质，当事人以背书记载“质押”字样并在汇票上签章，汇票已经交付质权人的，人民法院应当认定质权自汇票交付质权人时设立。

在本案例中，某房地产开发公司虽然没有和其金融机构签订书面的质押合同，但在汇票上背书记载了“质押”字样，并将汇票交付给了该金融机构，根据上述法律的规定，以该汇票为客体的质权已经设立。因此，以权利进行质押的，不要求必须签订书面合同，出质人以实际行为履行主要义务，对方接受的，也可以设立质权。

条 文

《中华人民共和国民法典》

第四百四十一条 以汇票、本票、支票、债券、存款单、仓单、提单出质的，质权自权利凭证交付质权人时设立；没有权利凭证的，质权自办理出质登记时设立。法律另有规定的，依照其规定。

《最高人民法院关于适用〈中华人民共和国民法典〉有关担保制度的解释》

第五十八条 以汇票出质，当事人以背书记载“质押”字样并在汇票上签章，汇票已经交付质权人的，人民法院应当认定质权自汇票交付质权人时设立。

26. 以应收账款出质的，质权何时设立？

案例

为扩大生产规模，某化工厂决定向银行贷款，银行要求其提供担保。由于没有价值较大的固定资产，化工厂就将自己对某运输公司的应收账款300万元质押给了银行。银行对某运输公司的资信、信用等情况进行调查后，与某化工厂签订了借贷合同，但合同中未对应收账款的出质作出任何约定。三天后，该化工厂到中国人民银行征信中心办理了出质登记，银行将200万元贷款发放给该化工厂。那么，以应收账款出质的，质权在何时设立？

解析

根据《民法典》第445条的规定，应收账款可以作为出质的客体设立质权。当事人以应收账款出质的，应当到中国人民银行征信中心办理出质登记，质权自办理出质登记时设立。

在本案例中，某化工厂与银行签订借贷合同，并将自己对某运输公司的应收账款300万元出质给银行作为担保。虽然双方在借贷合同中未对出质情况进行约定，但某化工厂到中国人民银行征信中心办理了出质登记，因此，该质权自登记之日起就正式设立生效，并不需要另外签订书面的质押合同，因为某化工厂以其实际行为履行了主要义务，质押合同已经成立。

条文

《中华人民共和国民法典》

第四百四十五条 以应收账款出质的，质权自办理出质登记时设立。

应收账款出质后，不得转让，但是出质人与质权人协商同意的除外。出质人转让应收账款所得的价款，应当向质权人提前清偿债务或者提存。

27. 修理厂留置汽车后，在双方约定不明的情况下，修理厂应该给予债务人多长时间履行债务？

案例

一天，由于天黑雾大，交通十分拥挤，姜某在下班驾车回家的路上发生了交通事故，但好在人没有受伤。事故发生后，姜某将其驾驶的汽车送到某修理厂进行维修，双方约定在修理完成后一周之内支付相关费用。到了约定的时间，姜某提出希望修理厂可以延长支付修理费的时间，修理厂答应了姜某的请求，但是要求对姜某的汽车进行留置，以此来保障自己债权的实现。那么，修理厂留置汽车后，在双方没有对债务履行期限作出明确约定的情况下，修理厂应该给债务人多长时间履行债务？

解析

留置权属于法定担保物权，占有留置物为其成立的条件之一，并且占有留置物要以合法的方式进行。

在本案例中，修理厂基于承揽合同占有了姜某的汽车，在修理完成后姜某应该按照合同的约定支付修理费，但是姜某没有支付，其行为构成违约。修理厂为保证自己债权的实现，将姜某的汽车留置，该行为是符合法律规定的。修理厂在留置汽车后，应当与姜某约定债务的履行期限，如果没有约定或者约定不明确的，根据《民法典》第453条的规定，留置权人应当给债务人60日以上履行债务的期限，但是鲜活易腐等不易保管的动产除外。也就是说，在修理厂与姜某对债务履行期限约定不明确的情况下，修理厂应该给姜某至少60日的履行期限，只有在债务履行期限届满，姜某仍未履行债务时，修理厂才可以按照法定方式对留置财产优先受偿。

条 文

《中华人民共和国民法典》

第四百五十三条 留置权人与债务人应当约定留置财产后的债务履行期限；没有约定或者约定不明确的，留置权人应当给债务人六十日以上履行债务的期限，但是鲜活易腐等不易保管的动产除外。债务人逾期未履行的，留置权人可以与债务人协议以留置财产折价，也可以就拍卖、变卖留置财产所得的价款优先受偿。

留置财产折价或者变卖的，应当参照市场价格。

三、合　同

（一）合同的订立与效力

28. 电子邮件能否被认定为书面合同？

案　例

甲公司在乙公司订购了一批办公设备，为节约时间和成本，具体报价、运输流程、设备安装等事项都由双方工作人员通过电子邮件进行协商。在完成购货合同各事项的协商之后，双方以电子邮件的形式签订了合同。邮件中，双方约定由乙公司负责设备的运输和安装，并由甲公司承担这部分费用。然而，在乙公司完成设备的运输及安装后，甲公司认为乙公司要求的费用过高，便以双方无书面合同为由主张合同并未成立，要求与乙公司重新协商订立书面合同。那么，电子邮件能否被认定为书面合同？

解　析

现代通信技术发达，电子邮件等数据电文在社会中的运用越来越广泛。那么，电子邮件是否能够被认定为书面合同呢？对此，《民法典》合同编中已经有非常明确的规定。根据《民法典》第469条的规定，电子邮件应当视为书面形式。因此，以电子邮件形式签订的合同在法律上应当被认定为书面合同，双方当事人应当按照约定履行合同，如果合同相对方违反合同约定，另一方可以将电子邮件作为书面合同证明来维护自己的权益。

在本案例中，两家公司以邮件形式签订的合同成立并且有效，甲公司应当按照电子邮件中的约定履行合同，而不能以电子邮件非书面形式为由否定合同的有效性。

条　文

《中华人民共和国民法典》

第四百六十九条　当事人订立合同，可以采用书面形式、口头形式或者其他形式。

书面形式是合同书、信件、电报、电传、传真等可以有形地表现所载内容的形式。

以电子数据交换、电子邮件等方式能够有形地表现所载内容，并可以随时调取查用的数据电文，视为书面形式。

29. 基金招募说明书是要约还是要约邀请?

案　例

一天,庞某来到某证券交易市场,打算了解一下基金理财的运作方式和收益等情况。庞某刚进门,证券交易市场的客户经理就拿出基金招募说明书给他看。这本基金招募说明书内容非常详细,足足有100多页,涉及基金管理人、基金托管人、基金募集、基金合同的生效、基金份额的申购和赎回、基金的投资目标与策略、基金的信息披露、收益分配方式、风险提示等重要信息。庞某不清楚基金招募说明书的性质,他想知道基金招募说明书是要约还是要约邀请?

解　析

要约是一方当事人以缔结合同为目的,向对方当事人提出合同条件,希望对方当事人接受的意思表示。而要约邀请则是希望他人向自己发出要约的表示。在现实生活中,要约与要约邀请的辨别有时有一定的难度,当事人因为知识的欠缺很可能分不太清楚。就拿基金招募说明书来说,是指基金发起人按照国家法律、法规的规定发售基金时,为基金投资者提供的、对基金情况进行说明的一种法律性文件。基金招募说明书通常包括基金的名称、类型、发起人、管理人、托管人的情况、承销商、基金募集金额、地点、申购和赎回的方式及价格、费用种类及比率、基金的投资目标、基金的会计核算原则、收益分配方式等。从概念上来看,基金招募说明书似乎是直接向对方提出的合同条件,但是,其本质是为了吸引相对人购买,希望相对方可以向基金理财公司提出要约表示。因此,根据《民法典》第473条第1款的规定,基金招募说明书为要约邀请,而不是要约。

在上面的案例中,庞某所看的基金招募说明书是要约邀请,是该客户经理希望庞某向自己提出购买基金的意愿的表示。如果庞某看后想购买基金的话,可以与其签订购买合同。

条　文

《中华人民共和国民法典》

第四百七十三条　要约邀请是希望他人向自己发出要约的表示。拍卖公告、招标公告、招股说明书、债券募集办法、基金招募说明书、商业广告和宣传、寄送的价目表等为要约邀请。

商业广告和宣传的内容符合要约条件的,构成要约。

30. 撤销要约的意思表示何时发生效力?

案　例

佟某根据白某的要求为其订做了一批生产设备。在生产过程中,佟某缺少某种特殊的零部件,经多方询问后得知祝某那里有此种零部件,于是以信件的方式向祝某发出要约，称其愿意购买祝某的此种零部件，并列出了所需零部件的标准、数量等要求发送给了祝某。不料，信件寄出后的第三天，白某因为某种原因不再需要该批设备，佟某为避免损失扩大，赶紧向祝某去信要求撤销原要约。祝某收到撤销信件后认为佟某出尔反尔，其行为构成违约，要求佟某履行承诺。佟某则认为祝某在收到撤销要约的信件之前并未承诺为自己提供零部件。那么，佟某能撤销自己发出的要约吗？撤销要约的意思表示，何时发生效力？

解　析

佟某可以撤回自己发出的要约。《民法典》第477条将要约撤销分为两大类：以对话方式作出的要约撤销和以非对话方式作出的要约撤销。以对话方式作出的，撤销要约的意思表示的内容应当在受要约人作出承诺之前为受要约人所知道。因为以对话方式作出的要约，对话作出后，受要约人当即受领，所以要约人发出要约后，立即生效。因此，当决定撤销要约时，只要受要约人知道该意思表示，即达到要约失效的法律效果。而以非对话方式作出的要约撤销，撤销要约与受要约人受领有时间差，应遵从到达生效的原则。也就是说，撤销要约应在受要约人作出承诺之前到达受要约人。

在上面的案例中，佟某是以信件的方式向祝某发出的要约，要约自祝某收到时生效。要约生效后，在祝某作出承诺前，佟某可以依照法律规定撤销要约。要约被撤销后，失去效力，不管祝某是否愿意承诺，合同都不再成立。既然合同未成立，佟某也就不需要承担违约责任。

条　文

《中华人民共和国民法典》

第一百四十一条　行为人可以撤回意思表示。撤回意思表示的通知应当在意思表示到达相对人前或者与意思表示同时到达相对人。

第四百七十五条　要约可以撤回。要约的撤回适用本法第一百四十一条的规定。

第四百七十七条　撤销要约的意思表示以对话方式作出的，该意思表示的内容应当在受要约人作出承诺之前为受要约人所知道；撤销要约的意思表示以非对话方式作出的，应当在受要约人作出承诺之前到达受要约人。

31. 在承诺期限内发出承诺，按照通常情形不能及时到达要约人的，为新要约还是承诺？

案　例

甲百货公司准备进购一批儿童牛奶，并对儿童牛奶的质量、数量等要求作了说明。乙乳业公司得知后，向甲百货公司发出了一份包括本公司生产的儿童牛奶的质量、生产原料、保质期等信息在内的非常详细的书面要约，希望甲百货公司购买乙乳业公司生产的儿童牛奶，并在要约中注明："请贵公司于2021年3月21日晚8点前答复，否则该要约失效。"甲百货公司于2021年3月21日下午5点将承诺信件以快递的方式发给乙乳业公司，表示愿意与乙乳业公司订立合同，但其后未得到乙乳业公司的答复。那么，在承诺期限内发出承诺，按照通常情形不能及时到达要约人的，为新要约还是承诺？

解 析

根据《民法典》第486条的规定，即使承诺人是在承诺期限内发出的承诺，按照通常情形不能及时到达要约人的，也不构成承诺，而变为一份新要约。当然，要约人及时通知受要约人该承诺有效的除外。

超过承诺期限发出承诺，或者在承诺期限内发出承诺但是按照通常情形不能及时到达要约人的，最终该承诺到达要约人时就已经超出了要约所确定的承诺期限。而时机对商事交易而言非常重要，在合同期限内对要约人有利的条款，可能过一段时间就会对要约人不利。因此，如果承诺不能及时到达要约人，则不能当然地认为承诺到达了要约人合同就成立，否则将损害要约人的利益。此时，该承诺的性质转变为一份新的要约，如果相对方同意则可以再作出承诺，这样就可以最大限度地保障当事人的利益。

在上面的案例中，乙乳业公司明确要求甲百货公司在3月21日晚8点前作出承诺，但是甲百货公司在3月21日下午5点才将承诺信件以快递的方式寄给乙乳业公司。显然，根据通常情形乙乳业公司不能在当晚8点前收到。此时，甲百货公司的承诺为新要约，是否作出承诺的决定权在于乙乳业公司。

条 文

《中华人民共和国民法典》

第四百八十六条 受要约人超过承诺期限发出承诺，或者在承诺期限内发出承诺，按照通常情形不能及时到达要约人的，为新要约；但是，要约人及时通知受要约人该承诺有效的除外。

32. 在网络交易中，合同何时成立？

案 例

黎某在某购物网站看到某款手镯正打6.6折，于是就提交订单购买了一个，想在情人节给女朋友一个惊喜。谁料，黎某当天晚上收到了商家发来的消息，声称商品标价错误，无法正常发货。请取消订单，若想购买请按原价补交价款差额。黎某很生气，觉得商家是故意为之，于是以合同已经成立为由要求商家履行合同。那么，在网络交易中，合同何时成立？

解 析

《民法典》第491条第2款规定，除当事人对合同成立的时间有特别规定外，网购交易合同的成立时间为买方选择该商品或者服务并提交订单成功时。提交订单成功表明承诺已经到达要约人，双方意思表示一致，此时合同成立。

在上面的案例中，黎某与某商家的商品买卖合同成立时间为黎某提交订单成功时，因此合同已经成立，商家应该遵守合同约定履行发货义务。

条 文

《中华人民共和国民法典》

第四百九十一条第二款 当事人一方通过互联网等信息网络发布的商品或者服务信息符合要约条件的，对方选择该商品或者服务并提交订单成功时合同成立，但是当事人另有约定的除外。

33. 采用数据电文形式订立合同，收件人没有主营业地的，合同的成立地点如何确定？

案 例

甲公司与乙科技公司通过数据电文形式签订了买卖合同，双方约定由乙科技公司按照货物清单约定的规格型号、数量和价格向甲公司销售一批某品牌机器设备，货款合计20万元，合同签订一周后付清全款。甲公司指定的收货地址为某省某市某县某街道201号，指定收货人为郭某，运输方式为汽车运输，交货时间为付款成功后一个月内。后因收件人甲公司没有自己的主营业地，双方就合同成立的地点发生了争议。那么，采用数据电文形式订立合同，收件人没有主营业地的，合同的成立地点如何确定？

解 析

根据《民法典》第492条第2款的规定，一般情况下，采用数据电文形式订立合同的，收件人的主营业地为合同成立的地点；如果收件人没有主营业地的，其住所地即为合同成立的地点。当事人另有约定的，按照其约定。同时，根据《电子签名法》第12条的规定，发件人的主营业地为数据电文的发送地点，收件人的主营业地为数据电文的接收地点。没有主营业地的，其经常居住地为发送或者接收地点。由此可见，法律规定以收件人的主营业地为电子合同成立的地点，与要约、承诺生效规则一致，是承诺生效采到达主义的体现。收件人没有主营业地的，其住所地或经常居住地为合同的成立地点。

在上面的案例中，甲公司与乙科技公司没有对合同成立的地点作出约定，应当遵循法律的一般规定确定合同成立地点，由于收件人甲公司没有主营业地，所以应以甲公司的住所地（营业执照注册地）作为合同成立的地点。

条 文

《中华人民共和国民法典》

第四百九十二条 承诺生效的地点为合同成立的地点。

采用数据电文形式订立合同的，收件人的主营业地为合同成立的地点；没有主营业地的，其住所地为合同成立的地点。当事人另有约定的，按照其约定。

《中华人民共和国电子签名法》

第十二条 发件人的主营业地为数据电文的发送地点，收件人的主营业地为数据电文的接收地点。没有主营业地的，其经常居住地为发送或者接收地点。

当事人对数据电文的发送地点、接收地点另有约定的，从其约定。

34. 意向书能作为预约合同吗？

案　例

穆某与秦某签订了一份《房屋买卖意向书》，约定秦某出资购买穆某的一套房屋。该意向书就房屋转让的价款及价款支付方式等条款作了约定，并写明在意向书签署之日起一个月内，签订正式的房屋买卖合同。次日，穆某与秦某约定该意向书仅表示双方买卖房屋的意向，房屋买卖的具体内容以双方另行签订的正式房屋买卖合同为准，同时约定意向书未尽事宜经双方协商，在正式的房屋买卖合同中约定。那么，二人签订的意向书是什么性质？此意向书是否能作为预约合同？

解　析

意向书在房地产交易、公司并购、股权转让等大宗交易、复杂交易领域广泛存在，因此发生的纠纷也不在少数。但《民法典》第 495 条并未明确将意向书规定为预约合同。这是因为意向书的性质不能一概而论，根据意向书内容的不同，其可能会被认定为磋商性文件、预约、本约三种不同的性质。

如果意向书中当事人只是表达了签订合同的意愿，不具备合同成立的基本要件，也没有约定将在未来一段时间内签订合同，那么这种意向书只能被认定为磋商性文件。如果意向书具备了当事人、标的以及未来订立本约合同的意思表示这三个必备要素，则一般将其认定为预约合同。而如果意向书中载明了合同标的、数量、价格等合同主要内容的，一般认定为本约。

在上面的案例中，穆某与秦某签订的《房屋买卖意向书》应当被认定为预约合同，因为其中约定在签订之日起一个月内，双方签订正式的房屋买卖合同，而且双方还约定意向书未尽事宜经双方协商，在正式的房屋买卖合同中约定。

条　文

《中华人民共和国民法典》

第四百九十五条　当事人约定在将来一定期限内订立合同的认购书、订购书、预订书等，构成预约合同。

当事人一方不履行预约合同约定的订立合同义务的，对方可以请求其承担预约合同的违约责任。

35. 邮寄电脑丢失，因快递员未提示说明而未保价的，能否要求快递公司赔偿？

案　例

曾某将价值 1 万元的电脑委托某快递公司运输，并在快递员提供的一份空白快递单上签了名。该单据正面发件人签名处上方注有“您的签名意味着您已阅读并接受背面的合同条款”，背面契约条款第5条约定："未保价的快件赔偿最高金额为300元人民币。凡申报价值超过300元人民币的快件，本公司将在原收费标准的基础上，按申报价值增收5%的保价费，并以实际收费时认定的申报价值的实际损失酌情予以赔偿，但最高不超过其保价额。"快递员看见曾某邮寄的是电脑，但并没有向曾某提示或说明此条款，也没有建议保价。曾某没有申报托运物品的价值，也未交纳保价费。其后，该电脑在运输中丢失，双方因为赔偿问题发生争议。那么，提供格式条款的一方未履行提示或者说明义务，致使对方没有注意或者理解与其有重大利害关系的条款的，该条款效力如何？

解 析

格式条款是指当事人为了重复使用而预先拟定，并在订立合同时未与对方协商的条款。根据《民法典》第496条第2款的规定，提供格式条款的一方应履行提示或者说明义务，如因未履行告知义务致使对方没有注意或者理解与其有重大利害关系的条款的，对方可以主张该条款不成为合同的内容。

在上面的案例中，某快递公司提供的快递单背面的合同条款属于格式条款，其中第5条关于赔偿条款限制了承运人的赔偿责任。依照相关法律规定，提供格式条款的一方负有对格式条款进行提醒说明的义务，以提醒合同相对方对该条款加以注意，但某快递公司的快递员看到曾某邮寄的物品是电脑，属于贵重物品，却未尽此义务。曾某没有对电脑进行保价，导致电脑在运输中丢失后无法得到相应的赔偿，曾某可以以某快递公司没有尽到告知义务为由要求其赔偿。

条 文

《中华人民共和国民法典》

第四百九十六条第二款 采用格式条款订立合同的，提供格式条款的一方应当遵循公平原则确定当事人之间的权利和义务，并采取合理的方式提示对方注意免除或者减轻其责任等与对方有重大利害关系的条款，按照对方的要求，对该条款予以说明。提供格式条款的一方未履行提示或者说明义务，致使对方没有注意或者理解与其有重大利害关系的条款的，对方可以主张该条款不成为合同的内容。

36. 合同应该报批而未报批，致使合同未生效的，无责任方可以追究对方的责任吗？

案 例

王某和刘某曾签订《矿山转让协议》，约定王某将其在A县的采矿权转让给刘某。但是，根据《矿产资源法》第3条第3款的规定，勘查、开采矿产资源，必须依法分别申请、经批准取得探矿权、采矿权，并办理登记。因此，刘某与王某签订的《矿山转让协议》属于依照法律规定应到相关部门办理批准手续才能生效的合同。刘某按照约定支付了相应款项，王某却迟迟未向有关部门提交材料申请办理转让采矿权的批准手续，最终导致上述矿山转让协议未生效。那么，刘某能向王某主张违约责任吗？

解　析

通常情况下，合同一经成立即生效，但是特殊情况下有些合同需要具备特殊的要件才能生效。在法律、行政法规规定应当办理批准等手续的情形下，批准要件为法定生效要件，未办理相关审批手续，即使合同为依法签订也不会实际生效。

在上述案例中，因为王某未按规定进行报批，导致合同不能生效，根据《民法典》第502条第2款的规定，依照法律、行政法规的规定，合同应当办理批准等手续的，依照其规定。未办理批准等手续影响合同生效的，不影响合同中履行报批等义务条款以及相关条款的效力。应当办理申请批准等手续的当事人未履行义务的，对方可以请求其承担违反该义务的责任。同时，根据《全国法院民商事审判工作会议纪要》第38条对报批义务及相关违约条款独立生效的规定，若双方当事人对报批义务约定了违约责任，一方当事人可以基于约定要求报批人承担违约责任，若没有约定，只能要求报批义务人承担缔约过失责任。

在上述案例中，刘某与王某签订的《矿山转让协议》属于经批准方能生效的合同，现因合同一方未履行报批义务导致合同未生效，结合《民法典》及《全国法院民商事审判工作会议纪要》的规定，刘某可以要求王某承担责任。

条　文

《中华人民共和国民法典》

第五百零二条　依法成立的合同，自成立时生效，但是法律另有规定或者当事人另有约定的除外。

依照法律、行政法规的规定，合同应当办理批准等手续的，依照其规定。未办理批准等手续影响合同生效的，不影响合同中履行报批等义务条款以及相关条款的效力。应当办理申请批准等手续的当事人未履行义务的，对方可以请求其承担违反该义务的责任。

依照法律、行政法规的规定，合同的变更、转让、解除等情形应当办理批准等手续的，适用前款规定。

《全国法院民商事审判工作会议纪要》

38. 须经行政机关批准生效的合同，对报批义务及未履行报批义务的违约责任等相关内容作出专门约定的，该约定独立生效。一方因另一方不履行报批义务，请求解除合同并请求其承担合同约定的相应违约责任的，人民法院依法予以支持。

37. 无权代理人以被代理人名义订立合同，被代理人接受相对人履行的，被代理人有履行合同的义务吗？

案 例

郭某系甲公司的法定代表人，甲公司的主营业务是生产机械设备。李某是郭某的司机，与郭某发生了矛盾，想给郭某制造麻烦，于是偷了甲公司的公章，与不知情的孙某签订了买卖合同，从孙某处购买了甲公司生产机械设备所需的零部件，并于合同中约定将货物运送到甲公司车间，货到之后10日内付款。合同成立后，孙某按照合同约定将货物运送到了指定地点，郭某明知本公司没有签订此合同，仍然接收了货物并投入生产。支付货款的日期届满，孙某要求甲公司支付货款，郭某却以李某无权代理甲公司签订合同为由拒绝支付货款。那么，甲公司有支付货款的义务吗？

解 析

甲公司有支付货款的义务。李某偷了甲公司的公章，与不知情的孙某签订买卖合同，李某的行为属于无权代理，孙某系善意第三人。根据《民法典》第503条的规定，无权代理人以被代理人的名义订立合同，被代理人接受相对人履行的，视为对合同的追认。本案例中，甲公司接收了货物并投入生产，符合接受相对人履行的要件要求，是以实际行动追认了该买卖合同的效力。因此，该买卖合同对甲公司具有约束力，甲公司有按照合同约定支付货款的义务。

条 文

《中华人民共和国民法典》

第五百零三条 无权代理人以被代理人的名义订立合同，被代理人已经开始履行合同义务或者接受相对人履行的，视为对合同的追认。

（二）合同的履行

38. 因买家变更收货地址增加的配送费用，应该由谁负担？

案 例

老林要过五十岁生日，为了给父亲庆祝，小林在某蛋糕店为老林订一了个生日蛋糕，配送地址填写的是某国际大酒店。小林提前在该酒店订了一桌酒席，但该酒店的负责人李某临时打电话通知小林，由于某些特殊原因，酒店当天无法承接酒席，所以为其安排到另一家分店，并将其套餐升级为更高价位的酒席，且不需要补齐差价。小林接到通知后，立刻联系蛋糕店，要求更改配送地址。但两家酒店相距5千米，配送费用需要增加5元，蛋糕店的客服人员要求其补交运费。那么，因买家变更收货地址增加的配送费用，应该由谁负担呢？

解 析

履行费用是指当事人为履行债务所

必要的支出，包括运输费、包装费等费用。当事人在合同中没有约定或者约定不明确时，应当由履行债务的一方承担。但如果是因为债权人的原因导致履行费用增加的，根据《民法典》第511条的规定，由债权人负担。其中，债权人的原因具体包括：一是债权人转让债权导致债务人履行费用增加的；二是债权人变更营业场所导致债务人履行费用增加的；三是合同中约定的履行地不能履行，当事人双方经协商约定变更履行地点或债权人重新指定新的履行地点，从而导致债务人履行费用增加。对于上述几种情形，都应该由债权人负担增加的履行费用。

在上面的案例中，小林因酒店更换而通知某蛋糕店改变配送地址，导致配送费用增加5元，属于上文的债权人重新指定新的履行地点，从而导致履行费用增加的情形。根据上述规定，应该由小林承担增加的履行费，即小林需要支付多出的5元配送费。该规定体现了公平原则，通过对当事人权利义务的合理分配，实现社会的公平正义。

条 文

《中华人民共和国民法典》

第五百一十一条 当事人就有关合同内容约定不明确，依据前条规定仍不能确定的，适用下列规定：

……

（六）履行费用的负担不明确的，由履行义务一方负担；因债权人原因增加的履行费用，由债权人负担。

39. 在中国，餐馆可以拒收美元吗?

案 例

詹姆斯来自美国，在国内某知名大学留学。中秋节期间，他和留学生朋友们一起去某市旅行，在欣赏完美丽的风景后，詹姆斯和朋友们决定一起去某餐馆吃饭。吃完饭，詹姆斯便去前台结账，但收银员要求詹姆斯使用人民币付款，拒收美元。二人经过一番交流后，詹姆斯只好按照收银员的要求使用人民币结账。那么，在中国，餐馆可以拒收美元吗?

解 析

根据《民法典》第514条的规定，以支付金钱为内容的债，在法律没有另外规定以及当事人没有约定时，债权人可以请求债务人以实际履行地的法定货币履行。也就是说，债权人可以拒收债务人支付的实际履行地法定货币以外的货币。其中，实际履行地是指当事人在合同中约定，在什么地方交付标的物、在什么地方给付货款。如果合同对履行地没有约定或约定不明确的，根据《最高人民法院关于适用〈中华人民共和国民事诉讼法〉的解释》第18条的规定，如果争议标的是给付货币的，接收货币一方所在地为合同履行地，即应当以债权人所在地的法定货币履行。

在上面的案例中，詹姆斯吃完饭想

以美元结账，根据上述规定，该餐馆的收银员可以拒收美元，并要求詹姆斯以人民币予以支付。该餐馆收银员的做法是法律所允许的。

条 文

《中华人民共和国民法典》

第五百一十四条 以支付金钱为内容的债，除法律另有规定或者当事人另有约定外，债权人可以请求债务人以实际履行地的法定货币履行。

《最高人民法院关于适用〈中华人民共和国民事诉讼法〉的解释》

第十八条第一款 合同约定履行地点的，以约定的履行地点为合同履行地。

第二款 合同对履行地点没有约定或者约定不明确，争议标的为给付货币的，接收货币一方所在地为合同履行地；交付不动产的，不动产所在地为合同履行地；其他标的，履行义务一方所在地为合同履行地。即时结清的合同，交易行为地为合同履行地。

40. 当事人应如何行使选择之债中的选择权？

案 例

姜某决定购买一副蓝牙耳机，因为其是音乐爱好者，所以对耳机的质量要求非常高。最终，姜某选择了一家实体店铺，店家为其购买的耳机提供了一个月的退换期和一年的保修期。姜某买到耳机后，刚开始时觉得质量很好，但没想到用了二十几天后，该耳机就经常出现很小的杂音。于是，姜某联系了店家，双方商量后，姜某在换货和退货之间应如何行使选择权？

解 析

选择之债是指当事人在数个给付中，要选定其中之一为给付标的的债，包括对债的标的不同种类的选择，也可以是对履行时间、交付方式的选择，可以通过当事人的合意以及具有选择权的当事人行使选择权而变成特定的单一之债。在选择之债中，选择权归属于谁，涉及到如何平衡债务人、债权人以及第三人的关系问题。《民法典》第515条明确规定："标的有多项而债务人只需履行其中一项的，债务人享有选择权；但是，法律另有规定、当事人另有约定或者另有交易习惯的除外。享有选择权的当事人在约定期限内或者履行期限届满未作选择，经催告后在合理期限内仍未选择的，选择权转移至对方。"也就是说，在选择之债中，选择权在一般情况下属于债务人。但如果当事人对选择权有约定的，根据《民法典》意思自治的原则，应该按照其约定行使选择权。

在上面的案例中，姜某和某店铺之间成立买卖合同，关于产品的质量问题，双方约定了一个月的退换期和一年的保修期，即如果产品出现质量问题，买家可以在一个月内选择退货或换货，或者在一年内选择修理。也就是说，在当事人双方通过约定将选择权给债权人（买家）时，买家对于修理、更换、退货等履行方式具有选择权。但买家在行使选择权时要及时通知对方，通知到达对方时，标的确定，选择之债即变成单一之债。因此，姜某可以根据合同的约定，选择退货或者换货。

条 文

《中华人民共和国民法典》

第五百一十五条 标的有多项而债务人只需履行其中一项的，债务人享有选择权；但是，法律另有规定、当事人另有约定或者另有交易习惯的除外。

享有选择权的当事人在约定期限内或者履行期限届满未作选择，经催告后在合理期限内仍未选择的，选择权转移至对方。

第五百一十六条 当事人行使选择权应当及时通知对方，通知到达对方时，标的确定。标的确定后不得变更，但是经对方同意的除外。

可选择的标的发生不能履行情形的，享有选择权的当事人不得选择不能履行的标的，但是该不能履行的情形是由对方造成的除外。

41. 共有财产管理不当致人损害的，共有人该如何承担赔偿责任？

案 例

陈某在农村老家拥有一栋房屋，陈某去世后没有留下任何遗嘱。因此，根据《民法典》继承编的规定，该栋房屋由其四个儿子按照法定继承的方式以均等的份额予以继承。为了保障各自的权利，陈某的四个儿子到某公证处进行了公证，其内容为四个人各占该房屋产权的25%，对该房屋共同行使管理权。陈某的四个儿子常年在外地工作，因此该房屋处于长期无人居住和无人管理的状态。某天，该房屋的院墙坍塌，砸伤了在墙边玩耍的儿童小蔡。为医治小蔡，小蔡的父母共花去10800元的医疗费。于是，小蔡的父母要求陈某的四个儿子予以赔偿。那么，当共有财产管理不当致人损害时，共有人该如何承担赔偿责任呢？

解 析

按份之债是指数个债权人或数个债务人按照一定的份额享有债权或者承担债务。在按份之债中，标的具有可分性，且按份债务人之间没有内部追偿关系。原则上，按份之债中的债权份额或者债务份额在债成立时就已经确定，但如果份额不明的，根据《民法典》第517条第2款的规定，视为份额相同。也就是说，只有在法律没有另外规定或者当事人没有另行约定时，才能推定按份债权人或者按份债务人的份额相同。

在上面的案例中，陈某的四个儿子按份共有陈某遗留下来的房屋，四个人应该对该房屋进行共同管理，并按照每人25%的份额对房屋行使权利、承担义务。因管理不善导致小蔡受伤，根据《民法典》第517条第2款的规定，由四人均摊小蔡的医疗费用。

条 文

《中华人民共和国民法典》

第五百一十七条 债权人为二人以上，标的可分，按照份额各自享有债权的，为按份债权；债务人为二人以上，标的可分，按照份额各自负担债务的，为按份债务。

按份债权人或者按份债务人的份额难以确定的，视为份额相同。

42. 无法确定合伙人之间的债务份额的，该怎么办？

案 例

刘某毕业于某知名政法大学，在律师行业工作了十几年后，和同班同学林某、姜某合伙创办了某律师事务所，在业界内小有名气。某次，林某接受某科技有限公司的委托，为其处理一起有关知识产权方面的纠纷。在处理纠纷的过程中，林某知悉了该公司的商业秘密，为确保商业秘密的安全，林某将涉及商业秘密的文件锁到保险柜中。但是，林某在律师事务所和该公司讨论案件情况时，被该科技公司的对手公司所窃听，导致商业秘密泄露，以至于该公司遭受了严重的损失，共计200万元。由于双方签订了保密协议，因此律师事务所对该公司赔偿了200万元，在这200万元中，有180万元是以事务所的财产支付的，剩下的20万元是由林某支付的。那么，对于林某支付的20万元，在合伙协议没有约定刘某、林某、姜某的债务承担份额时，该如何处理？

解 析

合伙最大的特点就是共担风险、共享收益，即该组织具有人合性。各合伙人对合伙企业的债务承担连带清偿责任，即债权人可以向任何一个合伙人主张债权。但是，当合伙企业对外负债，合伙企业的财产不足以清偿全部债务时，各合伙人用自有财产将债务还清后，应该按照怎样的份额对债务进行承担？对于这一问题，应分为两种情况讨论，一是合伙协议中对债务份额的承担有约定的，按照约定承担；二是对债务的承担没有约定的，根据《民法典》第519条的规定，视为份额相同，即各合伙人应该对合伙企业的债务进行均摊。《民法典》的这条规定是对连带债务人内部份额的规定，虽然连带债务人对外是一个整体，每个人都有义务对债务承担清偿责任，但在内部关系上，当各连带债务人没有约定时，仍然应按照一定的份额比例来承担各自的债务。

在上面的案例中，林某在处理业务的过程中，由于某科技有限公司的对手公司的窃听，导致商业秘密泄露，即林某在主观上不存在故意或重大过失，因此，全体合伙人应该对该债务承担无限连带责任。同时，在合伙企业的财产不足以清偿债务时，各合伙人应该对债务承担无限连带责任。也就是说，对于律师事务所以其财产清偿180万元后，余下的20万元应该由林某、姜某、刘某共同承担无限连带责任。由于三人在合伙协议中没有对债务份额的承担进行约定，因此，三人应该承担相同的份额。林某在支付20万元后，有权向刘某和姜某就超过自己应承担的债务份额部分进行追偿。

条 文

《中华人民共和国民法典》

第五百一十八条 债权人为二人以上，部分或者全部债权人均可以请求债务人履行债务的，为连带债权；债务人为二人以上，债权人可以请求部分或者全部债务人履行全部债务的，为连带债务。

连带债权或者连带债务，由法律规定或者当事人约定。

第五百一十九条 连带债务人之间的份额难以确定的，视为份额相同。

实际承担债务超过自己份额的连带债务人，有权就超出部分在其他连带债务人未履行的份额范围内向其追偿，并相应地享有债权人的权利，但是不得损害债权人的利益。其他连带债务人对债权人的抗辩，可以向该债务人主张。

被追偿的连带债务人不能履行其应分担份额的，其他连带债务人应当在相应范围内按比例分担。

第九百七十三条 合伙人对合伙债务承担连带责任。清偿合伙债务超过自己应当承担份额的合伙人，有权向其他合伙人追偿。

43. 某个连带债务人抵销债务的，其他债务人还需要偿还抵销的债务吗？

案 例

张某为翻新房子向镇上的某工厂老板唐某借了10万元，并出具了借条。为确保自己的债权能够顺利实现，唐某要求张某提供担保。张某找到同村的刘某、殷某作为保证人为其提供担保，上述四人签订了保证合同，并在合同中约定，刘某和殷某以连带保证的方式为张某的债务提供担保。但刘某和殷某私下对债务担保的份额进行了约定：刘某对10万元中的2万元提供担保，殷某对余下的8万元提供担保。借期届时，张某只偿还了7万元的借款便再无力偿还。于是，唐某要求刘某和殷某承担保证责任，刘某以自己对唐某的到期债权3万元抵销了剩余的3万元借款。那么，在刘某抵销债务后，殷某还需向债权人张某偿还这部分债务吗？

解 析

保证作为法定担保方式的一种，其目的是保障债权人债权的实现，它分为一般保证和连带保证。连带保证的效力分为对外和对内两个方面，对外是指连带保证人和债务人作为一个整体对债务承担连带责任，对内是指各连带保证人之间按照约定的比例承担债务。债权人虽然可以向任意一个连带债务人主张债权，但其只能得到一次给付。同时，根据《民法典》第520条第1款的规定，部分连带债务人履行、抵销债务或者提存标的物的，其他债务人对债权人的债务在相应范围内消灭。也就是说，当连带共同保证人中的某个保证人向债权人主张抵销时，其他保证人对债权人的债务在相应范围内消灭。

在上面的案例中，刘某和殷某以连带保证的方式，共同对张某的借款提供担保，二人之间形成连带债务关系。张某在债务届期时，只偿还了7万元借款，对于剩下的3万元，刘某和殷某以连带债务的方式承担保证责任。在刘某以抵销的方式承担保证责任后，殷某无须再对唐某承担保证责任，但刘某可以根据其与殷某约定的比例，向其追偿2.4万元。

条 文

《中华人民共和国民法典》

第五百二十条第一款 部分连带债务人履行、抵销债务或者提存标的物的，其他债务人对债权人的债务在相应范围内消灭；该债务人可以依据前条规定向其他债务人追偿。

44. 债权人免除某个连带债务人的债务后，其他连带债务人还需偿还这部分债务吗?

案 例

许某大学毕业后，为实现梦想，决定创业，开办了某广告公司。由于缺乏资金，许某向某金融机构借款10万元，并按照金融机构的要求，请姜某以连带保证的方式为其债务提供担保。在借款期间，该金融机构长期将其公众号的格式排版等事项交给许某处理，许某碍于借钱的缘故就没有向金融机构收费。后来，借期届满，许某只偿还了9万元的借款。某金融机构觉得许某这个人很有诚意，又考虑到许某为其免费经营公众号，遂免除了剩余的1万元借款。那么，某金融机构可以要求连带保证人姜某偿还这1万元借款吗?

解 析

免除是债权人放弃债权的一种单方行为，也是债消灭的原因之一。如果债权人免除部分连带债务人的债务的，根据《民法典》第520条第2款的规定，在该连带债务人应当承担的份额范围内，其他债务人对债权人的债务消灭。也就是说，如果债权人免除债务人的部分债务，连带保证人也无须对被免除部分的债务承担保证责任。其中，连带债务人应当承担的份额是指各连带债务人内部对债务份额承担的约定，即各连带债务人对外作为一个整体承担连带责任，但在内部关系上仍然是按照比例承担各自的债务份额。

在上面的案例中，姜某以连带保证的方式为许某的债务提供担保，因此，在许某届期未还清借款时，某金融机构可以要求许某偿还借款，也可以要求姜某承担保证责任。但金融机构免除了许某剩余的1万元借款，根据上述规定，姜某在金融机构免除许某的债务范围内免除担保责任。因此，金融机构是不可以要求连带保证人姜某偿还这1万元借款的。

条 文

《中华人民共和国民法典》

第五百二十条第二款 部分连带债务人的债务被债权人免除的，在该连带债务人应当承担的份额范围内，其他债务人对债权人的债务消灭。

45. 连带债务人的债权债务混同时，债权人对其他债务人的债权还继续存在吗？

案 例

某装修公司与某房地产公司签订了一份借款合同，双方在合同中约定，某装修公司向某房地产公司借款500万元，年利率为3%，借期为3年，分6次还清。在签订借款合同时，某房地产公司要求某装修公司提供担保，某装修公司找来某建筑材料公司以连带责任保证的方式对装修公司500万元借款中的300万元借款提供担保。借期届满时，某装修公司只偿还了100万元借款。但在借款期间，某房地产公司为拓展业务，将某建筑材料公司收购。收购行为使得房地产公司对建筑材料公司的债权债务概括承受，即建筑材料公司承担的300万元保证责任归于某房地产公司承担。那么，在扣除300万元后，对于剩下的100万元借款，某房地产公司能要求某装修公司清偿吗？

解 析

债权债务的概括承受可以分为两种：一种是根据法律的规定发生，如继承、公司的合并与分立等，另一种是根据合同的约定而发生。在连带债务中，如果企业因为合并发生债权债务的概括承受，导致部分连带债务人的债务与债权人的债权同归于一人时，根据《民法典》第520条第3款的规定，在扣除被合并债务人应当承担的份额后，债权人对其他债务人的债权继续存在。也就是说，合并后的公司对其他债务人的债权不会因为发生债权债务的概括承受而消灭。因为在债权债务同归一人，即发生混同的情况下，在扣除发生混同的连带债务人的份额后，该部分连带债务人实际上已经成为债权人。因此，其可以以债权人的身份要求其他连带债务人清偿剩余部分的连带债务。

在上面的案例中，某房地产公司将某建筑材料公司收购，因此，某建筑材料公司对某装修公司300万元借款的担保责任由某房地产公司承担，在扣除300万元之后，某装修公司还欠某房地产公司100万元借款。根据上述规定，当某个连带债务人的债务与债权人的债权同归一人时，债权人对其他债务人的债权还会继续存在。因此，某装修公司仍需向某房地产公司偿还100万元。

条 文

《中华人民共和国民法典》

第五百二十条第三款 部分连带债务人的债务与债权人的债权同归于一人的，在扣除该债务人应当承担的份额后，债权人对其他债务人的债权继续存在。

46. 连带债权人实际受领债权后，应该向其他连带债权人返还吗？

案 例

付某、李某、张某三人成立了一家普通合伙企业，出资情况如下：付某出资5万元，李某出资4万元，张某出资3万元，共计12万元。三人在合伙协议中约定，由张某对外执行合伙事务，合伙收益按照出资比例进行分配。在经营过程中，该合伙企业与某食品有限公司建立了长期的友好合作关系。某次，某食品有限公司由于资金周转不过来，向该合伙企业借款50万元。后来，该食品有限公司的经营状况恢复正常，将50万元借款全部还给了张某。那么，对于这50万元，张某应该向其他合伙人返还吗？

解 析

合伙企业是具有人合性质的营利性组织，它由合伙人共同出资建立，合伙经营，共享收益，共担风险，各合伙人对合伙企业债务承担无限连带责任，对合伙企业在经营过程中取得的债权，享有返还权利。对于合伙企业的债务人而言，各合伙人都是其债权人，都有权要求其履行债务。在对外执行合伙事务的合伙人实际受领债权后，根据《民法典》第521条的规定，应当按比例向其他合伙人返还。

在上面的案例中，张某将合伙收益中的50万元借给某食品有限公司，由于付某、李某、张某在合伙协议中约定了对合伙收益按出资比例进行分配，因此，在张某受领了某食品有限公司返还的50万元借款后，要按照5:4:3的出资比例将50万元合伙收益返还给付某和李某。

条 文

《中华人民共和国民法典》

第五百二十一条 连带债权人之间的份额难以确定的，视为份额相同。

实际受领债权的连带债权人，应当按比例向其他连带债权人返还。

连带债权参照适用本章连带债务的有关规定。

47. 合同约定向第三人履行，当债务人履行违约时，第三人是否可以追究其违约责任？

案 例

朱某经营了一家海鲜餐馆，为进货方便，他与某海鲜批发厂商签订了一份买卖合同。双方在合同中约定，由海鲜批发商安排货物的运输，朱某在收到海鲜后支付货款。为运输海鲜，海鲜批发商与某物流公司签订了运输合同，合同中约定，朱某可以直接请求物流公司履行。对于上述的约定，海鲜批发商通知了朱某，但朱某知道后未作任何表示。后来，物流公司在运输海鲜的过程中，由于车辆临时出了故障，导致海鲜损坏了一部分。朱某在收到货物后对货物进行了检查，确认损失共计3000元。那么，对于这3000元的损失，朱某能否追究物流公司的违约责任？

解 析

相对性是合同的一大特点，但随着实践中第三人利益合同的不断出现，为更好地保护当事人缔结合同的意愿，《民法典》对第三人的利益给予了更大力度的保护。

在一般情况下，当事人约定由债务人向第三人履行，债务人履行不恰当时，第三人是不能追究债务人的违约责任的，因为合同只对合同当事人具有约束力。但《民法典》第522条第2款规定，当事人可以根据法律规定或者通过约定，使第三人取得对债务人的履行请求权。根据上述规定可知第三人取得对债务人的履行请求权包括以下几个构成要件：一是须约定由债务人向第三人履行；二是第三人根据法律规定或者合同的约定享有直接请求债务人向其履行债务的权利；三是债权人也有请求债务人向第三人履行的权利。

虽然第三人通过法律规定或合同约定享有直接履行请求权不会增加其负担，但是为贯彻意思自治的原则，《民法典》给予了第三人选择权，第三人可以拒绝。但是第三人未在合理期限内明确拒绝的，享有直接履行请求权。在这种情况下，第三人享有独立的法律利益。因此，当债务人履行不恰当时，第三人可以直接请求债务人承担违约责任，但债务人可以以自己对债权人享有的抗辩来对抗第三人。

在上面的案例中，海鲜批发商与物流公司在合同中约定，朱某可以直接请求物流公司履行合同，朱某在得知此事之后并没有拒绝，因此朱某取得了对物流公司的履行请求权。当物流公司在运输过程中违约给朱某造成损失时，朱某可以直接要求其承担违约责任，就遭受的损失进行赔付。

条 文

《中华人民共和国民法典》

第五百二十二条 当事人约定由债务人向第三人履行债务，债务人未向第三人履行债务或者履行债务不符合约定的，应当向债权人承担违约责任。

法律规定或者当事人约定第三人可以直接请求债务人向其履行债务，第三人未在合理期限内明确拒绝，债务人未向第三人履行债务或者履行债务不符合约定的，第三人可以请求债务人承担违约责任；债务人对债权人的抗辩，可以向第三人主张。

48. 债务人不履行债务，第三人在何种情况下有权向债权人代为履行？

案 例

姜某为进行投资在某市购置了一套

房产，后因生意失败，遂决定将该套房产出卖。姜某与冉某签订了房屋买卖合同，二人在合同中约定先交付房屋，再去房管局办理过户手续。但之前姜某已将该套房子出租，为了能按时交付房屋，姜某与租客高某签订了租赁合同解除协议，协议中约定姜某返还高某剩余3个月的租金共计8690元，高某收到所退租金后搬离房屋。后冉某按照合同约定的时间去收房时，发现因姜某未返还租金，故高某还未搬离。为了能尽快住进该房子，冉某决定替姜某返还剩余的租金8690元。那么，在姜某不履行债务时，冉某有权代替姜某向其债权人履行债务吗?

解 析

债权债务具有相对性，一般情况下只约束债权债务关系的当事人，债权人只能请求特定的债务人履行债务，债务人也只能向特定的债权人履行债务，但在法定情形下，第三人有权替债务人向债权人代为履行。

根据《民法典》第524条的规定，在债务人不履行债务，第三人对履行该债务具有合法利益的，即可替债务人向债权人代为履行债务。

根据上述规定可知，第三人代为履行的前提条件有四个：一是合同未约定第三人具有履行义务；二是债务人不履行债务；三是第三人对履行该债务具有合法利益，合法利益是指只要第三人履行该债务的目的合法或者不违反法律法规和规章的禁止性规定即可，如第三人对债务人的赠与；四是根据法律规定、债务性质或合同约定，未明确将第三人代履行排除在外，债务性质是指有些合同的权利义务仅在特定的当事人之间生效，如基于信赖关系建立的委托合同。

在上面的案例中，姜某不按照租赁合同解除协议的约定返还承租人高某剩余3个月的租金，导致冉某不能按时收房。冉某为了能尽快占有、使用该房屋，替姜某返还租金，该行为符合法律规定，即冉某对履行姜某的债务具有合法利益。

条 文

《中华人民共和国民法典》

第五百二十四条 债务人不履行债务，第三人对履行该债务具有合法利益的，第三人有权向债权人代为履行；但是，根据债务性质、按照当事人约定或者依照法律规定只能由债务人履行的除外。

债权人接受第三人履行后，其对债务人的债权转让给第三人，但是债务人和第三人另有约定的除外。

49. 应当先履行债务的当事人依法中止履行后，可以解除合同吗?

案 例

某电器厂家和某装修公司签订了一份空调买卖合同，双方在合同中约定，装修公司订购100台某品牌的空调，每台售价3000元，共计30万元，先支付定金7万元，剩下的货款在某电器厂家将空调安装完成后支付。合同签订后，该电器厂家就开始了空调的安装。一天，网友小鱼儿在某社交平台上爆料该装修公司为节省费用，使用劣质装修材料，导致其全家人中毒，幸好送医及时，没有造成难以弥补的伤害。由于该网友以图片、医疗诊断书等有力证据对上述陈述予以证明，所以众多网友对该条动态予以转发，并对该装修公司的投机取巧行为进行了强烈的谴责，导致该装修公司在行业内的声誉一落千丈。于是，某电器厂家向该装修公司发了一封邮件，表示要中止合同的履行并要求解除合同。那么，应当先履行债务的当事人依法中止履行合同后，可以解除合同吗？

解 析

当事人互负债务且有先后履行顺序，应当先履行债务的当事人，有确切证据证明对方当事人存在法定中止履行情形的，可以中止履行合同。其中，法定中止履行情形根据《民法典》第527条的规定包括：第一，经营状况严重恶化；第二，转移财产、抽逃资金，以逃避债务；第三，丧失商业信誉；第四，有丧失或者可能丧失履行债务能力的其他情形。应当先履行债务的一方依法中止履行后，应当及时通知对方，如果对方在接到通知后提供了适当担保的，先履行债务的一方应当恢复履行。如果后履行债务的一方在合理期限内没有提供担保且没恢复履行能力，根据《民法典》第528条的规定，先履行债务的一方可以解除合同并可以请求对方承担违约责任。据上可知，不安抗辩权的行使，先履行债务的一方负有通知义务，通知后才能解除合同。并且，在后履行债务的一方提供适当担保或者恢复了履行能力后，不安抗辩权消灭。

也就是说，在上面的案例中，装修公司属于丧失商业信誉的情形，如果其在合理期限内未恢复履行能力且未提供适当担保的，电器厂家即可解除合同并可以请求装修公司承担违约责任。

条 文

《中华人民共和国民法典》

第五百二十七条 应当先履行债务的当事人，有确切证据证明对方有下列情形之一的，可以中止履行：

（一）经营状况严重恶化；

（二）转移财产、抽逃资金，以逃避债务；

（三）丧失商业信誉；

（四）有丧失或者可能丧失履行债务能力的其他情形。

当事人没有确切证据中止履行的，应当承担违约责任。

第五百二十八条 当事人依据前条规定中止履行的，应当及时通知对方。对方提供适当担保的，应当恢复履行。中止履行后，对方在合理期限内未恢复履行能力且未提供适当担保的，视为以自己的行为表明不履行主要债务，中止履行的一方可以解除合同并可以请求对方承担违约责任。

（三）合同的保全、变更与转让

50. 债务人欠钱到期不还，也不向正在破产清算的公司申报债权，债权人能替其申报吗？

案 例

方某需要购买婚房但手头流动资金不够，便向魏某借了200万元。二人签订了《借款合同》，并在合同中约定了还款日期。但距离双方约定的还款日期只剩不到一周了，方某仍没有还钱的意思表示，并且资金状况也并无好转。魏某经调查发现方某曾在两年前借了300万元给A公司，A公司到期未还且现在正在进行破产清算。魏某多次恳求方某去A公司进行债权登记，但方某每次都以不同的理由拒绝了魏某的请求。魏某非常苦恼，十分担心方某不能如期还钱。请问，魏某可以替方某去A公司申报债权吗？

解 析

在现实生活中，由民间借贷引发的民事纠纷时有发生。为了践行公平原则，《民法典》第536条规定，在债权债务关系中，如果在债权人的债权到期前，债务人的债权没有及时申报破产债权的，债权人可以代位向破产管理人申报。本条款的立法目的在于为债权人实现债权添加一份保障，防范债权到期不能实现的风险。

在日常生活中，我们决定是否借款给他人时，总会考量一下对方的清偿能力，也即资产状况。在一段债权债务关系中，债务人对第三人享有的债权也会被当作债务人的隐形资产，我们通常也会对此予以考虑。而一旦债务人的债权面临灭失的风险，就会降低债务人的清偿能力。这时，债权人的债权能否顺利实现将会处于一种未知的风险状态。

在上面的案例中，方某是魏某的债务人，A公司是方某的债务人。如果A公司濒临破产，正在进行破产清算，那么方某不去申报债权导致的直接后果就是拿不到A公司欠其的钱，进而影响其向魏某还钱，魏某的债权就受到了威胁。所以，如果魏某想多一份保障，可以代替方某向A公司申报债权。

条 文

《中华人民共和国民法典》

第五百三十六条 债权人的债权到期前，债务人的债权或者与该债权有关的从权利存在诉讼时效期间即将届满或者未及时申报破产债权等情形，影响债权人的债权实现的，债权人可以代位向债务人的相对人请求其向债务人履行、向破产管理人申报或者作出其他必要的行为。

51. 债权人发现债务人不还钱，还为他人做担保的，怎么办？

案 例

王某的事业非常成功，并凭借着不

错的理财能力积攒了一笔不菲的财富。同事任某向王某借钱出国深造，王某借给任某60万元，双方签订了《借款合同》，合同上约定的还款日期是2021年3月1日。2月25日，任某匆匆回国，用自己的单身公寓为妹妹欠戴某的债务提供了抵押担保。戴某是王某的同学，曾经听说过王某借给任某60万元且马上就要到期，于是就把这件事告诉了王某。王某觉得任某还没有毕业，除了那套单身公寓，基本上没有收入来源，自己的钱很有可能会打水漂儿。那么，他能通过什么途径获得一份保障呢？

解 析

每个人都有支配自己财产的权利，但这并非意味着这种支配权没有边界。在现实生活中，债务人常常缺乏还款的自觉性，在欠债的情况下仍不考虑债权人利益而随意处分自己的财产。对于此种情形，《民法典》第539条规定，债务人为他人提供担保，影响债权人的债权实现，债务人的相对人知道或应当知道该情形的，债权人可以向人民法院请求撤销该行为。第542条规定，债务人影响债权人的债权实现的行为被撤销的，自始没有法律约束力。由此可知，债务人虽然有权处分自己的财产，但不得影响自己向债权人实现债权。否则，该处分行为可能会被法院撤销。

在上面的案例中，任某对王某负有债务，在债务即将到期时欠缺清偿能力，却将自己唯一的房子为自己妹妹的债务提供担保，影响了王某债权的实现。按照法律规定，任某不应该为他人提供抵押担保，并且知情的戴某也不应当接受。因此，如果王某想捍卫自己的权益，可以请求人民法院撤销任某向戴某提供抵押担保的行为，该行为自始无效，不影响任某的债权实现。

条 文

《中华人民共和国民法典》

第五百三十九条 债务人以明显不合理的低价转让财产、以明显不合理的高价受让他人财产或者为他人的债务提供担保，影响债权人的债权实现，债务人的相对人知道或者应当知道该情形的，债权人可以请求人民法院撤销债务人的行为。

第五百四十二条 债务人影响债权人的债权实现的行为被撤销的，自始没有法律约束力。

52. 当事人违反约定将债权转让给第三人，该转让行为有效吗？

案 例

2021年1月5日，刘某因扩大农场经营的需要，和某机器生产商签订了一份买卖合同，订购了一批新的农用器材，价格为100万元。双方在合同中约定于2021年2月1日在该机器生产商的门店钱货两清，同时约定双方均不得将合同项下的权利让与任何第三方，否则即视为违约。后来，因市场不景气，该机器生产商经营运转困难，遂决定将其对刘某的100万元债权转让给某商业银行以获得融资。2021年2月10日，刘某届期未支付货款，该商业银行向其催收。那么，在合同约定债权不得转让的情况下，该机器生产商擅自违反合同约定，将债权转让给第三人，该转让行为有效吗？

解 析

根据民法意思自治的原则，当事人可以对自己享有的权利进行自由处分。但是，在某些情况下，当事人不得擅自转让自己的权利。根据《民法典》第545条的规定，当事人约定金钱债权不得转让的，不得对抗第三人。即对于金钱债权，合同当事人擅自转让债权的，在转让人和第三人之间是有效的，且不论第三人善意与否。

因此，在本案例中，某机器生产商将其对刘某的100万元金钱债权转让给某商业银行的行为在机器生产商和商业银行之间是有效的，且不需要刘某的同意。如果刘某已向机器生产商清偿，该清偿是无效的，刘某可以对机器生产商主张不当得利以追回货款。但是，对于机器生产商擅自转让债权的行为，刘某可以追究其违约责任，以此来捍卫自己的权利。

条 文

《中华人民共和国民法典》

第五百四十五条 债权人可以将债权的全部或者部分转让给第三人，但是有下列情形之一的除外：

（一）根据债权性质不得转让；

（二）按照当事人约定不得转让；

（三）依照法律规定不得转让。

当事人约定非金钱债权不得转让的，不得对抗善意第三人。当事人约定金钱债权不得转让的，不得对抗第三人。

53. 债权转让后，履行费用增加的，由谁来承担增加的费用？

案 例

李某承包某建筑工程后，与某建筑材料公司签订了买卖合同，双方在合同中约定由建筑材料公司将李某订购的建筑材料送到位于该市东城区的某工地，李某先交付1万元的定金，其余的9万元货到付款。后因工作计划的调整，李某提前向建筑材料公司支付了剩余的9万元，并将债权转移给杨某，要求建筑材料公司将建筑材料送到该市西城区的某工地。由于买卖合同中约定的履行地点是东城区，建筑材料公司最初预算的运输费用是300元，但因李某将其债权转让给杨某后，履行地点变更为西城区，因此运输费用变为500元。那么，债权转让后履行费用增加的，增加的费用该由谁来承担呢？

解 析

只要是可转让的债权，即不具有人身属性的债权，债权人都可以根据自己的意思进行自由转让。根据《民法典》第550条的规定，因债权转让增加的履行费用，由让与人负担。即债权人将债权转让给第三人时，履行费用增加的部分，应该由债权人承担。

在上面的案例中，李某将其对某建筑材料公司的债权转让给杨某，是其对自己权利的处分，是符合法律规定的，但在债权转让后，履行费用增加了200元，这200元应该由让与人李某承担。因此，该建筑材料公司可以向李某主张要求其支付多出的200元运输费用。同时，债权转让后该建筑材料公司应该直接向杨某履行。此外，李某在债权转让时可以和杨某对债权的履行费用进行约定。

条　文

《中华人民共和国民法典》

第五百五十条　因债权转让增加的履行费用，由让与人负担。

54. 债权人对债务转让未作表示的，算同意还是不同意转让？

案　例

许某为翻修自家的房子，向亲戚姜某借了10万元，并出具了借条，约定于一年内还清，但未约定利息。半年后，许某将自家农场里的1000只羊全部出售给某工厂，共计12万元，双方在合同中约定，该工厂只需要支付给许某2万元，剩下的10万元支付给姜某即可。在与工厂签订买卖合同前，许某将转让债务的想法告诉了姜某，但一周过去了，经许某催告后，姜某仍没有任何回复。那么，对于许某转让债务的行为，在债权人姜某对该转让行为未作任何表示的，意味着其同意转让还是不同意转让呢？

解　析

债务是一种负担，因此，其转让程序比债权转让更为严谨。在实践中，每个人的债务履行能力不同，为确保债权人的债权能够顺利实现，需要债权人对债务的转让予以认可。根据《民法典》第551条的规定，债务人可以将其债务全部或者部分转移给第三人，但这些转让行为必须经过债权人的同意。该规定的目的是保全债权人的债权。债务人将转让债务的意思通知债权人后，债权人应该在合理期限内作出同意或不同意的意思表示，如果债权人未表示的，视为债权人不同意债务的转让。

在上面的案例中，许某将债务转让的意思通知了其债权人姜某，经催告，姜某仍未作出任何表示，那么，根据法律规定，应视为姜某不同意许某转让债务。所以，许某仍应在约定期内还清其欠姜某的借款10万元。

条　文

《中华人民共和国民法典》

第五百五十一条　债务人将债务的全部或者部分转移给第三人的，应当经债权人同意。

债务人或者第三人可以催告债权人在合理期限内予以同意，债权人未作表示的，视为不同意。

55. 第三人自愿加入债务人的债务，债权人未拒绝的，第三人应该对全部债务负清偿责任吗？

案例

曾某从某大学毕业后，在某传媒公司工作。工作一段时间后，曾某觉得自己能力还行，遂辞职创业。由于经验不足，加上新媒体市场竞争十分激烈，曾某创业失败，并欠下某广告营销有限公司10万元的债务。曾某心灰意冷，身体上和心理上都受到了沉重的打击。为鼓励曾某，曾某的父亲老曾决定帮曾某还债。老曾找到该广告营销有限公司，表明自己愿意加入曾某欠该公司的10万元债务中，并承诺帮曾某偿还其中的5万元。该公司的负责人吴某说会考虑考虑，之后给老曾回复，但由于工作太忙，吴某将此事忘记。后来，债务届期，曾某只偿还了3万元欠款，某广告营销有限公司遂要求老曾偿还剩余的欠款。那么，在第三人自愿加入债务人的债务，债权人未明确拒绝的情况下，第三人应该对该债务承担清偿责任吗？

解析

债务的并存是指在债务人不脱离债务关系的前提下，第三人自愿加入债务中，与债务人共同承担债务的一种方式。根据《民法典》第552条的规定，第三人向债权人表示愿意加入债务人的债务，债权人未在合理期限内明确拒绝的，债权人可以请求第三人在其愿意承担的债务范围内和债务人承担连带责任。也就是说，在第三人自愿加入债务人的债务，而债权人没有明确拒绝的情况下，第三人是否对全部债务承担清偿责任以第三人的意愿为准。

在上面的案例中，老曾主动找到曾某的债权人某广告营销有限公司，表示愿意对曾某10万元欠款中的5万元承担清偿责任，且某广告营销有限公司未明确拒绝，那么某广告营销有限公司就可以请求老曾对其承诺的5万元和曾某承担连带清偿责任，即可以要求老曾向其偿还5万元。

该规定的目的是保障债权人的债权，第三人的加入意味着有更多的人和债务人一起对债务进行清偿，相当于对债权的保证。

条文

《中华人民共和国民法典》

第五百五十二条 第三人与债务人约定加入债务并通知债权人，或者第三人向债权人表示愿意加入债务，债权人未在合理期限内明确拒绝的，债权人可以请求第三人在其愿意承担的债务范围内和债务人承担连带债务。

（四）合同的权利义务终止与违约责任

56. 债权债务终止时，债权的从权利一定会消灭吗？

案 例

某房地产公司与某商业银行约定，某房地产公司以价值5000万元的房产为其2020年12月21日至2021年12月21日发生的债权作担保，并办理了抵押登记。后某房地产公司在2021年1月向某商业银行贷款1000万元，2月又贷款1000万元。2021年3月，某房地产公司向某商业银行偿还了1000万元，4月某房地产公司又向该商业银行贷款1000万元。那么，如果2021年8月某房地产公司向某商业银行偿还2000万元贷款，是否该商业银行享有的抵押权就因此消灭？

解 析

从权利具有附属性，其依据主债权的发生而发生，因主债权的消灭而消灭。担保物权是典型的从权利，依据债权的发生而发生。在债权债务终止时，债权的从权利就同时消灭，但是也有例外情形。根据《民法典》第559条的规定，在法律有明确规定或者当事人另有约定的情况下，从权利可以不因主债权的消灭而消灭，即从权利具有一定的独立性。比如，法律规定最高额抵押权在主债权确定前，不会随着部分债权的清偿而消灭。此外，当事人也可以约定在交付货物、支付货款后，出卖人要继续履行维修、保密等义务。

在上面的案例中，某房地产公司与某商业银行签订了最高额抵押合同，根据《民法典》对于最高额抵押的规定，在债权确定前债务人对部分债务的清偿，不影响最高额抵押权的存在。也就是说，即使某房地产公司于2021年8月偿还商业银行2000万元借款，最高额抵押权也并没有消灭。也就是说，在法律有明确规定的情况下，债权债务终止时，债权的从权利可以不消灭。

条 文

《中华人民共和国民法典》

第五百五十九条 债权债务终止时，债权的从权利同时消灭，但是法律另有规定或者当事人另有约定的除外。

57. 当事人约定不得转租，承租人转租的，出租人行使解除权有期限限制吗？

案 例

为方便上下班，林某在公司附近租了一套房子。林某与房东老李签订了租房协议，二人在协议中约定，租期两年，每月租金为3000元，押一付三，林某不得对该房子进行转租，如果林某转租房子，老李有权解除合同。半年后，林某决定辞职回到老家工作。但在走之前，由于租期还剩一年半，林某就将该房子转租给了同事张某。不久，老李发现了林某转租房子的事实，但他未作任何表示，仍然继续收取租金。一年后，老李突然向林某主张解除合同。那么，此时老李能行使解除权解除合同吗？

解 析

解除权属于形成权，通过当事人单方意思表示就可以行使，不需要对方的配合。其行使方式通常是通知对方，通知到达对方时，合同就自动解除。《民法典》赋予当事人解除权，目的是破解合同僵局，在无法实现合同目的时，使当事人能尽快从合同关系中解脱出来。

根据《民法典》第564条的规定，解除权人应该在法律规定或当事人约定的期限内行使解除权，不行使的，该权利消灭。法律没有规定或当事人没有约定解除权行使期限的，解除权人行使解除权的期限为解除权人知道或应当知道解除事由一年内。也就是说，解除权人行使解除权有期限的限制。

在上面的案例中，林某与老李在出租协议中明确约定，如果林某转租房屋，老李可以解除合同，但没有约定解除权行使期限，在这种情况下，根据法律的规定，老李行使解除权的法定期限为一年，从老李知道林某转租房屋的事实时开始计算。但老李知道林某转租的事实后仍照常收取租金，一直未行使解除权。而当他在一年后主张行使解除权时，其权利已经消灭。因此，老李只能继续按照合同约定履行义务和行使权利。

条 文

《中华人民共和国民法典》

第五百六十四条 法律规定或者当事人约定解除权行使期限，期限届满当事人不行使的，该权利消灭。

法律没有规定或者当事人没有约定解除权行使期限，自解除权人知道或者应当知道解除事由之日起一年内不行使，或者经对方催告后在合理期限内不行使的，该权利消灭。

58. 当事人直接向法院起诉解除合同，法院确认该主张的，合同自何时起解除？

案 例

2018年3月5日，某服装自营店与某商场签订商铺租赁合同，双方在合同中约定，租期为2018年3月7日至2021年2月21日，租金为每月3万元，按季度支付，如果连续两个季度未支付租金，则商场有权解除合同。合同签订后，某商场为某服装自营店提供了场地，但该服装自营店连续多次欠缴租金。某商场多次催告该服装店，但都没有结果。于是，某商场向法院提起诉讼，请求法院解除合同，判决某服装自营店搬离商铺，并要求某服装自营店支付欠缴租金、滞纳金。法院受理案件后，经审查，某服装自营店确实违约且符合解除合同的条件。于是，法院支持了商场的诉讼请求。那么，该商铺租赁合同自何时起解除呢？

解 析

解除是终止合同之债的法定事由之一，其行使方式分为意定解除和法定解除两种。其中，意定解除是指当事人对解除条件进行了约定，当条件成就时，合同即解除。而法定解除是指合同的解除条件直接由法律加以规定。当事人在主张解除合同时，应当通知对方，合同自通知到达对方时解除。但如果当事人一方未通知对方，而是直接以提起诉讼的方式主张解除合同，在法院对主张进行确认后，合同在何时解除呢？

根据《民法典》第565条的规定，当事人一方未通知对方，直接以提起诉讼或者申请仲裁的方式依法主张解除合同，人民法院或者仲裁机构确认该主张的，合同自起诉状副本或者仲裁申请书副本送达对方时解除。

在上面的案例中，某商场以提起诉讼的方式向法院主张解除合同，法院经调查审理后发现，某服装自营店确实存在违约行为，且符合当事人约定的解除合同的条件。于是，法院对某商场的诉讼请求予以了确认。根据上述规定，以诉讼方式主张解除合同的，合同在起诉状副本送达对方时解除，即自某服装自营店收到法院送达的起诉状副本时起，该商铺租赁合同解除。

条 文

《中华人民共和国民法典》

第五百六十五条 当事人一方依法主张解除合同的，应当通知对方。合同自通知到达对方时解除；通知载明债务人在一定期限内不履行债务则合同自动解除，债务人在该期限内未履行债务的，合同自通知载明的期限届满时解除。对方对解除合同有异议的，任何一方当事人均可以请求人民法院或者仲裁机构确认解除行为的效力。

当事人一方未通知对方，直接以提起诉讼或者申请仲裁的方式依法主张解除合同，人民法院或者仲裁机构确认该主张的，合同自起诉状副本或者仲裁申请书副本送达对方时解除。

59. 债权人下落不明，债务人该如何清偿到期债权？

案 例

小杰向小伟借了10万元，并约定于一年后偿还欠款。鉴于小杰有过拖延还款的行为，为了杜绝此次小杰继续拖延还款，小伟特意在合同中约定：“若小杰迟延清偿借款，小伟可以要求小杰支付三倍利息的迟延履行金。”小杰为早日借到钱便欣然接受。6个月后，小杰备好钱款准备还给小伟，到了小伟的住所才发现那里已经没有人居住，拨打小伟的电话也没有人接听。小杰向周围的邻居打听后才得知小伟两个月前就已经搬走了，但不知道去了哪里。小杰经多方打听都没找到小伟的联系方式，这就意味着小杰无法向小伟按时偿还借款了。一想到自己和小伟约定的三倍利息的迟延履行金，小杰便寝食难安。那么，此时小杰可以采取何种手段进行救济？

解 析

在现实生活中，我们的经验往往是债权人追着欠债的人催要钱款，很少有欠债的人追着要还钱的。但是，现实生活中有时还真的存在这种想还钱还不了的情形，如债权人和债务人约定了较高的利息后，债权人下落不明或者死亡，债权人的继承人在合理期间内不能够确定，导致债务人无法及时向债权人清偿。在这样的情况下，因为一直在计算高额的利息，导致债务人的偿还负担加重。为了平衡债权人和债务人之间的利益冲突，保证借贷市场的有序运行，《民法典》第570条、第572条规定了提存制度，规定在债权人无法接受债务履行的情形下，债务人可以向有关部门办理提存，视作合同在提存完成后履行。

在上面的案例中，小杰按照约定准备如期还钱，但是因为小伟下落不明，与其失去了联系，导致小杰无法归还欠款且需要承担高额的迟延履行金。这显然对小杰是不公平的。这时小杰可以到有关部门将标的物提存，同时应当尽快获取小伟的联系方式，将提存的消息及时告知小伟。办理提存之后，视作合同在提存之日已经履行完毕，小伟和小杰之间约定的延迟履行金不再计算，小伟可以在提存手续办理完毕后的任意时间内到有关部门领取被提存物。

条 文

《中华人民共和国民法典》

第五百七十条 有下列情形之一，难以履行债务的，债务人可以将标的物提存：

（一）债权人无正当理由拒绝受领；

（二）债权人下落不明；

（三）债权人死亡未确定继承人、遗产管理人，或者丧失民事行为能力未确定监护人；

（四）法律规定的其他情形。

标的物不适于提存或者提存费用过高的，债务人依法可以拍卖或者变卖标的物，提存所得的价款。

第五百七十二条 标的物提存后，债务人应当及时通知债权人或者债权人的继承人、遗产管理人、监护人、财产代管人。

60. 提存物按规定归国家后，债权人还能取回吗？

案 例

段某与洪某签订合同，约定段某3个月内制造一批瓷器交与洪某，洪某先预付10万元货款，剩余10万元货款在货物交付后一并付清。3个月后段某完成了瓷器制造工作，此时才得知洪某因经济原因外出避债。在无法联系洪某的情况下，段某无奈只好将瓷器向有关部门办理提存。两年后，洪某的公司恢复经营，段某在与洪某取得联系后，告知洪某其定制的瓷器已经向有关部门提存，洪某可以凭借提存的单据领取该笔瓷器。洪某核对单据后，将10万元尾款支付给段某。因为复工繁忙，洪某忘记去提取瓷器。4年后，洪某在打扫卫生时发现瓷器提存的单据，便拿着单据到有关部门要求取回瓷器。但是有关部门告知洪某已经过了5年的提取时间。那么，洪某还能取回这批瓷器吗？

解 析

提存是现代商业中一种较为便利的交货手段，即使在一方不能接收货物的意外情况下，另一方也可以顺利交货，有利于商业贸易的快速便捷开展。但是国家也为提存设立了时间期限。根据《民法典》第574条的规定，提存人在设立提存之日起5年内不行使领取的权利的，提存物归国家所有。这是一条督促性质的条款，是为了防止权利人在获得领取提存物的权利后怠于行使自己的权利，致使提存物一直在有关部门留存，这样不仅增加了有关部门保存物品的压力，也违反了提存是为了提高商业效率的初衷。

在上面的案例中，洪某作为瓷器的定制者，即债权人，在瓷器办理提存后的5年内可以随时去领取，但是洪某因为个人的原因迟迟不去领取该笔提存物，在提存6年后才去领取，超出了5年的除斥期间。根据《民法典》第574条的规定，洪某无权再取回这批瓷器。

条 文

《中华人民共和国民法典》

第五百七十四条 债权人可以随时领取提存物。但是，债权人对债务人负有到期债务的，在债权人未履行债务或者提供担保之前，提存部门根据债务人的要求应当拒绝其领取提存物。

债权人领取提存物的权利，自提存之日起五年内不行使而消灭，提存物扣除提存费用后归国家所有。但是，债权人未履行对债务人的到期债务，或者债权人向提存部门书面表示放弃领取提存物权利的，债务人负担提存费用后有权取回提存物。

61. 违约责任中由第三人代为履行的费用，由谁来承担？

案 例

2021年1月1日，甲公司与乙公司签订了一份电梯维护维修合同，双方约定由乙公司负责对甲公司的电梯定期进行检查维护，以保障电梯的正常运行，若电梯出现安全故障，乙公司应在3个小时之内派人解决，合同期限为1年，总费用为8万元。合同签订后，甲公司支付了所有的合同价款。2021年2月1日，甲公司的一个电梯门出现了不能正常关闭的问题，甲公司立即与乙公司联系，要求其尽快安排专人维修，但是过了5个小时，乙公司仍未派人前来。为保障员工正常使用电梯，甲公司只好联系丙公司来解决电梯故障，并支付了相应的维修费用5000元。次日，乙公司联系甲公司向其道歉，甲公司要求乙公司承担其支付给丙公司的电梯维修费5000元，乙公司以双方合同中没有约定为由当场拒绝。于是，甲公司向法院起诉，要求乙公司承担电梯维修费5000元。请问，甲公司的请求能够得到支持吗？

解 析

《民法典》第581条明确规定，根据债务的性质不得要求强制履行的，守约方可以委托第三人替代履行，由此产生的与第三人订立合同、履行义务过程中所支出的合理费用，守约方可以请求违约方承担。一般来说，这里的不得强制履行的债务主要是指非金钱债务，且必须具备由第三人代为履行的条件。事实上，违约方负担的由第三人代为履行的费用是基于诚实信用原则确定的。因违约方未正常履行合同义务，守约方不得不再另邀请第三人履行该义务，若守约方因此受到损失，则违约方需赔偿守约方的该部分损失。

在本案例中，虽然双方合同中没有相应的约定，但乙公司未按照合同约定履行按时维修电梯的义务，甲公司因急需使用电梯只能委托第三人丙公司进行维修，这是有理有据的，甲公司要求乙公司承担其所支出的5000元费用应当得到支持。

条 文

《中华人民共和国民法典》

第五百八十一条 当事人一方不履行债务或者履行债务不符合约定，根据债务的性质不得强制履行的，对方可以请求其负担由第三人替代履行的费用。

62. 债权人迟延受领的法律后果应当由谁来承担？

案 例

2021年1月15日，李某在A公司买了2000株橘子树树苗，双方签订合同，约定每棵树苗价格为6元，由A公司于1月20日前将全部树苗运送至李某家中，运输费1000元由李某承担，货到付款。1月20日，A公司派员工小张如期将树苗运到了李某家门口，李某却称自己不想要了，拒绝接收树苗，小张便将树苗运回了公司。后经过多次协商，双方达成一致意见，约定由A公司于1月31日将树苗交给李某。1月31日，A公司再次将树苗运到李某家中，李某受领了全部树苗，并支付1.3万元。A公司认为，李某还需支付1月20日的运输费1000元，以及1月21日至1月30日树苗的人工管护费2000元，但是李某不愿支付。请问，A公司增加3000元费用的请求能够得到法律的支持吗？

解 析

在合同关系中，债权人的受领义务为不真正义务，债务人无法请求债权人强制履行，也就是说，债务人不能强迫债权人受领。这样一来，债务人实现合同的目的就会存在一定的风险，为防止债权人滥用权利，督促合同双方按时履约，《民法典》第589条明确规定，债务人可以请求债权人赔偿因债权人迟延受领而增加的费用，并且无须支付受领延迟期间所产生的利息。故在本案例中，李某无正当理由拒绝受领树苗，必须承担相应的法律后果，即应当支付给A公司第一次运输树苗的费用，以及迟延受领树苗期间，A公司所支出的树苗人工管护费。

条 文

《中华人民共和国民法典》

第五百八十九条 债务人按照约定履行债务，债权人无正当理由拒绝受领的，债务人可以请求债权人赔偿增加的费用。

在债权人受领迟延期间，债务人无须支付利息。

（五）买卖合同及供用电、水、气、热力合同

63. 商品有效使用期届满需要回收的，由谁来负责？

案 例

2011年3月5日，某学校为了更新教学设备，与某品牌电器商家签订了投影仪买卖合同，双方在合同中约定，每台投影仪价格为4050元，共订购100台，某学校先支付1万元的定金，剩下的尾款在投影仪安装完毕后支付。该投影仪的使用期限为10年，合同中约定，期满后由电器商家进行回收。2021年3月14日，学校后勤负责人李某联系电器商家，要求该商家按照合同约定履行回收投影仪的义务。那么，商家有回收有效使用期届满的投影仪的义务吗？

解 析

在买卖合同中，出卖人除了有交付货物的主给付义务，还应当遵循诚实信用原则，根据交易习惯履行通知、协助、保密、旧物回收等义务。其中，出卖人的回收义务是对《民法典》绿色原则的具体落实和贯彻。根据《民法典》第625条的规定，出卖人在两种情况下应承担旧物回收的义务：一是当事人约定由出卖人对旧物予以回收；二是法律、行政法规规定出卖人负有回收义务。本条规定将附随义务确定为出卖人依法承担的旧物回收义务，可以有效引导出卖人承担节约资源、保护环境的社会责任。

在上面的案例中，学校与电器商家在合同中明确约定，投影仪有效使用期满后由电器商家承担回收的义务。根据《民法典》的上述规定，对于旧物回收义务，当事人有约定的，按照当事人约定履行。因此，电器商家应该对有效使用期满的投影仪进行回收。

条 文

《中华人民共和国民法典》

第六百二十五条 依照法律、行政法规的规定或者按照当事人的约定，标的物在有效使用年限届满后应予回收的，出卖人负有自行或者委托第三人对标的物予以回收的义务。

64. 买卖双方签订分期付款的合同，买方不按时付款的，卖方能否解除合同？

案例

2020年10月2日，许某和李某签订了一份买卖合同，二人在合同中约定，货款采取分期支付的方式，付款时间为每个月的5日，从2020年11月开始支付，共计12万元，分6次付清，每次支付2万元。李某2020年11月、12月都按时支付了货款，但从2021年1月开始，李某连续4个月未支付货款。经许某多次催告，仍然没有结果。于是，许某想将该买卖合同解除。那么，对于分期付款的合同，买方不按时付款的，卖方能否解除合同？

解析

分期付款的支付方式为买方提供了便利，也可以帮助卖方吸引更多顾客，实现共赢的局面。但是分期付款也存在一定的风险，如买方不能按时支付货款。那么，在这种情况下，卖方在法律上有什么救济方式呢？

根据《民法典》第634条的规定，采取分期付款的方式进行交易，买受人未支付到期价款的数额达到全部价款的五分之一，经催告后在合理期限内，买受人仍未支付到期价款的，出卖人有两种救济方式可以选择：请求买受人支付全部价款或者解除合同。也就是说，在买受人未支付到期货款达到一定数额后，首先要对其进行催告，经催告后仍未支付的，出卖人可以选择解除合同。

在上面的案例中，李某连续4个月未支付到期价款，数额已达到全部价款的五分之一，且许某对其进行了多次催告，但李某仍然不履行支付价款的义务。因此，许某可以将解除合同的意思通知李某，以此来维护自己的权利。

条文

《中华人民共和国民法典》

第六百三十四条 分期付款的买受人未支付到期价款的数额达到全部价款的五分之一，经催告后在合理期限内仍未支付到期价款的，出卖人可以请求买受人支付全部价款或者解除合同。

出卖人解除合同的，可以向买受人请求支付该标的物的使用费。

《最高人民法院关于审理买卖合同纠纷案件适用法律问题的解释》

第二十七条第一款 民法典第六百三十四条第一款规定的“分期付款”，系指买受人将应付的总价款在一定期限内至少分三次向出卖人支付。

65. 在试用买卖中，商品毁损的，损失由谁承担？

案例

小美妈妈长期在某美容院做皮肤护理，是该美容院的VIP客户。因此，每次美容院有新的产品推出时，该美容院的经理都会让其试用，如果小美妈妈试用后觉得效果不错，就会考虑将该产品买下来。某次，该美容院推出了一款新的脸部按摩仪，经理让小美妈妈试用，并告诉小美妈妈可以试用1个月，如果到时候觉得不适合自己，可以不买，将产品退回即可。在试用期内，小美家的猫将按摩仪从桌子上推到地上，导致按摩仪损坏。那么，在试用买卖中，商品在试用期内毁损的，损失应该由试用人承担吗？

解 析

试用买卖是指当事人约定买受人可以先行试用标的物，然后在一定期间内决定是否购买标的物的合同。在试用期内，买卖合同成立但并未生效，合同的生效以买受人的认可为准，买受人有买与不买的选择权，且在试用期内，标的物的所有权并没有转移，仍然属于出卖人。那么，在试用期内，标的物毁损的风险转移了吗？商品损毁的，损失应该由谁来承担？

根据《民法典》第640条的规定，标的物在试用期内毁损、灭失的风险由出卖人承担。由此可以看出，在试用期内，标的物的所有权不发生转移，毁损的风险也不发生转移，仍然由出卖人承担。

在上面的案例中，小美妈妈与美容院之间成立了试用买卖合同，在试用期内，小美家的猫将按摩仪损坏，根据法律规定，该损失应该由美容院承担。

条 文

《中华人民共和国民法典》

第六百四十条 标的物在试用期内毁损、灭失的风险由出卖人承担。

66. 在所有权保留买卖中，买受人将标的物转让给第三人的，第三人能取得所有权吗？

案 例

小蒋在某商场的手机专卖店买了一部手机，双方签订了买卖合同，合同中约定，小蒋需要先支付1000元，剩下的货款分4次付清，每月支付500元，在价款支付完结前，该手机的所有权归手机专卖店所有。后来，小蒋由于没有经济来源，支付不了手机的价款，于是将该手机转卖给了某二手手机回收店。但该店对小蒋与手机专卖店的买卖合同并不知情。那么，该二手手机回收店能取得该手机的所有权吗？

解 析

保留所有权买卖合同，是指在买卖合同中，出卖人为了保证自己的利益，与买受人约定保留标的物的所有权，其实质上是一种非典型担保。在保留所有权买卖中，有时会出现买受人未履行支付价款的义务，但把标的物转让给第三人的情况，此时就会出现关于标的物所有权的争议。

根据《民法典》第641条第2款的

规定，出卖人对标的物保留的所有权，未经登记，不得对抗善意第三人。也就是说，在保留所有权的买卖合同中，买受人未支付价款就将标的物转让的，第三人是否能取得所有权需要区分情况对待：如果保留所有权的买卖合同当事人对标的物进行了登记，无论第三人是善意的还是恶意的，都不能取得标的物的所有权；而如果保留所有权的买卖合同当事人对标的物未进行登记，那么善意第三人可以取得标的物的所有权，这里的善意是指第三人不知道买受人与出卖人关于保留所有权的约定。

在上面的案例中，小蒋与商场之间成立了保留所有权的买卖合同，但未进行登记，小蒋在未支付完价款的情况下，将手机转卖给了不知情的某二手手机回收店，该二手手机回收店属于善意第三人。因此，该二手手机回收店可以取得手机的所有权。而商场的手机专卖店可以通过要求小蒋承担违约责任来维护自己的权利。

条 文

《中华人民共和国民法典》

第六百四十一条 当事人可以在买卖合同中约定买受人未履行支付价款或者其他义务的，标的物的所有权属于出卖人。

出卖人对标的物保留的所有权，未经登记，不得对抗善意第三人。

67. 汽车所有权转移前，买方未按合同约定支付价款，卖方能否收回汽车？

案 例

王某生意失败，遂将自己名下的一辆汽车卖给了曾某，双方于2020年8月28日签订了汽车买卖合同。二人在合同中约定，汽车总价值为62万元，曾某先一次性支付50万元，余下的钱，曾某在每月5日之前分12个月转到王某的账户上，每月支付1万元，支付时间从2020年9月5日起，全部支付完毕后再办理汽车过户登记。2020年，曾某都按时支付了款项，但从2021年1月开始，曾某连续3个月不支付车款。多次催告未果后，王某决定通知曾某自己要收回该汽车。那么，王某能收回汽车吗？

解 析

所有权保留制度通过让出卖人保留标的物所有权的方式来保障买受人价款支付义务的履行，其实质上是一种担保。由于在所有权保留买卖中，标的物由买受人占有、使用，导致所有权人与标的物相分离。因此，当买受人不按约定履行义务时，为保障出卖人的利益，《民法典》第642条规定了出卖人的法定取回权。根据该条规定，在所有权保留买卖中，出卖人有权取回标的物的法定情形包括：第一，买受人未按照约定支付价款，经催告后在合理期限内仍未支付；

第二，买受人未按照约定完成特定条件；第三，买受人将标的物出卖、出质或者作出其他不当处分。在出现上述法定情形时，出卖人可以与买受人协商取回标的物，协商不成的，出卖人可以向法院申请对标的物进行拍卖、变卖，以此来实现自己的债权。

但是，关于“取回权”，法律还有限制性规定。根据《最高人民法院关于审理买卖合同纠纷案件适用法律问题的解释》第26条第1款的规定，买受人已经支付标的物总价款的75%以上，出卖人主张取回标的物的，人民法院不予支持。在《民法典》第642条第1款第3项情形下，第三人依据《民法典》第311条的规定已经善意取得标的物所有权或者其他物权，出卖人主张取回标的物的，人民法院不予支持。也就是说，如果买方已经支付全部价款的75%以上，或者货物已经归第三人所有，那么卖方则不能实现“取回权”。

在上面的案例中，曾某未按照合同约定支付汽车价款，经出卖人王某多次催告后仍未支付，属于出卖人有权取回标的物的法定情形。但是，此次交易中，曾某先一次性支付了50万元的买车款，之后的4个月间，曾某又总共支付了4万元的买车款，即曾某共计支付了54万元的车款。而该车总车款为62万元，其75%为46.5万元。也就是说，曾某支付的钱款已经超过了总车款的75%。那么，按照《最高人民法院关于审理买卖合同纠纷案件适用法律问题的解释》第26条第1款的规定，出卖人王某想要收回汽车的主张不能得到法院的支持。王某可以通过起诉，要求曾某继续履行合同等。

条 文

《中华人民共和国民法典》

第六百四十二条 当事人约定出卖人保留合同标的物的所有权，在标的物所有权转移前，买受人有下列情形之一，造成出卖人损害的，除当事人另有约定外，出卖人有权取回标的物：

（一）未按照约定支付价款，经催告后在合理期限内仍未支付；

（二）未按照约定完成特定条件；

（三）将标的物出卖、出质或者作出其他不当处分。

出卖人可以与买受人协商取回标的物；协商不成的，可以参照适用担保物权的实现程序。

《最高人民法院关于审理买卖合同纠纷案件适用法律问题的解释》

第二十六条 买受人已经支付标的物总价款的百分之七十五以上，出卖人主张取回标的物的，人民法院不予支持。

在民法典第六百四十二条第一款第三项情形下，第三人依据民法典第三百一十一条的规定已经善意取得标的物所有权或者其他物权，出卖人主张取回标的物的，人民法院不予支持。

68. 供电企业可以拒绝用电人合理的订立合同要求吗？

案 例

张某将房产出租给白某开办了C公

司。C公司与当地供电企业签订了《供用电合同》，约定由C公司向供电企业支付电费，供电企业向C公司供电。后因C公司拖欠电费，供电企业经催告无效后便停止了向C公司供电。后来，供电企业补交了电费，供电恢复。但是，在《供用电合同》到期后，供电企业拒绝了C公司续订合同的要求。C公司的负责人很纳闷，自己也没有提什么不合理的要求，供电企业怎么能拒绝呢？

解　析

供用电合同是指供电人向用电人供电，用电人向供电人支付电费的合同。供电人，通常为供电企业，属于公用事业单位，对个人、企业负有强制性缔约义务，不得拒绝用电人合理的订立合同的请求。同时，用电人与供电人应当在平等、自愿的前提下签订供用电合同。《民法典》第648条之所以规定供电企业的强制缔约义务，是为了保护消费者，因为消费者作为弱势的一方，一旦与供电企业订立供用电合同的要求被拒绝，就难以从其他渠道获得电力资源。

因此，在上面的案例中，供电企业是不能拒绝C公司续订《供用电合同》的要求的。

条　文

《中华人民共和国民法典》

第六百四十八条　供用电合同是供电人向用电人供电，用电人支付电费的合同。

向社会公众供电的供电人，不得拒绝用电人合理的订立合同要求。

《中华人民共和国电力法》

第二十七条　电力供应与使用双方应当根据平等自愿、协商一致的原则，按照国务院制定的电力供应与使用办法签订供用电合同，确定双方的权利和义务。

69. 用电人逾期不支付电费的，供电人可以不经通知中止供电吗？

案　例

蒲某与供电企业签订了《供用电合同》。多年以来，蒲某一直按照约定每月按时支付电费，供电企业也一直按照约定向蒲某供电。可是，从2020年3月起，蒲某就开始拖欠电费。刚开始，供电企业派工作人员提醒蒲某应该按时交付电费，蒲某表示一定按时交，可事实上，蒲某依然拖欠电费。为此，供电企业只好向蒲某催告，经过一段时间之后，蒲某还是无故拖欠电费。最终，供电企业决定对蒲某中止供电。那么，供电企业在中止对蒲某的供电前，还需要通知他吗？

解　析

用电人按时向供电人支付电费是用电人的义务，而供电企业则负有按照约定向用电人供电的义务，供电企业还应当对电费计收提供方便。根据《民法典》的规定，用电人逾期不支付电费的，构成违约，应当按照约定向供电人支付违约金。当用电人逾期拒不支付电费时，供电人可以催告用电人及时交付电费和违约金，并给用电人一定的宽限期。经过供电人的催告，在合理期限内，用电人仍然不支付电费和违约金的，供电人可以按照国家规定的程序中止供电。但是，在供电人对用电人中止供电之前，应当通知供电人，不能未经通知直接对用电人中止供电。此外，用电人交付了电费和违约金之后，供电企业应当及时恢复供电。

在上面的案例中，供电企业几经催告，但蒲某仍拒不交付电费，供电企业有权对其中止供电。在对蒲某中止供电之前，供电企业应当先通知蒲某，不能未经通知直接对蒲某中止供电。

条 文

《中华人民共和国民法典》

第六百五十四条 用电人应当按照国家有关规定和当事人的约定及时支付电费。用电人逾期不支付电费的，应当按照约定支付违约金。经催告用电人在合理期限内仍不支付电费和违约金的，供电人可以按照国家规定的程序中止供电。

供电人依据前款规定中止供电的，应当事先通知用电人。

（六）赠与合同、借款合同与保证合同

70. 赠与合同在何种情形下不得撤销？

案 例

周爷爷今年70岁，没有子女，从2012年开始，就聘请了保姆小王照顾自己的饮食起居。2019年10月，小王提出辞职，但是周爷爷已经习惯了小王的照顾，就提出将自己的一辆价值5万元的小汽车赠与小王，希望小王不要辞职。小王被周爷爷的真诚所打动，便同意了。于是两人签订了一份赠与合同，并在公证处办理了公证手续，但未办理车辆过户手续。自2021年春节开始，小王在老家的男朋友也来到城里打工，因为没有住处，便搬来小王的房内居住。周爷爷看不上小王的男朋友，打算撤销对小王的赠与。那么，周爷爷可以这样做吗？

解 析

根据《民法典》第658条的规定，一般的赠与合同，赠与人在赠与财产的权利转移之前是可以撤销赠与的，但是如果赠与合同经过了公证，或者是依法不得撤销的具有救灾、扶贫、助残等公益、道德义务性质的赠与合同，赠与人是不能撤销赠与的。

在上面的案例中，周爷爷和保姆小王之间的赠与合同合法有效，并且双方也已在公证处对该赠与合同进行了公证，并且周爷爷只是看不上小王的男朋友，并不存在《民法典》第663条、第664条、第666条的法定情形，所以，周爷爷是不能撤销赠与的。

条 文

《中华人民共和国民法典》

第六百五十八条 赠与人在赠与财产的权利转移之前可以撤销赠与。

经过公证的赠与合同或者依法不得撤销的具有救灾、扶贫、助残等公益、道德义务性质的赠与合同，不适用前款规定。

第六百六十三条 受赠人有下列情形之一的，赠与人可以撤销赠与：

（一）严重侵害赠与人或者赠与人近亲属的合法权益；

（二）对赠与人有扶养义务而不履行；

（三）不履行赠与合同约定的义务。

赠与人的撤销权，自知道或者应当知道撤销事由之日起一年内行使。

第六百六十四条 因受赠人的违法行为致使赠与人死亡或者丧失民事行为能力的，赠与人的继承人或者法定代理人可以撤销赠与。

赠与人的继承人或者法定代理人的撤销权，自知道或者应当知道撤销事由之日起六个月内行使。

第六百六十六条 赠与人的经济状况显著恶化，严重影响其生产经营或者家庭生活的，可以不再履行赠与义务。

71. 企业之间的借款没有约定利息的，还需要支付利息吗？

案 例

由于行业不景气，甲公司货物积压，资金周转不灵，便向乙公司借款人民币10万元并签订了《借款合同》。合同约定，借款期限为半年，并未规定借款利息。随后，乙公司通过银行给甲公司转账10万元。甲公司同日向乙公司出示收据表明收到借款。半年后，甲公司依照合同约定向乙公司还款10万元，并要求乙公司出示收据。但是乙公司拒不接受，并要求甲公司按照同期银行贷款利率支付利息。那么企业之间的借款没有约定利息的，还需要支付利息吗？

解 析

根据《民法典》第680条第2款的规定，非金融机构的法人之间有相互的资金通融行为，如果没有约定利息，借款方主张利息的，应当不予支持。借贷行为本质上是一种合同行为，合同履行应当依据合同约定进行，如果合同中没有对支付利息予以约定，那么借款方要求支付利息是没有法律依据的。另外，企业属于专门从事商业行为的组织，对于合同的敏感度应该更高，如果想要获得利息，应当在合同中约定。如果在合同中没有约定利息，应当认为双方已经达成不支付利息的合意。

在上面的案例中，甲公司由于资金周转不灵需要借款，与乙公司签订了《借款合同》，该合同是双方合意的表现，真实有效，该合同中并未约定支付利息，按照法律规定，视为没有利息，也就是说甲公司无须支付利息。因此，甲公司在按照约定时间还款时，就已经完整履行了合同义务。乙公司拒不接受还款，并要求甲公司支付利息的行为没有法律依据。

条 文

《中华人民共和国民法典》

第六百八十条 禁止高利放贷，借款的利率不得违反国家有关规定。

借款合同对支付利息没有约定的，视为没有利息。

借款合同对支付利息约定不明确，当事人不能达成补充协议的，按照当地或者当事人的交易方式、交易习惯、市场利率等因素确定利息；自然人之间借款的，视为没有利息。

《最高人民法院关于审理民间借贷案件适用法律若干问题的规定》

第二十四条 借贷双方没有约定利息，出借人主张支付利息的，人民法院不予支持。

自然人之间借贷对利息约定不明，出借人主张支付利息的，人民法院不予支持。除自然人之间借贷的外，借贷双方对借贷利息约定不明，出借人主张利息的，人民法院应当结合民间借贷合同的内容，并根据当地或者当事人的交易方式、交易习惯、市场报价利率等因素确定利息。

72. 未约定承担保证责任的方式时，保证人如何承担责任？

案 例

在上一份工作结束后，李先生重新规划了自己的事业，想要开一家属于自己的玩具店。为了筹集资金，李先生向陈先生借款50万元，并由李先生的好友金小姐在借款合同中作为保证人签字。但是，借款合同中只写明了由金小姐作为保证人，并未约定金小姐承担保证责任的方式。借款合同到期后，李先生的资金状况并没有好转，陈先生便欲要求李先生和金小姐共同偿还这50万元的债务。那么，金小姐应当如何承担保证责任？

解 析

实践中，由于许多当事人并不清楚保证分为一般保证和连带保证两种保证方式，更不清楚这两种保证方式的区别，常常会出现未约定保证方式或者对于保证方式约定不明确的情形。根据《民法典》第686条的规定，这种情形应当按照一般保证的保证方式来进行处理。而根据《民法典》第687条的规定，一般保证中，只有在主合同纠纷经审判或仲裁并且强制执行后债务人仍不履行债务的，保证人才需要承担保证责任。也就是说，在一般保证中，保证人的保证责任并非强制性、连带性的，而是债权人权利的最后救济。

在上面的案例中，李先生、金小姐和陈先生在借款合同中并未约定保证方式，那么金小姐的保证为一般保证，其只有在李先生和陈先生的借款合同纠纷经审判或仲裁并且强制执行后，李先生仍未还款时，金小姐才需要承担保证责任。陈先生不能直接要求金小姐承担连带保证责任。

条 文

《中华人民共和国民法典》

第六百八十六条 保证的方式包括一般保证和连带责任保证。

当事人在保证合同中对保证方式没有约定或者约定不明确的，按照一般保证承担保证责任。

第六百八十七条 当事人在保证合同中约定，债务人不能履行债务时，由保证人承担保证责任的，为一般保证。

一般保证的保证人在主合同纠纷未经审判或者仲裁，并就债务人财产依法强制执行仍不能履行债务前，有权拒绝向债权人承担保证责任，但是有下列情形之一的除外：

（一）债务人下落不明，且无财产可供执行；

（二）人民法院已经受理债务人破产案件；

（三）债权人有证据证明债务人的财产不足以履行全部债务或者丧失履行债务能力；

（四）保证人书面表示放弃本款规定的权利。

73. 没有约定保证期间的，要一直承担保证责任吗？

案 例

小张为扩大生产经营的需要向小徐借了一笔钱，小徐在出借之前要求小张的好友李某作为担保人为本次借款作一般保证。因为疏忽，三人没有约定保证期间。借款期限届满后，小徐找小张催促还款，小张以投资的钱还没有到期为由，请求小徐暂缓一年再收回借款，小徐无奈同意。一年后，因为投资市场动荡，小张亏损严重无法回笼资金，而李某因为投资成功手头资金富余。小徐考虑到让小张直接还款比较困难，不如让李某作为保证人先把钱还了。于是小徐直接找到李某，让李某作为保证人清偿小张的借款。但是，此时距离借款到期已经年过一载，李某还需要继续承担保证责任吗？

解 析

保证是借贷活动中比较常见的一种担保方式，通常出现在熟人、朋友之间。现实生活中，大多数人在进行保证之时，对具体的法律规定不甚了解。根据《民法典》第692条的规定，当事人之间对保证期间没有约定或者约定内容模糊不清的，保证期间为6个月。保证期间从债权届满时开始计算，保证期间经过后，保证人不再承担保证责任。法律之所以这样规定，一方面是为了督促债权人及时行使权利；另一方面是为保障保证人的知情权，让保证人能够及时了解债务清偿情况，作出相应决策。

在本案例中，小徐要求李某作为小张的保证人参与保证，但是因为疏忽没有约定保证期间。根据《民法典》第692条的规定，李某对小徐和小张之间的借款的保证期间为6个月，小徐应当在合同约定的借款期满之日起6个月之内主张由李某承担保证责任。然而小徐在借款期满一年后才要求李某承担保证责任，显然已经超过6个月的保证期限，所以李某不需要再承担保证责任。

条 文

《中华人民共和国民法典》

第六百九十二条 保证期间是确定保证人承担保证责任的期间，不发生中止、中断和延长。

债权人与保证人可以约定保证期间，但是约定的保证期间早于主债务履行期限或者与主债务履行期限同时届满的，视为没有约定；没有约定或者约定不明确的，保证期间为主债务履行期限届满之日起六个月。

债权人与债务人对主债务履行期限没有约定或者约定不明确的，保证期间自债权人请求债务人履行债务的宽限期届满之日起计算。

74. 转让债权时，没有通知保证人的，保证人还需要继续承担保证责任吗？

案 例

小丽为了投资向阿珍借款10万元，阿强作为保证人为小丽担保。后来，阿珍将小丽的10万元债权转让给了小杰，并通知了小丽，但没有通知保证人阿强。借款到期时，小丽投资失败破产，阿珍便拿着伪造的借款协议要求阿强承担保证责任，阿强承担了保证责任。几日过后，小杰拿着阿珍的债权转让协议找到阿强，让阿强承担保证责任。阿强认为自己已经向阿珍承担了保证责任，且自己没有收到债权转让的通知，因此不需要向小杰付款。小杰却称阿强应当将钱还给自己，而不应还给阿珍。那么，小杰的主张会得到法院的支持吗？

解 析

在现实生活中，一些人为了现金流的稳定会将自己未到期的债权打包“卖”给他人，以求快速筹集资金。这种债权的转让在法律上是被准许的，但是因为借贷合同之间具有相对性，为了保证债权人、债务人、保证人之间平等的知情权，《民法典》第696条第1款规定，债权人转让债权后，没有通知保证人的，该转让行为对保证人不发生效力，也就是说，保证人对此不承担保证责任。

在本案例中，阿珍作为原来的债权人将债权转让之后没有通知保证人阿强，阿强在债务到期后向阿珍偿还了保证债务，已经尽到了保证责任。虽然小杰是新的债权人，但是在受让债权后没有及时通知阿强确认债权转让的事实本身是具有过错的。而阿强在不知情的情况下，将钱还给阿珍是合乎情理的。所以，小杰的主张不会得到法院支持，阿强不需要向小杰承担保证债务。

条 文

《中华人民共和国民法典》

第六百九十六条第一款 债权人转让全部或者部分债权，未通知保证人的，该转让对保证人不发生效力。

75. 保证人与债权人约定不能转让债权，债权人转让债权的，保证责任还存在吗？

案 例

小德因为投资原因向费某借款10万元，小威作为保证人为小德担保，并且特别约定该债权严禁转让。后来，费某因为举家搬到外地生活，就将债权转让给了小豆，但并未获得小威的书面同意。债务到期后，小德因为经营不善破产。小豆在向小德索要借款无果的情况下，将保证人小威告上法院，要求小威承担保证责任。那么，小豆的诉讼请求会得到法院的支持吗？

解 析

保证实际上是对债务人偿还能力的担保，一般情况下与债权人为何人并无太大关联。《民法典》第696条第1款规定债权的转让只需要“通知”保证人即可，而不需经由保证人同意。但是，一旦保证人和债权人约定债权不可以进行转让，就相当于对该保证设定了条件，属于当事人之间的合意一致。债权人此后再转让债权的，就属于违反了保证的条件，使得保证无法成就。此时，保证人对新的债权受让人无须再承担保证责任。

在本案例中，保证人小威与债权人费某约定该债权不可以转让，属于对该保证债务设立限制条件。后来，费某没有经过小威的书面同意就将债权转让给了小豆，属于对保证债务条件的改变，保证债务不再成立。所以保证人小威对小豆不负有保证责任，小豆的诉讼请求不会得到法院的支持。

条 文

《中华人民共和国民法典》

第六百九十六条第二款 保证人与债权人约定禁止债权转让，债权人未经保证人书面同意转让债权的，保证人对受让人不再承担保证责任。

76. 债务人的好友愿意帮助其分担部分债务的，保证人可以就该部分免除保证责任吗？

案 例

苏某向马某借款10万元，小梅为苏某作一般担保。罗某是苏某的好友，曾当着苏某、小梅、马某的面承诺帮助苏某分担3万元债务。债务到期后，苏某、罗某都无法偿还债务，马某便让小梅承担保证责任10万元。但是小梅认为自己只是为苏某担保，而罗某自愿分担了3万元债务，所以自己只需要承担7万元的保证责任。那么，作为保证人的小梅究竟需要对多少借款承担保证责任呢？

解 析

在现实生活中，帮助他人清偿债务有两种形式：一种是加入债务，即帮助者与债务人承担连带责任；另一种是移转债务，即帮助者和债务人分别承担一定比例的债务，原债务人脱离部分债务。加入债务是分担债务的一种形式，对于保证人来说是利好的。《民法典》第697条第2款规定，第三人加入债务，保证责任不受影响。

事实上，第三人加入债务，减轻了保证人的保证责任，对其保证责任并无不当影响。而转移债务则有可能是推卸责任，使得原来有能力清偿债务的人将债务转移给无力清偿的人，以此来逃避债务，致使保证人最终承担了债务人本可以偿还的债务。为了避免此类道德风险，《民法典》第697条第1款规定，未经保证人书面同意转移债务的，保证人不再承担保证责任。

在本案例中，罗某答应帮助苏某分担3万元的债务属于加入债务，对于保证人小梅来说是利好的。对于这3万元，如果罗某无法偿还，就需要由苏某偿还，苏某并没有脱离债务。所以小梅作为保证人需要保证的金额仍旧是10万元。

条 文

《中华人民共和国民法典》

第六百九十七条 债权人未经保证人书面同意，允许债务人转移全部或者部分债务，保证人对未经其同意转移的债务不再承担保证责任，但是债权人和保证人另有约定的除外。

第三人加入债务的，保证人的保证责任不受影响。

77. 同一债务有两个以上保证人的，保证责任应当如何分担？

案 例

龚小姐工作多年，攒下了一些积蓄，想做些副业补贴家用。思来想去，龚小姐决定开一家蛋糕店。于是，龚小姐向蒋先生借了10万元，再加上自己的积蓄，凑够了蛋糕店的初始启动资金。由于蒋先生担心龚小姐的还款能力不足，龚小姐便找了好朋友王小姐和向小姐作为自己的保证人，并向蒋先生出具了担保函，约定当龚小姐不能还款时，由她的两位好朋友代为还款。借款合同到期后，恰好龚小姐手中的流动资金不足，无法还款。于是，蒋先生要求王小姐和向小姐作为保证人承担保证责任。那么，王小姐和向小姐的保证责任应当如何分担呢？

解 析

对于两个以上保证人之间的保证责任分担，根据《民法典》第699条的规定，在保证合同有约定的情况下，应当按照约定分担保证责任，如果没有约定，则债权人可以任选一个或多个保证人承担保证责任。同时，根据《民法典》第700条的规定，保证人在承担保证责任之后可以向债务人进行追偿。

在上面的案例中，王小姐和向小姐作为保证人担保了龚小姐的10万元欠款，由于其事先没有约定保证份额，债权人蒋先生可以任意选择王小姐和向小姐中的一人承担保证责任，也可以要求她们两人共同承担保证责任。王小姐和向小姐作为保证人，在承担保证责任之后，可以向龚小姐进行追偿。

条 文

《中华人民共和国民法典》

第六百九十九条 同一债务有两个以上保证人的，保证人应当按照保证合同约定的保证份额，承担保证责任；没有约定保证份额的，债权人可以请求任何一个保证人在其保证范围内承担保证责任。

第七百条 保证人承担保证责任后，除当事人另有约定外，有权在其承担保证责任的范围内向债务人追偿，享有债权人对债务人的权利，但是不得损害债权人的利益。

78. 债务人对债权人享有抵销权，保证人可以在抵销权范围内免除保证责任吗？

案 例

朱某和刘某是生意上的合作伙伴。某日，朱某向刘某借款10万元，约定一年后到期归还，由李某作为保证人，承担连带保证责任。后来，双方债务到期，朱某因经营困难无法偿还欠款，刘某便要求李某承担10万元的保证责任。但是李某通过调查了解到，刘某曾经欠朱某6万元的货款，该货款将于当年度6月到期。李某便主张将朱某对刘某的6万元债务和10万元的债权抵销，自己只承担4万元的担保责任。那么，李某的主张符合法律规定吗？

解 析

抵销权是指互负债务的双方可以在互负债务的份额内进行抵销，行使抵销权要求主动债务要在诉讼时效之内，且双方债务的性质种类相同。在一般情况下，抵销权的行使要求是债权人和债务人双方行使抵销权，但是，为了保护保证人的利益，防止债务人恶意转移风险，抽逃资金，《民法典》第702条规定，保证人可以在抵销权的范围内拒绝承担相应的保证责任。

在本案中，朱某欠刘某借款10万元，刘某欠朱某货款6万元，两笔债务都是属于金钱给付之债，并且都是在诉讼时效之内，所以可以行使抵销权。李某作为朱某的保证人，在得知朱某享有对刘某6万元的债权后，可以拒绝对10万元债务中的6万元承担保证责任。也就是说，李某只需要承担4万元的保证责任，李某的主张符合法律规定。

条 文

《中华人民共和国民法典》

第七百零二条 债务人对债权人享有抵销权或者撤销权的，保证人可以在相应范围内拒绝承担保证责任。

（七）租赁合同、融资租赁合同

79. 租房时只要没有书面合同，就算不定期租赁吗？

案　例

小于因为家离工作单位比较远，所以准备在公司附近租一套房子居住，便于上下班。通过中介服务机构的介绍，小于决定租住王女士位于幸福小区的房子。双方见面商谈后，约定王女士将房子租给小于一年，租金为每月1000元，每月月初缴纳。双方没有签订书面的合同，但对小于支付的房租王女士都提供了收据。到第7个月时，王女士将该房屋以更高的价格租给了张某，并要求小于下月初搬出房屋。小于认为王女士既然事先约好将房屋租给自己一年，如今租期未到，王女士不能将房屋租给别人，否则就是违约。王女士认为，虽然双方约定的租赁期限是一年，但是没有签订书面合同，应当认定为不定期租赁合同，超过6个月后，她就可以随时解除合同，不构成违约。那么，租房时只要没有书面合同，就算不定期租赁吗？

解　析

在现实生活中，房屋租赁的双方当事人由于缺乏法律知识或者为了方便，在租赁房屋时只有口头约定，而没有签订书面合同。对于租赁期限较长，超过6个月的，双方常常因租赁期限发生纠纷。对于此种情形，《民法典》第707条规定，租赁期限超过6个月的，双方应当采用书面形式订立合同，超过6个月而当事人又没有采用书面合同形式，如果可以确定租赁期限的，仍应当视为有约定期限的租赁合同。只有在没有采用书面形式又无法确定租赁期限的，才视为不定期租赁。

在上面的案例中，小于虽然没有与王女士签订书面的房屋租赁合同，但是双方约定租期为一年，属于可以确定房屋租赁期限的情况，不属于不定期租赁。王女士擅自将房屋再出租给其他人，是违约行为。小于可以要求王女士继续履行合同，直至其租住满一年为止。

条　文

《中华人民共和国民法典》

第七百零七条　租赁期限六个月以上的，应当采用书面形式。当事人未采用书面形式，无法确定租赁期限的，视为不定期租赁。

80. 因承租人的过错导致房屋设施毁损的，出租人应该出钱维修吗？

案　例

小王与张女士签订了房屋租赁合同，约定小王租住张女士位于阳光小区的房子，租期为一年。一个月后，小王去外地出差，因出门匆忙，忘记检查家中水电是否关闭。小王出差一个星期后回来，发现由于浴室的水龙头未关，租住的房屋内的木地板长期浸泡在水中，已全部鼓起，无法恢复，必须重新更换。于是，小王打电话给张女士，要求张女士立即更换，否则不再租赁其房屋。张女士认为，是小王忘记关闭水龙头才导致木地板损坏的，应当由小王出钱维修。那么，因承租人的过错导致房屋设施毁损的，出租人应该出钱维修吗？

解 析

在现实生活中，常常因为承租人在租赁房屋居住时，不小心导致房屋中的设施损坏，房东和租客就谁应该出钱维修损坏的设施发生纠纷。对于此种情形，《民法典》第 713 条规定，在租赁期间，承租人正常使用租赁物的过程中，租赁物损坏的，承租人不需承担损坏赔偿责任。对于损坏的租赁物，承租人可以要求出租人维修，出租人没有维修的，承租人可以自行维修，但是维修的费用应当由出租人承担。如果是因为承租人的原因才导致租赁物需要维修的，出租人不需要承担租赁物的维修义务。

在上面的案例中，因为小王出差前忘记关闭水龙头，才导致租赁房屋中的木地板毁坏，属于因承租人的过错导致租赁物需要维修的情形，应当由承租人小王承担维修费用，出租人张女士不需要承担。

条 文

《中华人民共和国民法典》

第七百一十三条 承租人在租赁物需要维修时可以请求出租人在合理期限内维修。出租人未履行维修义务的，承租人可以自行维修，维修费用由出租人负担。因维修租赁物影响承租人使用的，应当相应减少租金或者延长租期。

因承租人的过错致使租赁物需要维修的，出租人不承担前款规定的维修义务。

81. 房东将房屋卖给亲弟弟的，租户还享有优先购买权吗？

案 例

小雪自大学毕业后就租住在王阿姨的房子里，租房合同每年都自动续。在居住期间，小雪花了很多时间和精力装修房子，房子也被装修得十分漂亮。几个月前，小雪向王阿姨提出想购买王阿姨的房子，王阿姨回复现在还不想卖。但是昨天王阿姨通知小雪，房屋租赁合同到期后将不再续租，因为房子已经卖给了自己的亲弟弟，并且办理了不动产转移登记。小雪十分生气，提出自己有优先购买权，要求以同样的价格得到房屋的所有权。那么，在王阿姨将房子卖给其亲弟弟的情况下，小雪还有优先购买权吗？

解 析

在出租房屋期间，如果房东擅自将正在出租的房屋售卖给第三人，很可能会损害承租人的利益。为了保护承租人的利益，《民法典》第 726 条规定承租人具有优先购买权，即承租人基于租赁合同，在出租人出卖房屋时，可以在同等条件下有优先购买的权利。这是因为承租人正居住在房屋中，赋予其优先购买权可以简化交易程序，节约交易成本。而且由于承租人的居住环境已经稳定，赋予其优先购买权可以避免出租人任意处置房屋导致承租人的生活成本增加。但需要注意的是，法律同样兼顾了房屋所有人的利益。《民法典》第726条还规定，在出租人通知承租人后，承租人在15日内未表示购买的，承租人不再享有优先购买权。此外，当出租人将房屋卖给近亲属时，承租人也不享有优先购买权。这是因为近亲属之间的房屋买卖，成交价格往往会低于市场价，这时如果保障承租人在同等条件下优先购买，会损害出租人的利益。

在上面的案例中，王阿姨将自己的房屋出卖给自己的亲弟弟，属于出卖给近亲属，这时小雪不再享有优先购买权。

条 文

《中华人民共和国民法典》

第七百二十六条 出租人出卖租赁房屋的，应当在出卖之前的合理期限内通知承租人，承租人享有以同等条件优先购买的权利；但是，房屋按份共有人行使优先购买权或者出租人将房屋出卖给近亲属的除外。

出租人履行通知义务后，承租人在十五日内未明确表示购买的，视为承租人放弃优先购买权。

82. 房东卖房子时没有通知租户，租户可以主张房屋买卖行为无效吗？

案 例

小陈是租客，老李是房东。合同到期前一个月，小陈向老李提出想要续租，但是老李没有给出明确答复。半个月后，小陈又提出续租，但是老李告诉小陈房子已经卖给了自己的朋友孙阿姨，并且办理了不动产转移登记，新的房主不同意小陈继续租住，要求小陈在租赁合同到期后立马搬出。小陈认为，自己作为承租人有优先购买房屋的权利，老李与孙阿姨买卖房屋的行为无效。请问，小陈的说法是对的吗？

解 析

租客在租住房屋时，出租人如果想要出售房屋，依据《民法典》第726条的规定，应当在出卖之前的合理期限内通知租客，租客如果愿意购买房屋，在同等条件下享有优先购买的权利。这一权利的行使需要出租人在出卖房屋前通知承租人，承租人在一定时间内作出是否购买房屋的决定，这时的主动权就在出租人手中。如果出租人在出卖房屋前并未通知承租人，那么根据《民法典》第728条规定，出租人应当承担一定的赔偿责任。需要注意的是，出租人和第三人签订的房屋买卖合同不会因为承租人的原因发生效力的改变。也就是说，如果出租人和第三人签订的房屋买卖合同符合法律规定的生效要件，那么就是有效的。承租人不能以合同损害了自己的优先购买权为由主张合同无效，也就是不能主张出租人与第三人的买卖行为无效。

在上面的案例中，老李在没有通知小陈的情况下和孙阿姨签订了房屋买卖合同，损害了小陈的优先购买权。但是就买卖合同本身而言，双方达成合意，且没有违反法律的强制性规定，合同合法有效。当老李与孙阿姨完成了不动产转移登记后，房屋的所有权就属于孙阿姨了，小陈不能主张该买卖行为无效。但是老李的出卖行为导致小陈要在短时间内寻找住处，一方面可能会让小陈遭受一些财产损失，另一方面也损害了小陈的优先购买权，小陈可以要求老李承担一定的赔偿责任。

条 文

《中华人民共和国民法典》

第七百二十八条 出租人未通知承租人或者有其他妨害承租人行使优先购买权情形的，承租人可以请求出租人承担赔偿责任。但是，出租人与第三人订立的房屋买卖合同的效力不受影响。

83. 承租人在租赁期内死亡的，与其共同经营的人能否继续租赁？

案 例

栗小姐和陈小姐是非常要好的同学，两人大学毕业后，决定共同创业，成立一家属于两人的服装店。两人商量后，决定由栗小姐负责租赁店铺、办理工商登记手续等事项，由陈小姐负责货物准备、市场调查等事项。于是，栗小姐以自己的名义租赁了一间门店，租期为五年，该门店的所有者为萧女士。服装店开张的第四年，栗小姐因癌症不幸去世。听闻这个消息，加上于先生给了更高的租金想要租下这家门店，萧女士便通知陈小姐在一个月内搬出门店，并将剩余的租金退给陈小姐。那么，陈小姐能否继续租赁该间门店呢？

解 析

根据《民法典》第732条的规定，在租赁期内，如果租赁人死亡的，租赁人的共同居住人或者共同经营人，有权按照原租赁合同租赁该房屋。这一规定是出于公平的考量，对于租赁人的共同居住人、共同经营人采取的保护措施，这一措施使得租赁房屋的实际使用人不至于立即落入“无房”的境地，很好地保护了共同使用人的权益。

在上面的案例中，陈小姐是栗小姐的共同经营人，虽然栗小姐不幸去世，但由于该门店仍在租赁期内，陈小姐仍然可以按照原租赁合同继续租赁该家门店，萧女士无权要求陈小姐退租该门店。

条 文

《中华人民共和国民法典》

第七百三十二条 承租人在房屋租赁期限内死亡的，与其生前共同居住的人或者共同经营人可以按照原租赁合同租赁该房屋。

84. 房屋到期后，第三人想要租下该房屋，租户有优先承租权吗？

案　例

小张在小区门口租了一个铺面开杂货店，房东是邻居王老板。小张做生意比较实在，渐渐积累了一些老客户，生意越来越好。隔壁小陈见状十分眼红，打听到小张和王老板的租房合同即将到期，于是提前和王老板联系，希望可以以同等租金租下王老板的铺面，并且请王老板吃了一顿大餐。王老板并未直接表示同意，而是说等租期到了再说。后来，小张向王老板提出续租铺面。王老板有些为难，提出希望小张和小陈自行决定谁租。小陈认为自己比小张更先提出租赁铺面，应该把铺面租给自己。而小张认为自己一直租着铺面，应当优先满足自己。那么，在这种情况下，谁可以租下铺面？

解　析

在现实生活中，因房屋租赁所产生的争议越来越多，其中一种争议就是对已经到期的房屋，原先的租户是否可以在同等条件下优先继续承租房屋。对此《民法典》第734条中明确规定了租户的优先承租权。优先承租权是指在租赁期届满时，房屋承租人在同等条件下可以优先承租房屋。规定优先承租权有利于市场的稳定，保护承租人的权利。需要注意的是，承租人的优先承租权需要在同等条件下才能行使，这里的同等条件应当考虑租期、租金价格、支付租金的方式、是否分期支付等要素。

在上面的案例中，小张和小陈都想租下王老板的店面，所给出的租金条件相同。小张作为老租户，享有《民法典》所规定的优先承租权。在这种情况下，小陈虽然提前和王老板联系，但是王老板并未同意，双方没有达成合意，也没有形成租赁合同。所以应当优先满足小张的需求，将铺面租给小张。

条　文

《中华人民共和国民法典》

第七百三十四条　租赁期限届满，承租人继续使用租赁物，出租人没有提出异议的，原租赁合同继续有效，但是租赁期限为不定期。

租赁期限届满，房屋承租人享有以同等条件优先承租的权利。

85. 通过虚构租赁物的方式设立的融资租赁合同有效吗？

案　例

西丽公司为了扩大生产线决定扩修厂房，为了能够早日动工，西丽公司打算向南帆银行贷款1000万元。南帆银行在审核西丽公司的情况后同意借贷，但是要求西丽公司以厂房的建设地使用权作为抵押。西丽公司拒绝了该提议，但是为了能够顺利获得贷款，西丽公司提出了一套新的解决方案。新方案的大致内容为西丽公司与南帆银行签订融资租赁合同，虚构租赁物为5辆冷库运输车，总价值为1000万元。南帆银行拨款1000万元作为购车款项给西丽公司，西丽公司在获得1000万元的款项后直接用于厂房修建并且每月向南帆银行清偿借款110万元，连续清偿10个月后还清本息。那么，西丽公司提出的方案在法律上是否具有可行性？

解　析

融资租赁是一种较为便捷和可靠的融资方式，因为融资门槛较低而被很多中小企业所接受。根据《民法典》第735条的规定，融资租赁合同是指出租人根据承租人对出卖人、租赁物的选择，向出卖人购买租赁物，然后将租赁物交由承租人使用并收取租金的合同。虽然融资租赁合同命名中有“租赁”一词，但是其实际目的并非租赁而是融资，更加确切地说，融资租赁是变相地设有担保的借贷。

融资租赁是以购买货物的款项作为借贷的对象。出租一方本身不拥有出租物，同时也不具有拥有出租物的需求，但是为了满足承租方的需要，出租方才购买出租物并出租给承租方。这种措施与直接借贷钱款给承租方购买出租物的效果相同，但因为出租物是由出租方购买的，所以出租物的所有权归属于出租方，该笔钱款的支出便有了出租物的价值作为担保。如果日后承租人无法支付租金，出租人便可以收回出租物来折抵费用，相当于在设有担保的借贷中实现担保权益。正是因为融资租赁合同具有物的担保的性质，因此《民法典》第737条规定，通过虚构租赁物的形式所订立的融资租赁合同无效。

在上述的案例中，西丽公司为了获得融资想要虚构融资租赁合同的想法本身就是不正当的，根据《民法典》第737条的相关规定，虚构租赁物的融资租赁合同无效。所以，西丽公司提出的以虚构5辆冷库运输车的方式签订融资租赁合同的方案是不具有可行性的，相应的融资租赁合同不发生法律效力。

条　文

《中华人民共和国民法典》

第七百三十五条　融资租赁合同是出租人根据承租人对出卖人、租赁物的选择，向出卖人购买租赁物，提供给承租人使用，承租人支付租金的合同。

第七百三十七条　当事人以虚构租赁物方式订立的融资租赁合同无效。

86. 融资租赁物未办理登记，第三人能否适用善意取得制度？

案　例

全兴公司为了使用更为节能的冷轧机与金星公司签订了融资租赁合同，双方在合同中约定由全兴公司自行选择两台需求品牌的冷轧机，价值共计3亿元整，金星公司对两台冷轧机进行购买并租借给全兴公司使用，其间全兴公司每年支付租赁费用为1.2亿元。金星公司在购买冷轧机后直接将冷轧机交付给全兴公司使用，并未办理相关的登记。不久后，全兴公司因经营困难，将冷轧机出售给轻铁公司作价2.8亿元，全兴公司在收到货款后将冷轧机装运至轻铁公司的工厂。最后，金星公司得知了全兴公司存在出卖冷轧机的行为，立即向法院起诉轻铁公司，请求法院判决冷轧机归属于金星公司，轻铁公司应当立即归还冷轧机给金星公司。那么，法院会支持金星公司的这一请求吗?

解 析

融资租赁是一种融资手段，能够对融资租赁物占有使用便已经实现了融资租赁的目的。但是因为融资租赁物长期处于承租人的控制范围内，加之融资租赁物的价值较大，难免会出现承租人将租赁物抵押再次融资的道德风险。为了更好地保障融资租赁债权人的利益，国家鼓励各组织机构办理融资租赁交易登记。现有的融资租赁查询系统有中国人民银行征信中心的动产融资统一登记公示系统和银保监会管理的全国融资租赁企业管理信息系统。同时《民法典》第745条规定了融资租赁物未经登记的不得对抗善意第三人，从侧面强调了融资租赁物登记的重要性。

在上面的案例中，金星公司购买了融资租赁物冷轧机，理应享有对冷轧机的所有权。但是因为金星公司未能对冷轧机进行登记，使得金星公司对冷轧机的所有权存在瑕疵。轻铁公司对冷轧机的归属并不知情并且支付了合理的对价后实际占有了冷轧机，其行为可以认定为善意取得。根据《民法典》第745条的规定，金星公司未办理登记不得对抗善意第三人轻铁公司，所以轻铁公司可以取得冷轧机的所有权，金星公司的诉讼请求不会得到法院的支持。

条 文

《中华人民共和国民法典》

第七百四十五条 出租人对租赁物享有的所有权，未经登记，不得对抗善意第三人。

87. 承租人未经出租人同意将租赁物转租的，出租人能否以此为由解除融资租赁合同?

案 例

拾玖公司与白兰公司签订融资租赁合同后获得三辆混凝土浇灌车四年的使用权，合同约定拾玖公司每年支付给白兰公司租金200万元。但是因为公司产业转型，今年年初拾玖公司便停止了对三辆混凝土浇灌车的使用。为了避免资产闲置，拾玖公司将三辆混凝土浇灌车出租给某泥沙公司使用。事后，白兰公司了解到拾玖公司将本公司所购买的融资租赁物（混凝土浇灌车）租借给其他公司使用，担心此租借行为可能导致租赁物的价值损耗以及其他风险，于是提出要与拾玖公司解除原有的融资租赁合同。那么，白兰公司是否可以要求解除融资租赁合同？

解 析

租赁行为不仅涉及出租人和承租人对物品价值的定价，同时也代表着出租人对承租人使用出租物程度的认可，出租人对承租人使用租赁物是具有预期的。但是，一旦承租人将出租物转租后，可能就会导致出租的风险扩大，致使合同原有的平衡被打破，所以法律规定在一般情况下承租人未经出租人同意转租租赁物的，出租人有权解除合同。

因为融资租赁合同的真实目的是融资而并非简单的租赁，因此《民法典》第753条规定承租人未经出租人同意，将租赁物转让、抵押、质押、投资入股或者以其他方式处分的，出租人可以解除融资租赁合同。

值得注意的是，此处《民法典》删除了原《合同法》对应法条中的“出租”一词，而仅仅规定了转让、抵押等处分方式，这一修改使得融资租赁的目的更贴合承租人选择、使用租赁物的融资目的，使得承租人融资目的的实现更加稳定和灵活。同时，保留了禁止将租赁物转让、抵押等规定，保证出租人的财产不会被随意处分，维持了融资租赁合同的稳定性。

在上面的案件中，虽然拾玖公司未经白兰公司的同意将融资租赁物（混凝土浇灌车）转租给了他人，但是其行为不属于可能导致所有权变更的处分行为。《民法典》第753条规定的处分行为是转让、抵押、质押、投资等，不包括出租行为，所以拾玖公司的转租行为不违反《民法典》的规定，白兰公司无权要求解除融资租赁合同。

条 文

《中华人民共和国民法典》

第七百五十三条 承租人未经出租人同意，将租赁物转让、抵押、质押、投资入股或者以其他方式处分的，出租人可以解除融资租赁合同。

88. 买卖合同因情势变更被解除，融资租赁合同的出租人是否有权向承租人主张相应赔偿？

案 例

皓月公司是一家从事淘沙采矿的公司，为了对一批矿料进行开采，皓月公司与西营银行签订了融资租赁合同，约定由皓月公司选定采矿机后由西营银行购买并租赁给皓月公司。因为旭升公司与皓月公司有商业合作，皓月公司便指定由旭升公司定做其需要的采矿机，由西营银行预先支付3亿元资金。一个月后，政府相关部门为保护环境，要求限制部分类型采矿机的制造，皓月公司所定做的采矿机也在禁止制造的名单中。为此，买卖双方商议以情势变更为由解除合同。但是，因为采矿机已经投入生产制造，将造成1亿元的成本损失，三方经过商议达成合意，由卖方承担30%的损失，买方承担70%的损失。但是，融资租赁双方对这70%的损失的承担存在异议。皓月公司认为，因为是情势变更导致买卖合同解除，双方应当平均分摊损失。西营银行认为，融资租赁的本质在于融资，资本使用的风险应当由皓月公司自行承担。那么，两个公司的主张哪个会得到法律的支持呢？

解 析

根据《民法典》的规定，出现情势变更致使合同不能继续履行的，合同双方应当根据公平原则分担相应损失。但是在融资租赁合同中，租赁物是由承租人自行选择认定的，出租人本身不具有获得出租物的必要，承租人理应承担较大的风险。同时，融资租赁的本质是融资，只是通过对租赁物购买方式的设定为融资行为实现担保效果，表面上是出租人的购买出租行为，实质上是承租人对融资资金的处分行为。所以，《民法典》第755条明确规定，融资租赁合同因买卖合同解除而解除的，出卖人、租赁物是由承租人所选择的，出租人有权请求承租人赔偿相应损失。

在上面的案例中，因为情势变更，合同目的无法实现，致使买卖合同解除，融资租赁合同随之解除。因为该批采矿机由买方定做，作为承揽方的旭升公司承担较小的损失符合公平原则的规定。但是在融资租赁合同中，采矿机的类型及制造厂家都是由皓月公司所选定的，符合皓月公司对所融得的资本的使用要求，而西营银行对解除合同并无过错，依据《民法典》第755条的规定，此时解除融资租赁合同后，西营银行可以请求皓月公司赔偿融资租赁合同解除所造成的损失。

条 文

《中华人民共和国民法典》

第七百五十五条 融资租赁合同因买卖合同解除、被确认无效或者被撤销而解除，出卖人、租赁物系由承租人选择的，出租人有权请求承租人赔偿相应损失；但是，因出租人原因致使买卖合同解除、被确认无效或者被撤销的除外。

出租人的损失已经在买卖合同解除、被确认无效或者被撤销时获得赔偿的，承租人不再承担相应的赔偿责任。

89. 融资租赁合同约定租赁物最终归属于承租人，但是偿还过程中承租人无力清偿，融资租赁物该如何处理？

案 例

漆壳公司与正树银行签订了融资租赁合同，约定由漆壳公司选定10台搅拌机，价值1000万元，由正树银行向生产方支付货款后交付给漆壳公司使用。双方约定漆壳公司每年向正树银行偿还本息220万元，五年后清偿完毕，正树银行将10台搅拌机以总价100元的价格卖给漆壳公司。后来，漆壳公司因经营困难无法偿还最后一年的租金220万元，于是正树银行提出要求解除合同并收回10台搅拌机。经过评估，现在10台搅拌机的价值共计400万元。漆壳公司认为双方在合同中约定于第五年将搅拌机以100元的价格卖给己方，那么正树银行想要解除合同应当将搅拌机折价后超出租金的180万元支付给自己。而正树银行却认为双方约定是在清偿后将搅拌机以100元的价格卖给漆壳公司，但是合同并未履行完毕，所以正树银行不需要支付折价后的超出部分费用。那么，哪一方的主张会得到法律的支持呢?

解 析

在融资租赁合同中，当事人之间约定在租赁期间届满后承租人只需要支付象征性的价金便可以获得融资租赁物，实则上便是约定合同履行完毕后融资租赁物归属于承租人。象征性的价金对于融资租赁的总款项来说是九牛一毛，双方这样约定只是使得担保的形式更规范，效力更具有保障。双方约定融资租赁物在合同履行完毕后归属于承租人，必然会使得承租人受益较大，但是与此相对应的是承租人每阶段需要支付的租金相较于融资租赁物归属于出租人的租金要高出许多，可以简单地认为承租人每一个阶段都在支付租金，同时也是在赎买融资租赁物。所以，《民法典》第758条规定，在承租人已经支付大部分租金，但无力支付剩余租金时，出租人可以收回融资租赁物，但是需要将承租人已经支付的融资租赁物价值减去所欠租金的余额进行返还。以此规定才能最大限度地保护出租人和承租人的平等权益。

在上面的案例中，漆壳公司与正树银行约定租赁期间届满后以每台100元的象征性的价格将10台搅拌机卖给漆壳公司。根据《民法典》第759条的规定，双方约定仅需要支付象征性价款的，可以视为约定履行完租金义务后融资租赁物归属于承租人。当漆壳公司无法支付租金，正树银行打算收回搅拌机时应当将融资租赁物超出剩余租金的价值返还给承租人。所以，正树银行在收回搅拌机后应当返还漆壳公司180万元，漆壳公司的请求会得到法律的支持。

条 文

《中华人民共和国民法典》

第七百五十八条 当事人约定租赁期限届满租赁物归承租人所有，承租人已经支付大部分租金，但是无力支付剩余租金，出租人因此解除合同收回租赁物，收回的租赁物的价值超过承租人欠付的租金以及其他费用的，承租人可以请求相应返还。

当事人约定租赁期限届满租赁物归出租人所有，因租赁物毁损、灭失或者附合、混合于他物致使承租人不能返还的，出租人有权请求承租人给予合理补偿。

第七百五十九条 当事人约定租赁期限届满，承租人仅需向出租人支付象征性价款的，视为约定的租金义务履行完毕后租赁物的所有权归承租人。

（八）保理合同、建设工程合同

90. 什么是保理合同？保理合同能采用口头形式吗？

案　例

翰林制药是一家处于快速发展期的制药公司，为了进一步拓宽市场份额，翰林制药决定新建一家原材料工厂。因为现有的流动资金不足，在咨询专业人士之后，翰林制药决定与东证银行签订保理业务合同。双方约定翰林制药将本公司对湖东公司的3亿元债权转让给东证银行，东证银行于当年6月接手债务的催要与管理工作，并分三次拨付2.8亿元的融通资金给翰林制药。保理期间届满后，以湖东公司的清偿情况决定翰林制药是否需要回购保理业务。双方达成合意后通知了债务人湖东公司有关保理合同的决定，但是由于东证银行业务员的失误，双方未能签订有效的书面合同。那么，口头形成的保理合同具有约束双方的效力吗？

解　析

随着市场经济的发展，尤其是赊销贸易这一交易方式的流行，使得卖方难以快速地收回货物款项。为了快速实现销售收益，加快资金流转，保理业务应运而生。保理业务是指卖方（债权人）将与买方（债务人）之间的债权转让给商业保理机构，由商业保理机构负责对买方（债务人）进行债务催收以及应收账款管理，同时为卖方（债权人）提供贸易融资的商业形式。

现有的保理业务可以大致分为有担保的保理业务和无担保的保理业务。无担保的保理业务类似于债权转让，买方对债务的清偿情况不负责任，不需要对保理业务进行回购。有担保的保理业务是指在约定期间内保理机构向债务人催收管理应收账款，其间届满后债权人对保理业务进行回购，债务人未能及时清偿的，该损失由债权人回购填补。保理业务的办理需要签订保理合同，根据《民法典》第762条的规定，保理合同应当包括业务类型、基础交易合同情况、应收账款信息等条款，并且保理合同应当采取书面形式，未采取书面形式的保理合同不具有法律效力。

在上述案例中，翰林制药打算以保理业务合同的方式进行融资，虽然其与东证银行达成了保理业务的合意，但是由于银行业务员的疏忽没有签订书面的保理合同，此时保理业务并不生效，不具有约束双方的效力。为了避免造成不必要的损失，东证银行应当及时与翰林制药正式签订书面保理合同。

条　文

《中华人民共和国民法典》

第七百六十一条　保理合同是应收账款债权人将现有的或者将有的应收账款转让给保理人，保理人提供资金融通、应收账款管理或者催收、应收账款债务人付款担保等服务的合同。

第七百六十二条 保理合同的内容一般包括业务类型、服务范围、服务期限、基础交易合同情况、应收账款信息、保理融资款或者服务报酬及其支付方式等条款。

保理合同应当采用书面形式。

91. 债务人能否以应收账款不存在来对抗保理人？

案 例

创新科技公司由于市场不景气，导致经营困难，急需资金投入。该公司负责人李某经再三考虑后，找到与之长期合作的经开电子产品公司。双方经过商量，决定签订一份虚假的产品买卖合同。其中，创新科技公司作为卖方，将其对经开电子产品公司的应收账款转让给该市某保理商，以此来获得融资。保理合同签订后，由于并没有真实交易，因此经开电子产品公司未支付货款。不久后，买卖合同的应收账款到期，保理商找到经开电子产品公司，要求其支付货款，但经开电子产品公司以买卖合同是没有真实交易的虚假合同进行抗辩。那么，债权人与债务人以虚构应收账款与保理商签订保理合同时，债务人能否以应收账款不存在来对抗保理人？

解 析

保理合同的实质就是对应收债权的转让合同。由于是对债权的转让，因此保理合同需要建立在真实交易的基础上，所以在签订保理合同时，保理商要仔细审查基础交易的真实性，以此来降低交易风险。但是，如果债权人与债务人以虚构应收账款作为转让标的，并与保理人签订保理合同，此时，保理人的权益将处于危险境地。根据《民法典》第763条的规定，应收账款债务人不得以应收账款不存在为由对抗保理人，但是保理人明知虚构的除外。也就是说，当债权人与债务人之间不存在真实的基础交易时，在保理人向债务人主张应收债权时，债务人是不能以应收账款不存在为由对抗保理人的。

在上面的案例中，创新科技公司与经开电子产品公司虚构产品买卖合同，二者之间不存在真实的基础交易，只要保理商不知道上述虚构事实，就可以凭借保理合同向经开电子产品公司主张债权，且该公司不能以应收账款不存在为由对抗保理商。

条 文

《中华人民共和国民法典》

第七百六十三条 应收账款债权人与债务人虚构应收账款作为转让标的，与保理人订立保理合同的，应收账款债务人不得以应收账款不存在为由对抗保理人，但是保理人明知虚构的除外。

92. 保理合同生效后，债权人与债务人的私下清偿行为是否有效？

案　例

为了减轻市场竞争压力，大瑞公司决定将本公司对临海公司所享有的300万元债权交由顺发银行进行保理业务。2020年4月，大瑞公司与顺发银行签订了保理合同，同时通知债务方临海公司从2020年5月开始将钱款归还至顺发银行所开设的银行账户上。2020年10月，临海公司将第一笔欠款100万元汇入顺发银行指定的银行账户，并许诺在3个月内清偿剩余的200万元债务。2021年2月，顺发银行在临海公司3个月内没有任何还款的前提下进行上门催收。临海公司拒绝还款，并且抗辩称，公司已于2021年1月和大瑞公司达成了新的清偿协议，约定临海公司偿还大瑞公司170万元，即可以抵偿剩余200万元欠款，同时拿出了大瑞公司的收据。那么，临海公司和大瑞公司之间新的还款协议是否可以对抗大瑞公司和顺发银行之间的保理合同？

解　析

在保理合同中，承担保理业务的金融机构往往需要承担较大的风险：一方面，保理机构需要向原债权人提供一定数额的融资资金，以实现其保理目的；另一方面，保理机构需要面对债务人无法清偿的可能，即债权人与债务人之间虚构债权债务或者虚构债务已经清偿进行避债。为了杜绝此类风险，维护保理机构的权利，《民法典》第765条规定，债务人在收到应收账款转让的通知后，与债权人无正当理由协商变更或者终止基础交易合同损害保理人权益的，该合同对保理人无效。同时，为了规范保理行业的运行，《民法典》第764条规定，保理人在向应收账款债务人发出债权转让通知时，应当表明保理人身份并附有必要凭证。

在上述案例中，大瑞公司与顺发银行签订保理合同后，仅仅是通知了债务方临海公司，并没有向临海公司提供表明保理人身份的必要凭证，属于形式上的瑕疵。但是，临海公司在2020年10月向顺发银行指定的账户清偿了100万元，这就可以推定临海公司对大瑞公司和顺发银行之间的保理合同的有效性知情并认可。但是2021年1月，临海公司与大瑞公司达成了新的清偿协议，由临海公司直接向大瑞公司偿还170万元抵偿200万元的欠款，这一行为严重损害了顺发银行的权益，根据《民法典》第765条的规定，临海公司与大瑞公司于2021年1月签订的清偿协议对顺发银行不发生效力，临海公司需要继续向顺发银行支付200万元的款项。

条　文

《中华人民共和国民法典》

第七百六十四条　保理人向应收账款债务人发出应收账款转让通知的，应当表明保理人身份并附有必要凭证。

第七百六十五条 应收账款债务人接到应收账款转让通知后，应收账款债权人与债务人无正当理由协商变更或者终止基础交易合同，对保理人产生不利影响的，对保理人不发生效力。

93. 在保理合同中，有无追索权对保理人有何影响？

案 例

小李毕业后决定创业，为了学以致用，他决定和大学同学一起开一家新媒体公司。为了增加公司的知名度，小李想要在各大社交平台对公司进行推广宣传。但由于公司刚刚起步，资金还不充足，小李便将公司对某客户的应收账款转让给了某商业银行，以此来获得融资。在签订保理合同前，公司的法务告诉小李，保理合同有两种，一种某商业银行有追索权，另一种某商业银行没有追索权。最后，小李在法务的建议下与某商业银行签订了没有追索权的保理合同。那么，追索权的有无对保理人有何影响？

解 析

保理合同以保理人是否对债务人的信用承担风险分为两类，即有追索权保理和无追索权保理。根据《民法典》第766条和第767条的规定，二者存在以下区别：在有追索权的保理中，保理人不需要承担债务人的信用风险，即当应收账款不能回收时，保理人有权要求债权人返还已经支付的融资款项或者要求债权人对应收账款进行回购；在无追索权的保理中，保理人需要对债务人的信用承担风险，即当债务人不能按约支付应收账款时，保理人不能要求债权人返还已经发放的融资款本息，且需要继续履行剩余的付款义务。也就是说，保理人需要对债务人的信用承担担保责任。

在上面的案例中，小李与某商业银行签订了无追索权的保理合同，因此某商业银行在债务人没有按约支付应收账款时，不能要求小李对应收账款进行回购。在无追索权的保理合同中，债权人将风险转移给了保理人，由保理人对债务人的资信进行调查与担保，这种方式对债权人是比较有利的。

条 文

《中华人民共和国民法典》

第七百六十六条 当事人约定有追索权保理的，保理人可以向应收账款债权人主张返还保理融资款本息或者回购应收账款债权，也可以向应收账款债务人主张应收账款债权。保理人向应收账款债务人主张应收账款债权，在扣除保理融资款本息和相关费用后有剩余的，剩余部分应当返还给应收账款债权人。

第七百六十七条 当事人约定无追索权保理的，保理人应当向应收账款债务人主张应收账款债权，保理人取得超过保理融资款本息和相关费用的部分，无需向应收账款债权人返还。

94. 一个债权上设立了多个保理合同的，如何实现保理人的权利？

案 例

东阳水产公司享有对尼佳公司2000万元的债权，债权的到期之日为2021年12月。为了采购原料，2021年1月，东阳水产公司与东方银行签订了保理合同，获得融资450万元，东方银行承担东阳公司对尼佳公司的500万元的债权。为了改进设备，2021年2月，东阳水产公司又与西岳银行签订了保理合同并获得融资480万元，西岳银行承担保理业务500万元。2021年4月，东阳水产公司为进行广告宣传，与北备公司签订保理合同并获得融资940万元，北备公司承担保理业务1000万元。东方银行、西岳银行、北备公司在签订保理合同后都及时通知了债务方尼佳公司，并出具了必要的证明凭证，但是只有西岳银行和北备公司与东阳水产公司当即办理了保理合同登记。那么，等到2021年12月债务到期后，尼佳公司对上述三个保理合同应当按照何种顺序进行清偿？

解 析

商业交易中常常会出现针对一项债权设立多个保理合同的行为。在这种情况下，只要保理合同的总金额不超过债权的总金额，所有保理合同在理论上都是能够被清偿的。但是，多个保理合同的设立往往会导致保理人的知情权受限，容易诱发债权人与债务人串通设立多个保理合同以骗取保理人资金的道德风险。为了保护保理人的权利，规范保理市场秩序，《民法典》第768条规定，已登记的保理合同优先于未登记的保理合同取得账款，先登记的保理合同优先于后登记的保理合同优先取得账款。这一规定从反向督促保理人积极行使自己的权利，积极办理保理合同的登记。

在上述案例中，东方银行虽然最早与东阳水产公司签订保理合同，但是没有就此保理合同进行登记。而西岳银行和北备公司的保理合同虽然签订时间略晚于东方银行，但是都对保理合同办理了登记。根据《民法典》第768条的规定，西岳银行和北备公司优先于东方银行取得应收账款；又因为西岳银行登记在先，因此其优于北备公司取得应收账款。所以尼佳公司在现有的资金条件下，应当首先向西岳银行支付应收账款，其次向北备公司支付应收账款，最后向东方银行支付应收账款。

条 文

《中华人民共和国民法典》

第七百六十八条 应收账款债权人就同一应收账款订立多个保理合同，致使多个保理人主张权利的，已经登记的先于未登记的取得应收账款；均已经登记的，按照登记时间的先后顺序取得应收账款；均未登记的，由最先到达应收账款债务人的转让通知中载明的保理人取得应收账款；既未登记也未通知的，按照保理融资款或者服务报酬的比例取得应收账款。

95. 承包人将建设工程转包、违法分包的，发包方该如何处理？

案 例

阳光公司与大海公司签订了一份建筑工程施工合同，阳光公司将办公大楼的建设工程承包给大海公司。在施工期间，阳光公司发现实际施工的人员并非大海公司的员工。经过调查，阳光公司发现，在本公司和大海公司签订施工合同后，大海公司就将办公大楼的施工转包给了小溪公司，由小溪公司实际进行施工，但小溪公司并不具有相应的建筑资质。阳光公司认为，大海公司的这种行为已经严重违反了施工合同的约定。那么，阳光公司应当如何处理？

解 析

在施工合同实际履行过程中，经常有一些承包人在签订承包合同后，将承包的项目转包给其他主体，或者拆分成几部分，分包给其他主体。但是这样的行为是严重违背契约精神的，违反了合同的相对性原则。同时，这一行为也使得发包方的利益处于不稳定风险中，违背了其订立合同的初衷。对此，《民法典》第806条第1款规定，如果建筑施工合同中的承包人将建筑工程合同转包的，发包人有权解除合同。

承包建筑工程者需要具备相应的建筑资质，才能保证工程的质量和工期，才能保证发包人的既得利益。具体到上面这个案例中，阳光公司作为发包人，发现承包人大海公司未经同意，将办公大楼承包给不具有相应资质的小溪公司，大海公司的这种行为已经属于违法转包，阳光公司可以保留相应的证据，向大海公司要求解除此项建筑工程的施工合同。

条 文

《中华人民共和国民法典》

第八百零六条第一款 承包人将建设工程转包、违法分包的，发包人可以解除合同。

96. 发包人不履行协助义务，使得承包人无法施工的，承包人可以如何处理？

案 例

今年年初，B建筑公司承包了A公司的卫生间修建工程。双方在合同中约定，由A公司提供修建卫生间所需的水、电，A公司应当在开工前做好相应的准备工作，B公司仅需派工人入场施工。在约定的开工日期，B公司如约进场施工，却发现施工场所并没有水、电，根本无法开工。B公司项目负责人致电A公司，要求A公司依约履行合同，为B公司的施工提供水、电等。A公司一口答应，承诺将在十天内解决此问题。可十天后，B公司项目负责人发现现场还是没有通水、通电。那么，针对此种情形，B公司应该如何处理呢？

解 析

在实际的施工过程中，不仅需要承包人严守约定，也需要发包人的配合和协助。《民法典》第806条第2款明确规定，如果是因为发包人不履行相应的协助义务，致使承包人无法进行施工，并且承包人进行催告后，发包人仍然不履行义务的，承包人有权解除该施工合同。

在上面的案例中，A公司承诺施工时通水、通电，但在B公司催告十天后，A公司仍未解决水、电问题，导致B公司无法施工。在这种情形下，B公司拥有单方解除权，可以单方决定解除和A公司的施工合同。

此外，根据《民法典》第806条第3款的规定，如果承包人已经完成了部分工程，且该部分工程质量经验收合格的，承包人解除施工合同后，还有权要求发包人按照约定支付相应的工程款项。

条 文

《中华人民共和国民法典》

第八百零六条第二款 发包人提供的主要建筑材料、建筑构配件和设备不符合强制性标准或者不履行协助义务，致使承包人无法施工，经催告后在合理期限内仍未履行相应义务的，承包人可以解除合同。

第三款 合同解除后，已经完成的建设工程质量合格的，发包人应当按照约定支付相应的工程价款；已经完成的建设工程质量不合格的，参照本法第七百九十三条的规定处理。

（九）运输合同、技术合同与委托合同

97. “霸座”行为违法吗？

案 例

老李和妻子常年在外打工，每年过年的时候都坐火车回家，今年因为一时疏忽没有买到挨在一起的座位。老李上车时看到身边的座位没有人便喊妻子过来坐。不一会儿，火车过了一站，张某拿着车票上车，要求老李的妻子让座。老李也拿出妻子的车票，请求张某和妻子换一下座位。张某看老李妻子的车票不是靠窗的，便拒绝了。此时，老李的妻子本应坐回自己的座位，但是她看到张某不同意换座，竟然生起气来，大声地说：“我就坐在这里了，看你能怎样，有本事你坐我身上！”张某不与她争辩，只说：“你们这是‘霸座’行为，是违法的！”那么，老李妻子的这种“霸座”行为是否违法呢？

解 析

“霸座”，顾名思义，即为霸占他人的座位。《民法典》第815条第1款规定，旅客应当按照有效客票记载的时间、班次和座位号乘坐。这就明确了，旅客在乘坐汽车、火车、飞机、轮船等公共交通工具时要按照购票记载的时间、班次、座位号等信息搭乘，不能擅自坐在其他旅客的位置上。

在上面的案例中，老李的妻子没有按照自己购买的火车票记载的座位乘坐，而是坐在了别人的座位上，违反了上述规定。并且，老李的妻子在张某要求其归还座位时，拒不归还，其“霸座”行为更是进一步违反了法律规定。被霸占座位的人员完全可以找到列车组人员，要回座位，如果事态升级，还可以报警处理，届时，老李的妻子可能会因扰乱交通工具秩序而承担治安管理责任。

我们在乘坐公共交通工具时，一定要按照自己购买的车票记载的时间、班次和座位号乘坐，这样不仅方便他人，更方便自己。

条 文

《中华人民共和国民法典》

第八百一十五条第一款 旅客应当按照有效客票记载的时间、班次和座位号乘坐。旅客无票乘坐、超程乘坐、越级乘坐或者持不符合减价条件的优惠客票乘坐的，应当补交票款，承运人可以按照规定加收票款；旅客不支付票款的，承运人可以拒绝运输。

《中华人民共和国治安管理处罚法》

第二十三条第一款 有下列行为之一的，处警告或者二百元以下罚款；情节较重的，处五日以上十日以下拘留，可以并处五百元以下罚款：

……

（三）扰乱公共汽车、电车、火车、船舶、航空器或者其他公共交通工具上的秩序的；

……

98. 车票丢失后补办还收费吗？

案 例

小李是某贸易公司的职员，公司安排他去A城商谈业务。小李选择了高铁作为出行方式。为了便于回来后报销路费，他提前三天取出了纸质高铁票。出行当天，小李发现纸质高铁票不翼而飞，翻遍了自己家和办公室都未发现高铁票的踪影。小李想去高铁站售票窗口补办一张，但是又担心需要另行支付费用。请问车票丢失后补办还收费吗？

解 析

虽然现在我国铁路系统已经取消了必须凭纸质车票上车的规定，但纸质车票依旧承担着报销凭证的功能，旅客在丢失纸质车票后往往需要补办。为了避免给旅客造成不必要的损失，《民法典》第815条第2款规定了实名制客运合同的旅客丢失客票的，可以请求承运人挂失补办，承运人不得再次收取票款和其他不合理费用。这意味着凡是实名制客运合同的旅客在客票丢失后都享有请求承运人无偿挂失补办的权利。《民法典》中的这个条款是一项惠民条款，满足了旅客的实际需求，同时更加全面地保护了旅客的合法权益。

在上面的案例中，小李是旅客，承运人是高铁运输系统。小李丢失车票后若请求高铁工作人员补办，工作人员需要按照相应程序为其补办，并且依照法律规定不得再次收取票款和其他不合理费用。因此，小李在车票丢失后补办是不收费的。

条 文

《中华人民共和国民法典》

第八百一十五条第二款 实名制客运合同的旅客丢失客票的，可以请求承运人挂失补办，承运人不得再次收取票款和其他不合理费用。

99. 飞机起飞时空姐有权要求乘客将手机关机吗？

案 例

方先生乘坐飞机去外地出差，在飞机将要起飞时，空姐向大家宣读乘坐飞机的注意事项，并且提醒大家将手机调成飞行模式或者关机。而此时方先生正在与合作商通话，商议合同的具体细节。空姐走到方先生身旁，要求其挂断电话并且将手机关机。方先生觉得空姐的要求不合理，他认为这个要求阻碍了自己开展工作，甚至可能让自己丢失订单，遭受重大损失。那么，空姐的要求合理吗？

解 析

乘坐飞机或者其他交通工具时，旅客往往会被要求采取一些配合行为或者被禁止做一些危险动作。比如，乘坐汽车时需要系安全带，乘坐飞机时需要将手机关机。《民法典》第819条规定了旅客有积极协助和配合承运人安全运输的义务。这一规定意味着从法律上讲，当承运人为了达到安全运输的目的要求旅客予以配合时，旅客没有说不的权利。这个条款实际上是法律为承运人赋权，同时也保护了公共利益。

在上面的案例中，方先生是旅客，承运人是航空公司。空姐要求方先生将手机关机以保证飞机能够准时安全起飞，她的要求合法合理，方先生有配合的义务。

条 文

《中华人民共和国民法典》

第八百一十九条 承运人应当严格履行安全运输义务，及时告知旅客安全运输应当注意的事项。旅客对承运人为安全运输所作的合理安排应当积极协助和配合。

100. 长途客运车在路上抛锚，司机可以要求旅客下车并且自行离开吗？

案 例

小黄和小李打算利用五一的时间去某风景区放松一下。两个人没有选择自驾，也没有选择报旅行团，而是采取了坐长途客运车的方式绿色出行。二人乘坐的长途客运车在距离风景区还有35千米的地方抛锚，不巧的是司机没有携带修车工具，短时间内无法进行修理。众人在等待中变得心浮气躁，小黄因为催促司机赶快修车而与司机发生冲突，司机呵斥小黄和小李下车，并让他们自己想办法去往目的地。请问司机的要求正当吗？

解 析

我们在乘坐公共交通工具时难免会发生一些小意外，如汽车抛锚、汽油耗尽等。这些小插曲给我们的生活带来了不便，同时也损害了我们的出行权利。因此，《民法典》第820条规定了承运人有不能正常运输情形的，应当及时告知和提醒旅客，采取必要的安置措施。这项条款是法律对于旅客合法权利的保护，以承运人积极承担一些义务的方式来救济旅客因承运人的原因造成的出行损失。

在上面的案例中，小黄和小李是旅客，承运人是客运公司。当汽车抛锚不能够正常行驶时，司机应当告知旅客当前所面临的状况并且将旅客进行妥善安置，而不是粗暴地将小黄和小李赶下车。司机要求旅客下车并且自行离开的行为不符合《民法典》的规定。

条 文

《中华人民共和国民法典》

第八百二十条 承运人应当按照有效客票记载的时间、班次和座位号运输旅客。承运人迟延运输或者有其他不能正常运输情形的，应当及时告知和提醒旅客，采取必要的安置措施，并根据旅客的要求安排改乘其他班次或者退票；由此造成旅客损失的，承运人应当承担赔偿责任，但是不可归责于承运人的除外。

101. 委托开发完成的技术秘密成果的使用权没有约定的，在没有相同技术方案被授予专利权前，受托人可以转让吗？

案 例

甲制药有限公司委托乙生物技术有限公司研发某款注射液，双方签订的技术开发合同中没有约定研发完成的注射液的使用权归属。该技术开发合同仅约定：由于注射液的研发周期较长，是阶段性技术成果，研发费用由甲制药有限公司分3期支付。3个月后，乙生物技术有限公司向甲制药有限公司交付了注射液。后来，乙生物技术有限公司经营困难，将研发完成的注射液使用权转让给了丙制药有限公司，并且签订了《转让协议书》。该转让协议书约定，乙生物技术有限公司自愿将其独立研发的注射液使用权转让给丙制药有限公司，转让费用由丙制药有限公司一次性付清。乙生物技术有限公司保证市场上不存在相同的技术方案被授予专利权，否则需支付丙制药有限公司违约金50万元。那么，对委托开发完成的技术秘密成果的使用权没有约定的，在没有相同技术方案被授予专利权前，受托人可以转让吗？

解 析

根据《民法典》第861条的规定，委托开发或者合作开发完成的技术秘密成果的转让权由当事人约定；没有约定或者约定不明确，当事人可以协议补充；达不成补充协议的，可以按照交易习惯确定。通过以上方法仍然不能确定的，在没有相同技术方案被授予专利权前，双方当事人均可以转让技术秘密成果的使用权。但是，委托开发的研究开发人在向委托人交付研究开发成果之后，才能将研究开发成果转让给第三人。

在上面的案例中，乙生物技术有限公司作为受托人，独立研发了注射液，其与甲制药有限公司未明确约定注射液的使用权。在没有相同技术方案被授予专利前，乙生物技术有限公司将注射液的使用权转让给丙制药有限公司是符合法律规定的。值得注意的是，乙生物技术公司不能在向委托人甲制药有限公司交付研究开发成果之前，将研发成果转让给丙制药有限公司。

条　文

《中华人民共和国民法典》

第五百一十条　合同生效后，当事人就质量、价款或者报酬、履行地点等内容没有约定或者约定不明确的，可以协议补充；不能达成补充协议的，按照合同相关条款或者交易习惯确定。

第八百六十一条　委托开发或者合作开发完成的技术秘密成果的使用权、转让权以及收益的分配办法，由当事人约定；没有约定或者约定不明确，依据本法第五百一十条的规定仍不能确定的，在没有相同技术方案被授予专利权前，当事人均有使用和转让的权利。但是，委托开发的研究开发人不得在向委托人交付研究开发成果之前，将研究开发成果转让给第三人。

102. 在技术咨询合同和技术服务合同中没有约定的，受托人开展正常工作所需费用由谁负担?

案　例

阳光公司与山水公司签订了《XX软件、VR系统采购合同》，合同约定由阳光公司向山水公司提供软件产品、设备及技术服务，山水公司向阳光公司支付价款。按照合同的约定，阳光公司提供的技术服务费用为每人每天100元，技术服务费以实际产生天数计算，但是总费用不得多于30万元。在合同履行过程中，山水公司要求阳光公司对软件进行“技术实施”，导致阳光公司的服务范围和实际服务天数超出了合同约定。根据阳光公司的服务完成记录表统计，阳光公司为山水公司提供的服务价值远远超过了30万元。阳光公司遂要求山水公司补足价款，但遭到了山水公司的拒绝。那么，在技术咨询和技术服务合同中，没有约定开展正常工作所需费用由谁负担的，该费用应由受托人负担吗?

解　析

根据《民法典》第886条的规定，技术咨询合同和技术服务合同对受托人正常开展工作所需费用的负担没有约定或者约定不明确的，由受托人负担。在本案例中，阳光公司作为受托人，在合同中并没有明确约定费用负担问题，因此，其没有理由要求山水公司补足价款。

虽然阳光公司认为超出工时是因为山水公司增加了许多原合同约定范围之外的新需求，但是其作为一个有专门技术知识并且长期从事软件开发工作的软件服务商，对于一个项目所需要的工时完全能作出合理的估计，阳光公司完全可以在合理的期限内提出异议，变更合同。但是，阳光公司并没有对合同进行补充约定，故根据法律规定，应当由受托人阳光公司负担相关费用。

条 文

《中华人民共和国民法典》

第八百八十六条 技术咨询合同和技术服务合同对受托人正常开展工作所需费用的负担没有约定或者约定不明确的，由受托人负担。

103. 委托人对转委托追认的，可以直接指示转委托的第三人履行义务吗？

案 例

金某是某公司员工，2021 年 2 月 5 日，金某代表某公司与武某签订了一份委托协议，协议约定：某公司接受武某委托为其办理申请家园小区公租房相关事宜，代理人为金某，并承诺在 2021 年 6 月 10 日之前办理完成公租房资格手续；武某一次性支付委托服务费 5000 元。协议签订完成后，武某以微信转账的方式支付了 5000 元，某公司随即向武某出具了收据。后考虑到公司之前没有办理过这项业务，对最新的政策规定也不是很了解，2021 年 3 月 9 日，金某将委托事务转委托给专门代办申请公租房业务的胡某。武某事后得知这一情况并进行了追认，但胡某却说他只听某公司的指示。那么，委托人对转委托追认的，可以直接指示转委托的第三人履行义务吗？

解 析

在实际生活中，受托人可能由于客观情况的变化，或者缺乏处理委托事务的能力，不能完成或者不能及时完成委托事务。出于保护委托人利益的目的，在经其同意或者追认后，将委托事务转委托给合适的第三人来处理，也不失为一个好的选择。为了更好地保障委托人的权益，《民法典》第 923 条特别规定，如果委托人同意或对转委托行为进行了追认的，转委托行为对委托人具有法律效力。具体而言，委托人有权直接指示转委托的第三人办理委托事务，相应地，第三人根据委托人的指示作出的行为对委托人也有约束力。由此可知，经委托人同意或者追认的转委托有效，且委托人可以直接指示转委托的第三人。

在上面的案例中，受托人金某为了顺利完成委托事务，将委托事务转委托给胡某，而委托人武某得知后进行了追认，这说明金某的转委托是有效的，武某有权指示胡某。

条 文

《中华人民共和国民法典》

第九百二十三条 受托人应当亲自处理委托事务。经委托人同意，受托人可以转委托。转委托经同意或者追认的，委托人可以就委托事务直接指示转委托的第三人，受托人仅就第三人的选任及其对第三人的指示承担责任。转委托未经同意或者追认的，受托人应当对转委托的第三人的行为承担责任；但是，在紧急情况下受托人为了维护委托人的利益需要转委托第三人的除外。

104. 委托合同解除的，解除方应就哪些损失对对方进行赔偿？

案 例

一天，张某得知某免税店正在打折，当日购买其心仪已久的某款高端手表可以便宜6万元，转让给他人的话，至少可以获利3万元。于是，张某委托同事赵某为其购买这款高端手表及相关事项，并愿意给付赵某1万元报酬。赵某接受委托后，张某便向赵某转账购物款30万元，并单独支付了1万元报酬。到免税店之后，赵某被琳琅满目的商品吸引，忘记了要为张某购买手表的事情，直到回到酒店后才想起来。赵某心想，张某可以另外找人代购或在专柜购买，便单方面解除了与张某的委托关系。张某在得知此事后，立即委托朋友林某购买手表，但林某去购买手表时打折活动已经取消，赵某以比打折时高6万元的价格购得手表，原定的手表受让人也因价格原因拒绝购买。后张某要求赵某返还其已支付的购物款30万元和委托报酬1万元，并赔偿损失。赵某表示，自己不是故意解除委托合同的，只愿意退还张某30万元购物款，拒绝退还报酬和进行赔偿。请问，单方解除委托合同的，解除方应就哪些损失对对方进行赔偿？

解 析

委托合同是建立在双方相互信任的基础上的，如果一方不守诚信，失信于另一方，则继续履行合同已无必要。对此，法律赋予了当事人随时单方面解除委托合同的权利。同时，为了保护守约方，规定单方解除合同给对方造成损失的，需要承担赔偿责任。

根据《民法典》第933条的规定，无偿委托合同的当事人解除委托合同给对方造成损失的，应当赔偿因解除时间不当而产生的直接损失，也就是对方当事人因合同解除而导致的现有财产的减少。如果委托合同是有偿的，解除方除了赔偿直接损失之外，还要赔偿可得利益损失，也就是委托合同按时履行后，当事人可以获得的利益，一般表现为经营利润损失、生产利润损失、转售利润损失等。

在上面的案例中，张某委托赵某为其办理购买手表的事务，并给付赵某1万元报酬，这表明张某与赵某之间的委托属于有偿委托。后赵某在不当时间单方面解除委托，导致张某多花费6万元购买手表，且无法享受委托合同完全履行后可获得的利益，给张某造成了经济损失。根据《民法典》的规定，赵某应当赔偿张某的直接损失和可得利益损失，具体而言，赵某应当退款 30 万购物款、1 万元委托报酬、6 万元的直接经济损失和 3 万元的转售利润损失。

条 文

《中华人民共和国民法典》

第九百三十三条 委托人或者受托人可以随时解除委托合同。因解除合同造成对方损失的，除不可归责于该当事人的事由外，无偿委托合同的解除方应当赔偿因解除时间不当造成的直接损失，有偿委托合同的解除方应当赔偿对方的直接损失和合同履行后可以获得的利益。

（十）保管合同、仓储合同与物业服务合同

105. 无偿帮他人保管的行李丢失，保管人需要承担赔偿责任吗？

案 例

汤某与何某是高中同学，上大学之后，两人的交流虽然变少了，但感情依然很好。汤某决定寒假时去何某的学校找何某叙旧，何某表示欢迎。汤某来到何某学校的第二天，在何某的宿舍写论文，论文还没有写完，汤某就因临时有事离开了何某的宿舍。汤某委托何某保管好自己的电脑，何某欣然答应。中午，何某去取快递，出门时忘了将宿舍门锁上，半路想起后，本想回去将门锁上再去取快递，但转念一想，10 分钟就回来了，电脑应该不会被盗，于是没有立即返回。然而，在何某离开后，汤某的电脑被盗。汤某要求何某赔偿丢失的电脑，何某断然拒绝，他认为自己是无偿为汤某保管行李，不必承担赔偿责任。那么，无偿帮他人保管的行李丢失，保管人需要承担赔偿责任吗？

解 析

对于无偿帮他人保管的行李丢失，保管人是否承担赔偿责任不能一概而论，要看保管人的过错形态，民法上的过错形态大致分为故意和过失两类。故意是指行为人明知自己的行为会带来损害后果，并且积极追求这种损害后果的发生。过失是指行为人对损害后果应当预见而没有预见，或者预见了损害后果，但轻信可以避免。

根据《民法典》第 897 条的规定，保管期内，无偿帮他人保管的行李丢失，保管人证明自己没有故意或者重大过失的，不承担赔偿责任。也就是说，在保管期间内，无偿帮他人保管的行李丢失，保管人只有证明自己没有故意或者重大过失，才不用承担赔偿责任，否则就应该承担赔偿责任。

在上面的案例中，何某在同意为汤某无偿保管电脑之后，明知电脑属于贵重物品，宿舍楼里人来人往，安全性较差，丢失财物的事件时有发生，其已预见到将电脑单独放在无人看管且没有上

锁的宿舍里存在被盗的风险，却没有尽到应尽的注意义务，导致电脑丢失，存在重大过失。因此，何某应当承担赔偿责任。

条 文

《中华人民共和国民法典》

第八百九十七条 保管期内，因保管人保管不善造成保管物毁损、灭失的，保管人应当承担赔偿责任。但是，无偿保管人证明自己没有故意或者重大过失的，不承担赔偿责任。

106. 仓储合同自何时成立?

案 例

甲公司从乙公司处购买了一批医疗设备，准备暂时存放于专门从事仓储保管业务的丙公司仓库内。2021年4月21日，甲公司和丙公司约定：甲公司将从乙公司处购买的货物（约定2021年4月25日送到）存放于丙公司的二号仓库中，存储期限为4月25日至5月25日，仓储费5万元。4月24日，甲公司接到乙公司通知，因某县发生泥石流，道路被隔断，医疗器材预计6月1日才能送达。接到通知的甲公司立即告知丙公司，称其不再需要存储货物，也不支付任何费用。丙公司认为仓储合同在4月21日已经成立生效，现在甲公司不支付任何费用，构成违约。甲公司认为，仓储合同在其将需要存储的医疗器材实际交给丙公司时才成立，现在医疗器材并没有交付，因此合同既没有成立也没有生效，甲公司不需要支付任何费用，也不构成违约。那么，该仓储合同自何时成立?

解 析

在现实生活中，经常发生在订立仓储合同时，因当事人一方临时不再需要存储货物，双方就合同成立生效的时间、是否需要支付费用发生纠纷。对于此种情形，根据《民法典》第905条、第502条规定可知，仓储合同只需要保管人和存货人意思表示一致，而不需要实际交付仓储物就能成立并生效。所谓意思表示一致，就是合同的当事人就合同的内容协商一致。合同成立生效后，存货人应当向保管人支付仓储费用。

在上面的案例中，存货人甲公司和保管人丙公司已经就仓储物、仓储地点和仓储费等达成一致的约定，属于双方当事人意思表示一致，因此仓储合同成立并生效。甲公司因不再需要存储医疗设备而拒绝支付任何费用的行为，属于违约行为，丙公司可要求甲公司承担违约责任。

条 文

《中华人民共和国民法典》

第五百零二条第一款 依法成立的合同，自成立时生效，但是法律另有规定或者当事人另有约定的除外。

第九百零五条 仓储合同自保管人和存货人意思表示一致时成立。

107. 交付和提取仓储物时，仅凭仓单就可以吗？

案例

A空调公司因仓库尚未建设完毕，准备将一批新生产出的空调存放于专门从事仓储保管业务的B公司仓库内。两公司就仓储地点、仓储物和仓储费用达成一致的约定后，A公司将仓储物交给B公司，B公司验收后，出具给A公司一份仓单和入库单。一个月后，A公司负责人携带仓单到B公司提取货物时，被告知只有仓单没有入库单不能提取仓储物。那么，交付和提取仓储物时，仅凭仓单就可以吗？

解析

在现实生活中，保管人经常将仓单、入库单和提单三个词语混用，导致存货人以为仓单就是入库单，而不是提单，从而引发纠纷。《民法典》第908条明确了三者之间的区别，将提取仓储物的凭证范围，由仓单扩大到仓单和入库单。其中，在法律意义上，仓单就是提单，是提取仓储物的凭证，它不是入库单。入库单只是入库的凭证，不能直接取货。在存货人将货物交给保管人时，保管人应出具仓单、入库单等凭证，存货人也应凭仓单、入库单等提取货物。

在上面的案例中，根据《民法典》的相关规定，保管人B公司在验收货物后，应当向A公司出具仓单和入库单等凭证，存货人A公司也应同时持仓单和入库单提取货物。因此，交付和提取仓储物时，仅凭仓单是不行的。

条文

《中华人民共和国民法典》

第九百零八条 存货人交付仓储物的，保管人应当出具仓单、入库单等凭证。

第九百一十五条 储存期限届满，存货人或者仓单持有人应当凭仓单、入库单等提取仓储物。存货人或者仓单持有人逾期提取的，应当加收仓储费；提前提取的，不减收仓储费。

108. 物业公司的公开承诺，是否属于物业服务合同的内容？

案例

A小区门卫室墙外张贴了小区安全卫生服务公告，其中一条为：夜间8点至凌晨6点，每半小时巡逻一次，巡逻范围为全小区。公告上有物业公司落款。陈先生是A小区的业主，家中曾经被盗，看到小区门口的公告，便感慨道，原来小区巡逻这么严格也没办法防范盗窃。后来，陈先生观察到小区保安人手严重不足，大多数时候都没有按照规定进行巡逻，便联络物业公司要求其跟进此事。但物业公司回复该巡逻事项并非物业服务合同内容，其并不必严格履行。那么，物业公司的公开承诺是否属于物业服务合同内容？

解　析

根据《民法典》第938条第2款的规定，物业公司对业主作出公开的、有利于业主的承诺应当视为物业服务合同内容。这其中包含两个要点，一个是"公开"，另一个是"有利于业主"。如果物业公司作出符合这两个要件的承诺，那么，就应当把该承诺作为物业服务合同的内容认真履行。

在上面的案例中，小区门卫室外的公告公开且有利于业主，因此应当属于物业服务合同的内容，物业公司应当履行，否则将构成违约，业主有权要求物业公司承担违约责任。

条　文

《中华人民共和国民法典》

第九百三十七条　物业服务合同是物业服务人在物业服务区域内，为业主提供建筑物及其附属设施的维修养护、环境卫生和相关秩序的管理维护等物业服务，业主支付物业费的合同。

物业服务人包括物业服务企业和其他管理人。

第九百三十八条　物业服务合同的内容一般包括服务事项、服务质量、服务费用的标准和收取办法、维修资金的使用、服务用房的管理和使用、服务期限、服务交接等条款。

物业服务人公开作出的有利于业主的服务承诺，为物业服务合同的组成部分。

物业服务合同应当采用书面形式。

第九百三十九条　建设单位依法与物业服务人订立的前期物业服务合同，以及业主委员会与业主大会依法选聘的物业服务人订立的物业服务合同，对业主具有法律约束力。

109. 物业公司能否将业务委托给其他公司？

案　例

大学毕业后，黄某经朋友介绍到甲保安公司工作，被安排到A小区做保安，平时需要负责在门卫处站岗和日常的巡逻工作。后来，黄某发现，该小区的物业公司是乙物业公司，该公司委托他所就职的甲保安公司来负责A小区的保安工作。黄某对此感到疑惑，物业公司能否将自己的业务委托给其他公司呢？

解　析

根据《民法典》第941条的规定，物业公司能够将自己物业服务区域内的部分专项服务事项委托给其他组织或者第三人，但是其应当对这部分事项负责。并且，对于物业公司委托第三人的法律还规定了其他的限制，即不能将全部服务事项委托给第三人，或者将所有服务事项支解后分别转委托给第三人。

在上面的案例中，乙物业公司可以将保安服务委托给作为第三人的甲保安公司，但是，对于这部分保安服务，乙物业公司应当对业主负责。也就是说，如果甲保安公司的保安工作有违物业服务合同的规定，乙物业公司应当向A小区的业主承担违约责任。

条 文

《中华人民共和国民法典》

第九百四十一条 物业服务人将物业服务区域内的部分专项服务事项委托给专业性服务组织或者其他第三人的，应当就该部分专项服务事项向业主负责。

物业服务人不得将其应当提供的全部物业服务转委托给第三人，或者将全部物业服务支解后分别转委托给第三人。

110. 业主房屋遭窃，物业公司是否需要承担赔偿责任？

案 例

致远物业公司是阳光小区的物业，负责小区内器材的养护维修管理等一系列的工作。一天，业主皮某下班回家后发现自家被窃，在报警核对后预估损失金额约为5万元。警察在调查过程中发现小区中有大量未经登记的装修人员进出，同时存在部分摄像头损坏的情况。事发当日皮某所住单元的监控录像无法调取，致使该案件一直未能被侦破。皮某在咨询法律人士之后将致远物业公司告上法庭，请求法院判决物业公司承担部分赔偿责任。那么，皮某的诉讼请求能够获得法院的支持吗？

解 析

物业是生活在城市之中的居民比较熟悉的名词，上到电梯水管的维修，下到小区绿化，都属于物业服务的范畴。物业的服务方便了居民的生活，但也有部分物业服务人因不负责任为居民所诟病。例如，部分物业公司对小区的电梯不做检修、对外来人员不做核对登记，这些都属于严重失职行为。对此，《民法典》第942条对物业服务作出了相关规定，强调物业公司负有维护小区业主共有部分的职责和保护业主人身安全、财产安全等责任。

在上述案例中，致远物业公司作为阳光小区的物业服务人，负有保护小区住户人身安全和财产安全的责任。案发时小区人员出入来往频繁复杂，致远物业公司更应做好相关的安全保障工作。但是，此时段小区中却有多处摄像头损坏，存在巨大的安全隐患，属于致远物业公司怠于履行相应职责。对于皮某家被盗窃一案，致远物业公司既没有对非本小区人员做身份登记核对，也无法提供案发时段的监控录像，存在一定的过错，应当在自己过错的范围内对皮某家的损失承担赔偿义务，所以皮某的诉讼请求能够得到法院的支持。

条 文

《中华人民共和国民法典》

第九百四十二条 物业服务人应当按照约定和物业的使用性质，妥善维修、养护、清洁、绿化和经营管理物业服务区域内的业主共有部分，维护物业服务区域内的基本秩序，采取合理措施保护业主的人身、财产安全。

对物业服务区域内违反有关治安、环保、消防等法律法规的行为，物业服务人应当及时采取合理措施制止、向有关行政主管部门报告并协助处理。

111. 物业公司应当定期向业主公开哪些事项？

案 例

肖某是南国小区的业主，平安物业公司是南国小区选聘的物业管理公司。近期，平安物业公司在未经小区业主同意的情况下，在小区的各部电梯内张贴了大量的广告宣传海报。虽然小区的多数业主对此并没有异议，但是肖某认为电梯属于业主的共有部分，平安物业公司利用电梯空间作广告，应当将经营情况和收益情况以合理的方式向各个业主公开。但是平安物业公司认为在电梯中投放广告的创意是自己公司所构想的，广告招商也是自己公司进行的，所以广告的收入理应归属于本公司所有，公司无须将收入情况向业主公开。平安物业公司的回答符合法律规定吗？

解 析

物业管理公司作为小区中业主共有部分的代管人，对小区内共有部分享有一定的维护处分的权利，同时也需要就自己的处置行为向全体业主负责。为了全面督促物业公司积极行使管理维护职责，保障业主的知情权、监督权，《民法典》第943条规定物业服务单位负有向业主大会、业主委员会以及全体业主报告物业管理事项、维修资金使用情况和业主共有部分经营管理情况的义务。诸如物业服务事项、负责人员资料、服务质量要求、物业收费标准都属于需要及时向业主公开告知的内容。通过列举式的规定，明晰了物业公司的义务范围，也为业主维权提供了相应的法律依据。

在上述案例中，住宅小区的电梯属于所有业主共有的财产，产权属于全体业主。物业公司只是作为电梯的管理单位替业主进行管理工作，并对电梯安全运行负责。物业公司通过经营电梯空间获取广告收益的行为应当获得业主委员会的同意，同时应当以合理的方式向全体业主公开电梯的经营收益情况。所以，平安物业公司以广告为自己所招揽的为由拒绝公开收入的做法是不符合法律规定的，平安物业公司应当以合理的方式向全体业主公开电梯的经营收益情况并接受业主监督。

条 文

《中华人民共和国民法典》

第九百四十三条 物业服务人应当定期将服务的事项、负责人员、质量要求、收费项目、收费标准、履行情况，以及维修资金使用情况、业主共有部分的经营与收益情况等以合理方式向业主公开并向业主大会、业主委员会报告。

112. 不用电梯可以少交物业费吗?

案 例

叶大爷的儿子叶先生在外地打拼，挣了很多钱，于是便在老家给叶大爷买了一套房子。该套房产位于A小区三单元一楼，因此平时叶大爷基本上用不到电梯。某日，物业人员上门来找叶大爷收取物业费。叶大爷提出，他平时并不用电梯，因此不应当交物业费中所包含的对电梯进行保养、维护的这一部分费用。那么，不用电梯可以少交物业费吗?

解 析

物业服务合同对于每一个业主都具有约束力。根据《民法典》第944条第1款的规定，业主不能称自己没有接受物业服务而不交或者少交物业费。物业是为整个小区的正常运转进行服务的，即便有些业主可能并不会使用小区中的一部分设施，甚至有些业主将房子闲置，但只要物业正常提供了服务，业主就应当正常支付物业费用。

在上面的案例中，叶大爷虽然用不到电梯，但物业公司为了整个小区的正常运转提供了相应的服务，叶大爷仍然需要按照物业服务合同的内容交付相应的物业费，不能以自己不用电梯为由要求少交物业费。

条 文

《中华人民共和国民法典》

第九百四十四条第一款 业主应当按照约定向物业服务人支付物业费。物业服务人已经按照约定和有关规定提供服务的，业主不得以未接受或者无需接受相关物业服务为由拒绝支付物业费。

113. 物业公司以停水的方式催交物业费是否合法?

案 例

陶小姐独居于A小区，平时工作比较繁忙，经常加班，且加班时间不固定。到了今年收取物业费的时间，由于陶小姐的工作原因，物业公司的工作人员上门好几次都没有遇见陶小姐，因而没有收取到陶小姐的物业费。后来，物业公司为了催陶小姐交物业费，便停了陶小姐家的水。那么，物业公司以停水的方式催交物业费是否合法呢?

解 析

根据《民法典》第944条第2款、第3款的规定，物业公司不得因业主欠交物业费而擅自停水。除此之外，用停止供电、供热、供燃气等方式来催交物业费也是不可以的。这是因为物业公司提供的是物业服务，供电公司、供水公司提供的才是供电、供水服务，如果物业公司擅自停电停水，不仅侵犯了业主的权利，也侵犯了供电供水公司的权利。

在上面的案例中，物业公司不能以停水的方式催交物业费，这种行为是不合法的。

条　文

《中华人民共和国民法典》

第九百四十四条第二款　业主违反约定逾期不支付物业费的，物业服务人可以催告其在合理期限内支付；合理期限届满仍不支付的，物业服务人可以提起诉讼或者申请仲裁。

第三款　物业服务人不得采取停止供电、供水、供热、供燃气等方式催交物业费。

114. 设立居住权，是否需要告知物业？

案　例

米小姐和姜先生今年准备结婚，由于两人的工作地点在不同的城市，考虑良久之后，米小姐决定去姜先生工作的城市（甲市）重新开始自己的事业。两人要结婚的消息传出来后，米小姐的好朋友李小姐就告诉米小姐最好在姜先生的房产证上加上自己的名字。米小姐和姜先生商量后，决定由姜先生先为米小姐在自己的房子上设立居住权。那么，姜先生为米小姐设立居住权是否需要告知物业？

解　析

《民法典》新引入了居住权的规定。居住权是用益物权的一种，指对他人所有的住房及其附属设施占有、使用的权利。我国公民有权按照自己的意愿，在自己的房屋上为他人设立居住权。根据《民法典》第945条第2款的规定，业主转让、出租物业专有部分、设立居住权或者依法改变共有部分用途，都需要通知物业，以方便物业相应地提供服务。

在上面的案例中，姜先生为女朋友米小姐设立居住权，应当告知物业公司，这样能够更加便于米小姐行使相关的权利。

条　文

《中华人民共和国民法典》

第三百六十六条　居住权人有权按照合同约定，对他人的住宅享有占有、使用的用益物权，以满足生活居住的需要。

第九百四十五条第二款　业主转让、出租物业专有部分、设立居住权或者依法改变共有部分用途的，应当及时将相关情况告知物业服务人。

115. 业主能否更换物业公司？

案　例

近日，A小区的物业公司发布了今年在小区物业服务方面的成本开支，称今年的成本开支加大，明年要大幅上涨物业服务费用。该公告一出，大部分业主均表示，原本大家就为了小区环境承担了比较高的物业费，在现有物业服务质量没有明显提高的情况下，难以接受物业公司大幅提高物业费的决定。于是，业主们商量换一个物业公司。那么，业主能否更换物业公司呢?

解 析

根据《民法典》第278条、第284条、第946条之规定，在遵守法定正当程序的情况下，业主可以共同决定由哪家物业公司来为小区提供物业服务。也就是说，只要经过法定程序，业主就可以更换物业服务公司。具体的程序为，第一，需要由专有部分面积占比三分之二以上且人数占比三分之二以上的业主参与表决，并由参与表决专有部分面积和人数过半数的业主同意，才可以解聘、选聘物业公司；第二，解聘物业公司的，应当提前60日书面通知对方，如果造成物业公司损失的，除不可归责于业主的事由外，业主还需要赔偿损失。

在上面的案例中，只要业主按照规定程序通过表决，就能够对物业公司进行更换。

条 文

《中华人民共和国民法典》

第二百七十八条 下列事项由业主共同决定：

……

（四）选聘和解聘物业服务企业或者其他管理人；

……

业主共同决定事项，应当由专有部分面积占比三分之二以上的业主且人数占比三分之二以上的业主参与表决。决定前款第六项至第八项规定的事项，应当经参与表决专有部分面积四分之三以上的业主且参与表决人数四分之三以上的业主同意。决定前款其他事项，应当经参与表决专有部分面积过半数的业主且参与表决人数过半数的业主同意。

第二百八十四条 业主可以自行管理建筑物及其附属设施，也可以委托物业服务企业或者其他管理人管理。

对建设单位聘请的物业服务企业或者其他管理人，业主有权依法更换。

第九百四十六条 业主依照法定程序共同决定解聘物业服务人的，可以解除物业服务合同。决定解聘的，应当提前六十日书面通知物业服务人，但是合同对通知期限另有约定的除外。

依据前款规定解除合同造成物业服务人损失的，除不可归责于业主的事由外，业主应当赔偿损失。

第九百四十七条 物业服务期限届满前，业主依法共同决定续聘的，应当与原物业服务人在合同期限届满前续订物业服务合同。

物业服务期限届满前，物业服务人不同意续聘的，应当在合同期限届满前九十日书面通知业主或者业主委员会，但是合同对通知期限另有约定的除外。

116. 合同到期后仍继续服务，物业公司是否可以随时解除合同?

案 例

3年前，鸿都物业公司与春蕾小区

的业主签订了物业服务合同，合同约定鸿都物业公司服务期限为3年，业主可以根据3年内的服务情况决定是否继续签约。3年服务期限届满，鸿都物业公司向业主委员会致函询问是否续约。3个月后，业主委员会仍未向鸿都物业公司答复，在此期间鸿都物业公司一直在向春蕾小区提供物业服务。这时，绿竹小区的业主想要与鸿都物业公司签订物业服务合同。考虑到春蕾小区一直未答复，鸿都物业公司便与绿竹小区签订了服务合同。半个月后，鸿都物业公司将全部的服务器材以及工作人员转移到绿竹小区，致使春蕾小区因没有安保人员，秩序混乱。那么，鸿都物业公司这样的做法符合法律的规定吗？

解 析

根据《民法典》第948条的规定，物业合同到期后，虽然未续签物业服务合同，但是物业公司继续提供服务被业主接受的，则视作原合同继续有效。物业合同的服务期限变为不定期，当事人双方都可以随时解除不定期的物业服务合同，但是需要提前60日书面告知对方，以便对方有足够的时间作准备。

在上述案例中，鸿都物业公司与春蕾小区的物业服务合同在到期后，双方没有继续签订正式的物业服务合同，但是鸿都物业公司一直为春蕾小区提供物业服务，春蕾小区的业主也接受了服务，在该段时间里，双方形成了不定期的物业服务关系。后来，鸿都物业公司与其他小区签订了物业服务合同，并立即将物业服务人员调离到其他小区，致使春蕾小区一时间秩序混乱。这一做法是不符合法律规定的，鸿都物业公司应当提前60日告知春蕾小区业主委员会关于解约的决定，以便春蕾小区可以有时间找到下一家物业公司接手小区管理事宜，从而保证小区的秩序稳定。

条 文

《中华人民共和国民法典》

第九百四十八条 物业服务期限届满后，业主没有依法作出续聘或者另聘物业服务人的决定，物业服务人继续提供物业服务的，原物业服务合同继续有效，但是服务期限为不定期。

当事人可以随时解除不定期物业服务合同，但是应当提前六十日书面通知对方。

117. 旧物业合同终止后新物业接管前，应当由谁来为小区提供物业服务？

案 例

今年1月，由于对甲物业公司的物业服务质量不满，A小区的业主按照程序召开了业主大会，表决通过了解聘甲物业公司的决定，并与物业公司协商在3月底终止物业服务合同。后来，业主找到了比较满意的乙物业公司来接管A小区的物业服务，但在旧物业合同终止后、新物业公司接管前，有3个月的空缺时间，小区没有合同意义上的物业公司来进行管理。那么，这段时间应当由谁来为小区进行物业服务？

解 析

根据《民法典》第950条的规定，物业服务合同终止后，在新物业公司接管或者决定自行管理的业主接管之前，应当由原公司继续进行物业服务，并有权收取相应的物业费。

在上面的案例中，在乙物业公司接管之前，仍然应当由甲物业公司对A小区提供物业服务，并且甲物业公司有权收取这一时期的物业管理费用。

条 文

《中华人民共和国民法典》

第九百四十九条 物业服务合同终止的，原物业服务人应当在约定期限或者合理期限内退出物业服务区域，将物业服务用房、相关设施、物业服务所必需的相关资料等交还给业主委员会、决定自行管理的业主或者其指定的人，配合新物业服务人做好交接工作，并如实告知物业的使用和管理状况。

原物业服务人违反前款规定的，不得请求业主支付物业服务合同终止后的物业费；造成业主损失的，应当赔偿损失。

第九百五十条 物业服务合同终止后，在业主或者业主大会选聘的新物业服务人或者决定自行管理的业主接管之前，原物业服务人应当继续处理物业服务事项，并可以请求业主支付该期间的物业费。

（十一）中介合同、合伙合同

118. 绕过中介人直接和房主签约，能省下中介费吗？

案 例

小唐来到了一个新的城市，准备开始自己新的职业生涯。到新的城市第一个难题就是要找到住处。通过甲中介公司的介绍，小唐找到了一处各方面都令他很满意的房屋，并结识了房主陈大爷。为了节省开支，省下中介费，小唐在未通知中介公司的情况下，和陈大爷直接签订了租房合同。那么，小唐一定能省下中介费吗？

解 析

根据《民法典》第965条的规定，如果是凭借中介人得到的交易机会，那么即便绕过中介人和房主直接签订租房合同，也应当向中介支付中介费用。中介人获取信息、为委托人提供服务，都需要消耗成本，如果委托人利用中介人获取信息却绕过中介人交易，对于中介人实属不公。因此，法律如此规定以保护中介人。

在上面的案例中，小唐和陈大爷虽然绕过甲中介公司签订了合同，但仍然需要向甲中介公司支付中介费，拒不支付的，甲中介公司可以拿起法律武器来维护自己的权益。

条　文

《中华人民共和国民法典》

第九百六十五条　委托人在接受中介人的服务后，利用中介人提供的交易机会或者媒介服务，绕开中介人直接订立合同的，应当向中介人支付报酬。

119. 合伙企业马上就要解散了，合伙人可以分割财产吗？

案　例

王某和任某为设立某物流公司曾签订了《企业合伙协议》，协议约定：合伙企业注册资本为20万元，其中王某出资12万元，任某出资8万元；经营期限为5年；合伙人对合伙事务的执行享有同等权利，王某为合伙事务执行人；经两位合伙人协商或者出现法定事由，合伙企业可以解散。近日，两位合伙人因另寻其他投资项目而决定提前解散合伙企业。请问，此时王某和任某可以分割合伙财产吗？

解　析

为了规范合伙企业的行为，保护合伙人的合法权益和社会公共利益，法律对合伙企业的设立、存续和解散等事宜都作出了明确规定。当合伙企业要解散时，合伙企业的财产处理是一个比较棘手的问题。对此，《民法典》第969条第2款规定，合伙合同终止前，合伙人不得请求分割合伙财产。这项规定增强了合伙企业财产的稳定性，同时规避了合伙人借合伙企业解散之名携款出走损害债权人权益的风险。这项规定是《民法典》公平原则和诚实信用原则的体现，有利于维护稳定的市场秩序。

在上面的案例中，王某和任某是合伙企业的合伙人，两人经协商决定解散合伙企业，但此时合伙合同尚未终止。因此，依照法律规定，王某和任某此时还不可以请求分割财产，他们必须等合伙事务处理完毕，合伙合同终止后才可分割合伙财产。

条　文

《中华人民共和国民法典》

第九百六十九条　合伙人的出资、因合伙事务依法取得的收益和其他财产，属于合伙财产。

合伙合同终止前，合伙人不得请求分割合伙财产。

120. 合伙事务执行人依据合同要求合伙企业支付报酬合理吗？

案　例

王某和李某即将大学毕业，二人打算以自主创业的方式解决就业问题。二人经过商议后，最终选择从事服装设计和加工并成立了工作室。二人签订了一份《企业合伙协议》，在协议中约定由王某担任合伙事务执行人，合伙企业需要按月向王某支付报酬。协议中还约定王某的报酬从工作室盈利中支付。后来，李某听自己的朋友任某说，他也和别人合伙开了公司并且担任合伙事务执行人，但没有拿合伙企业的工资。李某听完后觉得自己吃亏了，他认为王某执行合伙事务的本质是自己给自己打工，工作室不应为其支付报酬。于是，李某提出从下月起不再支付王某报酬。请问，身为合伙事务执行人的王某有权请求合伙企业继续支付报酬吗？

解 析

合伙企业的有序运行要依靠合伙人之间的相互信任与配合，合伙人之间享有同等权利，承担同等责任。合伙人在合伙企业中财产共有、利益共享、责任共担。合伙事务执行人实际上承担了合伙企业的大量工作，但这些工作的背后承载的是合伙人的个人利益。因此，《民法典》第971条规定，合伙人不得因执行合伙事务而请求支付报酬。但这种规定并非没有例外，该条款中的但书表明合伙人可以依据合同约定向合伙事务执行人支付报酬。但书的规定充分尊重了合伙人的意思自治，为合伙企业提供了自治空间。

在上面的案例中，王某是合伙企业的合伙人兼合伙事务执行人，王某和李某是合伙企业仅有的两位合伙人，二人经协商后一致决定要给予王某报酬，此约定符合《民法典》的有关规定。因此，合伙事务执行人王某有权依据《企业合伙协议》请求合伙企业支付报酬，此举具有合法性与合理性。

条 文

《中华人民共和国民法典》

第九百七十一条 合伙人不得因执行合伙事务而请求支付报酬，但是合伙合同另有约定的除外。

121. 合伙合同中没有约定利润分配方案的，该如何分配？

案 例

小张、小陆、小赵三人是从小一起长大的朋友，情谊十分深厚。大学毕业后，三人经过对市场的考察，决定一起开一家合伙企业，经营金属配件。为成立该企业，三人共出资100万元，其中小张为30万元、小陆为30万元、小赵为40万元，但在合伙合同中三人并没有约定利润分配和亏损分担方式，只说大家有福同享有难同当。该企业由小赵负责对外接洽业务，签订合同，小张和小陆则负责企业的日常事务管理。年底时，小赵提议对企业利润进行分配，并主张自己出资最多，且整天在外跑业务，拉客户，工作量最大最辛苦，因此要多分一点。而小张和小陆则主张，三人曾经说过要和企业同进退，因此利润应该平分。那么，在合伙合同中没有约定利润分配方案时，对合伙企业的利润该如何进行分配呢？

解 析

对于合伙企业的利润，《民法典》

第972条规定，依据意思自治原则，合伙利润应按照合伙合同的约定分配，没有约定或者约定不明确的，则先由合伙人协商；协商不成的，按照合伙人实缴出资比例分配；无法确定出资比例的，则由合伙人平均分配。也就是说，合伙利润的分配优先按照合伙约定，无约定且无法协商确定的，则按照各自的出资比例分配，只有当这两种方式都无法确定时，才根据公平原则平均分配。

在上面的案例中，小张、小陆、小赵在合伙企业成立时，未对合伙企业的利润分配和亏损分担作出约定。因此，根据上述规定，在小张、小陆、小赵三人对合伙企业利润分配方式产生争议时，首先由三人进行协商，协商不成的，按照实缴出资比例进行分配。由于三人的实缴出资为小张30万元、小陆30万元、小赵40万元，因此，相应的利润分配比例即为3∶3∶4。

条　文

《中华人民共和国民法典》

第九百七十二条　合伙的利润分配和亏损分担，按照合伙合同的约定办理；合伙合同没有约定或者约定不明确的，由合伙人协商决定；协商不成的，由合伙人按照实缴出资比例分配、分担；无法确定出资比例的，由合伙人平均分配、分担。

122. 合伙人的债权人有权代合伙人请求合伙企业分配利润吗？

案　例

赵某和韩某合伙成立了一家物业服务公司并签订了《企业合伙协议》。二人在协议中约定赵某出资30万元，韩某出资50万元，同时约定合伙企业的盈利所得由二人按照出资比例进行分配。韩某此前曾向贺某借款3万元，借款期满后，韩某没有还款并表示自己目前没有余钱。贺某得知韩某和赵某合伙开了公司，便想从合伙企业的盈利所得中拿回韩某向自己借的钱。请问，贺某有权代韩某请求从物业服务公司分配利润吗？

解　析

民间有句俗语叫“欠债还钱，天经地义”，在法律中可以体现为公平原则。债权人天然地享有请求债务人偿还到期债务的权利，合伙人的债权人自然也不例外。在普通合伙中，合伙人对合伙企业承担无限连带责任，合伙人的个人财产与合伙企业财产、其他合伙人的财产在很大程度上捆绑在了一起。因此，为了平衡合伙人的债权人和其他合伙人之间的利益，《民法典》第975条规定，合伙人的债权人可以代合伙人行使利益分配请求权，但是不得代为行使合伙人的其他权利。这项规定既保护了债权人的债权请求权，同时又防止了债权人对合伙企业的正常经营活动作出过多干预而影响到合伙企业和其他合伙人的利益。

在上面的案例中，赵某和韩某是某物业服务公司的合伙人，贺某是合伙人韩某的债权人。韩某到期不能偿还借款，贺某享有代韩某行使利润分配请求权的权利。

条 文

《中华人民共和国民法典》

第九百七十五条 合伙人的债权人不得代位行使合伙人依照本章规定和合伙合同享有的权利，但是合伙人享有的利益分配请求权除外。

123. 对于不定期合伙合同，合伙人可以随时解除吗?

案 例

姜某家有一块地，为了这块地充分利用起来，他找到同村的杨某，商量着一起合伙经营农场。两人在合伙合同中约定，合伙期限为3年，二人共同执行合伙事务，利润分配和亏损分担按照实缴出资比例进行。由于二人对农场经营尽心尽力，农场经济效越来越好。3年后，合伙合同期限届满，二人未签订新的合伙合同，但都继续照常经营农场的各项事务。2021年1月，杨某突然告诉姜某，自己要去国外和儿子一起居住，不能和姜某继续经营农场了，要求立刻解除合伙合同，并告诉姜某其儿子会在一个月后回国来接他。姜某对此感到很遗憾，但又无可奈何。那么，对于不定期合伙合同，合伙人可以随时解除吗?

解 析

根据《民法典》第976条第2款的规定，合伙期限届满后，合伙人继续执行合伙事务，其他合伙人没有提出异议的，原合伙合同继续有效，但是视为不定期合伙合同。

在上面的案例中，姜某和杨某在合伙合同中约定的合伙期限是3年，3年届满后，二人继续执行合伙事务，因此，二人签订的原合伙合同继续有效，但合伙期限为不定期。《民法典》第976条第3款规定，对于不定期合伙合同，合伙人可以随时解除，但应当在合理期限之前通知其他合伙人。根据该条规定可知，杨某可以随时解除合伙合同，但他应该在合理期限前通知姜某，而不能直接要求姜某立刻解除合同。

条 文

《中华人民共和国民法典》

第五百一十条 合同生效后，当事人就质量、价款或者报酬、履行地点等内容没有约定或者约定不明确的，可以协议补充；不能达成补充协议的，按照合同相关条款或者交易习惯确定。

第九百七十六条 合伙人对合伙期限没有约定或者约定不明确，依据本法第五百一十条的规定仍不能确定的，视为不定期合伙。

合伙期限届满，合伙人继续执行合伙事务，其他合伙人没有提出异议的，原合伙合同继续有效，但是合伙期限为不定期。

合伙人可以随时解除不定期合伙合同，但是应当在合理期限之前通知其他合伙人。

124. 合伙人死亡后，合伙合同就终止了吗？

案 例

刘某从事建筑材料运输工作已经五年多了，存有一点积蓄，经过一番考虑之后，决定和好朋友赵某合伙买一辆货车跑业务。二人签订了合伙合同，合同中对合伙期限、合伙事务的执行以及利润分配和亏损分担都作了明确约定。不久后，赵某的儿子因创业失败，欠了很大一笔债，赵某每天都心事重重。刘某劝赵某在家休息几天，但赵某一心想着多挣些钱替儿子还债。某天晚上，赵某由于太过疲劳，在跑业务途中，不幸出车祸死亡。事故发生后，赵某的妻子找到刘某，主张合伙合同终止，并要求刘某对合伙财产进行清算，分配合伙财产。那么，合伙人死亡后，合伙合同就终止了吗？

解 析

根据《民法典》第977条的规定，除合伙合同另有约定或者根据合伙事务的性质不宜终止的外，合伙人死亡、丧失民事行为能力或者终止的，合伙合同终止。也就是说，合伙合同具有人合性质，双方达成合伙协议，是基于对彼此的信任，当合伙人死亡或者失去民事行为能力时，合伙合同一般就告终止了。

在上面的案例中，合伙人赵某由于车祸死亡，无法再继续参与合伙事务的执行和管理，为了其他合伙人的利益，根据上述规定，合伙合同应当终止。但是，在合伙合同终止后，根据《民法典》第978条的规定，需要对合伙财产进行清算。因此，赵某妻子的主张合法有据，刘某需要对合伙财产进行清算，如果扣除相关费用、偿还债务后还有剩余的，需要按照合伙合同约定的利润分配方式对剩余财产进行处理。

条 文

《中华人民共和国民法典》

第九百七十二条 合伙的利润分配和亏损分担，按照合伙合同的约定办理；合伙合同没有约定或者约定不明确的，由合伙人协商决定；协商不成的，由合伙人按照实缴出资比例分配、分担；无法确定出资比例的，由合伙人平均分配、分担。

第九百七十七条 合伙人死亡、丧失民事行为能力或者终止的，合伙合同终止；但是，合伙合同另有约定或者根据合伙事务的性质不宜终止的除外。

第九百七十八条 合伙合同终止后，合伙财产在支付因终止而产生的费用以及清偿合伙债务后有剩余的，依据本法第九百七十二条的规定进行分配。

（十二）准合同

125. 帮邻居抢收晾晒的粮食，遭受损失的，可以要求邻居赔偿吗？

案 例

王某家住华北地区某农村，世代务农。由于其乐于助人，在村子里的口碑一直很好。秋收时节，正值村子里集体玉米收割，邻居方某因带家里老人去北京看病，所以无暇顾及农事。种地需要严格按照时令，否则一来错过集体机器收割，后续人工收割费用更高；二来错过最佳播种时期，耽误冬天的小麦生长。于是，王某本着为同村村民造福，积德行善的原则帮邻居方某抢收粮食。不料，在王某从方某地里往家里运输玉米的过程中，车子不小心翻倒，虽无人员伤亡，但维修车子花了两千元。王某想向邻居方某寻求赔偿。那么，王某能否获得赔偿呢？

解 析

在现实生活中，有的当事人本着助人为乐的原则，在没有受到他人委托，也没有法定义务的前提下，主动为他人做事情以避免他人利益受损，此为无因管理。但在帮助他人的过程中，自己的利益遭受损失，由此产生的纠纷应如何解决呢？对于此种情形，《民法典》第979条规定，如果管理人没有法定的或者约定的义务，为避免他人利益受损失而管理他人事务的，则管理人可以请求受益人偿还因管理事务而支出的必要费用；管理人因管理事务受到损失的，可以请求受益人给予适当补偿。

在上面的案例中，王某作为管理人避免了邻居方某的利益受损，这种管理行为并非基于法律的规定或是方某的委托，因此，方某是本案中无因管理的受益人。王某如果想要方某赔偿维修费用，即管理行为造成的损失，方某是具有赔偿义务的。

条 文

《中华人民共和国民法典》

第九百七十九条 管理人没有法定的或者约定的义务，为避免他人利益受损失而管理他人事务的，可以请求受益人偿还因管理事务而支出的必要费用；管理人因管理事务受到损失的，可以请求受益人给予适当补偿。

管理事务不符合受益人真实意思的，管理人不享有前款规定的权利；但是，受益人的真实意思违反法律或者违背公序良俗的除外。

126. 无因管理的管理人是否可以随意中断管理？

案 例

小齐在菜市场门口摆摊卖苹果，老向在小齐隔壁卖西瓜。一天下午，小齐突然接到医院打来的电话，称其父亲老齐出车祸了，让小齐立马去医院一趟。

小齐匆忙之中留下一车的苹果没有管，径直奔向了医院。老向在旁边隐约听到了一些电话内容，对小齐的难处有了一些了解，便在小齐走后替小齐看摊。一天下来，老向帮小齐卖了大半车的苹果。到了收摊的时候，小齐车中的苹果所剩不多，老向赶着回家，便将车和剩下的苹果放在原地没有再管。第二天，小齐处理好事情回来，发现连苹果带车都不见了。那么，无因管理的管理人是否可以随意中断管理？

解 析

根据《民法典》第981条的规定，无因管理的管理人在管理他人事务时，应当为受益人的利益着想，在无正当理由的情况下，不得随意中断自己的管理行为。

在上面的案例中，老向在小齐扔下摊子走后，主动帮小齐看起了摊，那么就应当继续负责到底，在自己收摊时，应当想办法将小齐的车和剩下的苹果看管起来，这样的管理行为才对受益人（也就是小齐）有利。老向至少应当想办法和小齐联系取得小齐的指示，而不能因为自己要收摊了，就将小齐的东西置之不理，在无正当理由的情况下，随意中断管理行为，造成小齐的损失。

条 文

《中华人民共和国民法典》

第九百八十一条 管理人管理他人事务，应当采取有利于受益人的方法。中断管理对受益人不利的，无正当理由不得中断。

127. 无因管理人通知受益人后，对方没有及时回信，管理人应当“管理”吗？

案 例

老王和老李在菜市场相邻的摊位上做生意，老王平时卖各种新鲜蔬菜，老李平时卖面食类商品。有一次，老王因老家有事没在摊位上，由员工小沈负责看摊。小沈看摊时，摊位上有一个灯坏了，小沈认为只坏了一个灯影响不大，便想着等老王回来由他自己解决。老李看到了，想着正好最近自己的店也要采买一些杂物，便欲帮老王解决这件事，于是给老王发了一条短信说灯坏了的事，并表示自己愿意先帮老王处理。老王由于事忙没有及时回复，回来后才发现老李已经给他换上了新的灯。那么，无因管理人通知受益人后，对方没有及时回信，管理人应当“管理”吗？

解 析

根据《民法典》第982条的规定，如果没有法定或约定的事由，管理他人事务的，在能够通知他人的情况下，应当及时通知他人，如果该事务没有紧急到需要立马处理的，则需要等待受益人的指示，不能擅自处理。

在上面的案例中，老王的店里坏了一个灯，不属于需要紧急处理的事件，老李在通知老王后，应当等待老王的指示，这是作为无因管理人应当履行的义务，老李不应擅自处理他人的事务。

条 文

《中华人民共和国民法典》

第九百八十二条 管理人管理他人事务，能够通知受益人的，应当及时通知受益人。管理的事务不需要紧急处理的，应当等待受益人的指示。

128. 因无因管理所得的财产是否应当及时交给受益人？

案 例

老薛承包了村里的一片鱼塘，正值出鱼的旺季，老薛突发疾病晕倒，好友老向将其送去医院后，诊断结果显示老薛需要住院治疗，因此老薛暂时无力照管鱼塘。老向想着老薛还有这么多单生意没做，错过旺季怕是要承担一大笔损失，便在老薛出院前，主动帮老薛向商家们出货，并收下了一大笔货款。正当老薛在医院静养、无暇顾及自家鱼塘时，老向家里又出了点事急需要用钱。老向想着老薛卖鱼的货款可以之后再给他，便拿着这笔钱先垫用在了自家的急事上。那么，因无因管理所得的财产是否应当及时交给受益人？

解 析

根据《民法典》第983条的规定，无因管理的管理人应当在管理结束后向受益人报告相关情况，并将所得财产及时转交。“无因管理”在一定程度上是道德高尚的体现，如果管理人霸占财产不转交，与无因管理的初衷相悖。

在上面的案例中，老向在帮助老薛卖鱼后，应当将自己卖鱼的情况和老薛随时进行沟通、报告，并且应当及时将货款转交给老薛。老向可以在将卖鱼的货款转交给老薛后，向老薛请求相应的、必要的支出费用和补偿，而不能拖延转交货款，甚至拿来垫付在自己的事情上。

条 文

《中华人民共和国民法典》

第九百八十三条 管理结束后，管理人应当向受益人报告管理事务的情况。管理人管理事务取得的财产，应当及时转交给受益人。

129. 债务人错把钱打给了其他债权人，该债权人应当返还吗？

案 例

小张因为要买房结婚，分别向朋友小李和小刘借了10万元付首付，小张和小李约定一年后还款，和小刘约定两年后还款。很快，一年过去了，小张将10万元借款的本金和利息打到了小刘的卡上，直到小李打电话向小张催还款时，小张才发现这个错误。但是，小张现在手里没有多余的钱还给小李。小张想知道，对于这样的情形，小刘应该将收到的钱还给自己吗？

解 析

在上面的案例中，小刘不必将钱返

还给小张。根据《民法典》第985条的规定，不当得利，是指没有法律依据，使得他人受损而自己获利的民事法律行为。在一般情况下，受损害的人有权请求得利人返还已经取得的利益。但是，在下列情形中，得利人可以不予返还：（1）为履行道德义务进行的给付；（2）债务到期之前的清偿；（3）明知无给付义务而进行的债务清偿；（4）得利人不知道且不应当知道取得的利益没有法律根据，取得的利益已经不存在的。

在上面的案例中，小张本身就欠小刘的钱，小张错误地将应当返还给小李的钱支付给了小刘，属于在债务到期之前清偿债务，属于不当得利的例外情形，小刘是可以不将钱返还给小张的。

条　文

《中华人民共和国民法典》

第九百八十五条　得利人没有法律根据取得不当利益的，受损失的人可以请求得利人返还取得的利益，但是有下列情形之一的除外：

（一）为履行道德义务进行的给付；

（二）债务到期之前的清偿；

（三）明知无给付义务而进行的债务清偿。

第九百八十六条　得利人不知道且不应当知道取得的利益没有法律根据，取得的利益已经不存在的，不承担返还该利益的义务。

130. 在什么情况下受损失的人可以要求不当得利人既返还所得又赔偿损失？

案　例

小张在某银行进行转账操作时，错误地将3万元转到了素不相识的小李的银行卡账户内。当天，小张就发现自己转错了人。经过一番周折后，小张找到了小李的电话号码，并打电话和小李说明了具体的情况，请求小李将这3万元还回来。小李听说了这一情况后，马上挂掉了电话，后来，小张多次拨打小李的电话，都提示对方已经关机。无奈之下，小张将小李诉至法院，要求小李返还3万元，并承担这期间的资金占用损失。那么，小张的诉求有法律依据吗？

解　析

一般情形下，不当得利人只需要返还受损失之人所得的利益即可，不存在损失赔偿的问题。但是，如果得利人明确地知道或应当知道自己所得的利益没有法律根据仍拒绝返还的，根据《民法典》第987条的规定，受损失的人可以要求得利人返还利益，并赔偿损失。

具体到上面的案例中，小李在接到小张的电话后，已经明确地知道自己账户上多出的3万元应当属于小张，这属于不当得利，但是小李拒不归还，因此应当承担相应的损失赔偿责任。小张有权向法院起诉，要求小李返还3万元，还可以要求小李支付此期间的利息。

这个案例告诫我们，应当诚信为人，不当得利应当及时返还，否则不仅要返还得利，还要赔偿损失，真的是得不偿失。

条 文

《中华人民共和国民法典》

第九百八十七条 得利人知道或者应当知道取得的利益没有法律根据的，受损失的人可以请求得利人返还其取得的利益并依法赔偿损失。

131. 不当得利被无偿转送给第三人的，还可以追回吗？

案 例

小李以牧羊为生。某天，他发现自己的羊群中多了一只羊。小李明知道这羊不是自己的，但为了肥水不流外人田，也为了防止失主找上门来，他灵机一动，将这只羊赠送给了自己在外村的表哥。两个月后，失主在小李表哥那里看到了这只羊，知道了这是小李所送。那么，当丢失的羊已经被无偿转送给第三人时，失主还可以追回来吗？

解 析

案例中的失主是可以要求小李的表哥返还这只羊的。小李捡到这只羊，没有合法的根据，虽属于既成事实，但不受法律保护，属于不当得利，应当返还给失主。根据《民法典》第988条的规定，不当得利之人将利益无偿转让给第三人的，受损失之人仍然可以请求第三人返还利益。请注意，这里的“无偿转让”是关键所在。具体到本案中，小李是不当得利人，其无偿地将捡到的这只羊送给了自己的表哥。根据法律的规定，失主作为受损失的人，有权请求第三人，也就是小李的表哥返还这只羊。

条 文

《中华人民共和国民法典》

第九百八十八条 得利人已经将取得的利益无偿转让给第三人的，受损失的人可以请求第三人在相应范围内承担返还义务。

四、人格权

（一）一般规定

132. 人格权一般包含哪些内容，民事主体可以放弃自己的某项人格权吗？

案例

丽丽和云云是同班同学，也是住在同一个小区的好朋友，两人经常在一起讨论问题。最近，学校组织大家参加了一个普法讲座，两个小姐妹在讲座上学习了一些关于人格权的知识。讲座结束后，丽丽回到家就开始向小区内的大爷大妈们普及法律知识，她说："《民法典》中规定了人格权，姓名权就是人格权的一种，他人不得随意侵害，但是自己放弃的除外。"云云听到了，觉得丽丽的观点不正确，她认为人格权不得放弃。那么，丽丽和云云谁的观点正确呢？人格权一般包含哪些内容？民事主体可以放弃自己的某项人格权吗？

解析

人格权，是指民事主体固有的，并且由法律直接赋予的各项人身权利。人格权是民事主体的一项基本权利，任何组织或个人都不得侵害。《民法典》第990条规定了人格权的内容，即人格权包括民事主体享有的生命权、身体权、健康权、姓名权、名称权、肖像权、名誉权、荣誉权、隐私权等权利。除此之外，自然人享有基于人身自由、人格尊严产生的其他人格权益。此外，《民法典》第991条和第992条也明确规定，民事主体的人格权受法律保护，任何组织或者个人不得侵害。人格权不得放弃、转让或者继承。据此可知，人格权具有专属性，权利人不能随意放弃人格权。

在本案例中，丽丽对大爷大妈们说的姓名权是人格权的一种，他人不得随意侵害是正确的，但是她后来又说道"自己放弃的除外"，这个观点是错误的。虽然人格权是民事主体的权利，但是人格权不能放弃、转让或继承。

条文

《中华人民共和国民法典》

第九百九十条 人格权是民事主体享有的生命权、身体权、健康权、姓名权、名称权、肖像权、名誉权、荣誉权、隐私权等权利。

除前款规定的人格权外，自然人享

有基于人身自由、人格尊严产生的其他人格权益。

第九百九十一条 民事主体的人格权受法律保护，任何组织或者个人不得侵害。

第九百九十二条 人格权不得放弃、转让或者继承。

133. 死者的人格权应由谁来维护？

案例

田某与刘某系夫妻。田某是当地一名颇有名气的音乐艺术家，创作了很多好听的歌曲。2021 年 1 月，田某患上癌症，两个月后由于癌细胞转移不幸逝世。田某病逝后，作家孔某在其写的一本书中将田某刻画成一个无恶不作、欺世盗名的民间艺人，更夸张的是书中还写到田某是因为私生活混乱而得了性病，在治疗时因打错了针而死亡。某出版社未经审查将此书出版，田某的妻子刘某知情后，曾两次要求出版社停止发行此书，均遭到了拒绝。孔某的书出版后，街坊邻居都取笑去世的田某，对田某的名誉造成了极其恶劣的影响。刘某向法院起诉，要求孔某与某出版社停止侵害、消除影响，并请求精神损害赔偿。那么，田某的人格权应由谁来维护？

解析

《民法典》第 994 条对死者的人格权保护问题进行了规定，死者的姓名、肖像、名誉、荣誉、隐私、遗体等受到侵害的，其配偶、子女、父母有权依法请求行为人承担民事责任；如果死者没有配偶、子女且父母已经死亡的，其他近亲属可以请求侵权人承担民事责任。

本案例中，孔某撰写的书系以特定人物描写为对象的文学作品，其以歪曲、丑化的方式对死者田某进行了侮辱和诋毁。某出版社在田某妻子刘某两次要求停止发行此书时未予理睬，仍继续发行，与作者孔某构成共同侵权。根据上述法律规定，田某的妻子刘某有权请求孔某与某出版社承担民事责任。

条文

《中华人民共和国民法典》

第九百九十四条 死者的姓名、肖像、名誉、荣誉、隐私、遗体等受到侵害的，其配偶、子女、父母有权依法请求行为人承担民事责任；死者没有配偶、子女且父母已经死亡的，其他近亲属有权依法请求行为人承担民事责任。

134. 人格权受到侵害的，请求停止侵害、赔礼道歉等权利受诉讼时效限制吗？

案例

樊某于 2016 年 5 月被派往中国驻非洲某建筑公司工作。在樊某刚刚离家到国外工作期间，和其素有矛盾的付某趁机捏造事实，多次在街道、村口等地张贴诬蔑、谩骂樊某的告示总计数百份，恶意贬损樊某的人格，给樊某的声誉造成了很大的损害。因樊某在村内无亲无故，其他乡邻也不愿意招惹付某，因此多年以来无人给樊某传递消息，樊某直到2021年3月回国后才得知付某曾在2016年有上述侵害行为。欲起诉付某，但事隔多年，樊某担心已经过了诉讼时效。那么，人格权受到侵害的，请求停止侵害、赔礼道歉等权力受诉令时效限制吗？

解 析

在上面的案例中，付某恶意贬损樊某的人格，给樊某的声誉造成损害，侵犯了樊某的人格权。樊某有权通过诉讼依法维权，要求付某承担相应的民事责任，但是，事时隔多年，樊某是否丧失了起诉维权的良机呢？

根据《民法典》第995条的规定，因人格权受到损害，受害人的停止侵害、排除妨碍、消除危险、消除影响、恢复名誉、赔礼道歉请求权，不适用诉讼时效的规定。在实际生活中，对人格的侵害往往是持续状态，因而无法正确地判断诉讼时效的起算点，因此法律规定人格权请求权不适用诉讼时效的规定。也就是说，樊某要求付某承担上述民事责任不受诉讼时效的限制。但是，如果樊某还要求付某进行侵权损害赔偿的话，是否就要受到诉讼时效的限制了呢？根据《民法典》第188条的规定，向人民法院请求保护民事权利的诉讼时效期间为三年。诉讼时效期间自权利人知道或者应当知道权利受到损害以及义务人之日起计算。樊某的人格权被付某损害的事实虽然已经过了五年之久，但是这五年间樊某人在国外，对自己的权利被侵犯之事无从知晓，因此其诉讼时效期间应从其归国后得知权利被侵犯时起算。因此，对于樊某来说，其无论是就人格权的请求权起诉，还是就损害赔偿起诉，都是可以的。

需要注意的是，如果樊某一开始就知道了自己权利受到侵犯，因身在国外迟迟没有起诉，在其归国后，其就损害赔偿的诉权请求权因三年诉讼时效的过期而“过期”，而就人格权的停止侵害、消除影响、恢复名誉、赔礼道歉等请求权不受诉讼时效的限制，会得到法院的支持。

条 文

《中华人民共和国民法典》

第一百八十八条 向人民法院请求保护民事权利的诉讼时效期间为三年。法律另有规定的，依照其规定。

诉讼时效期间自权利人知道或者应当知道权利受到损害以及义务人之日起计算。法律另有规定的，依照其规定。但是，自权利受到损害之日起超过二十年的，人民法院不予保护，有特殊情况的，人民法院可以根据权利人的申请决定延长。

第九百九十条 人格权是民事主体享有的生命权、身体权、健康权、姓名权、名称权、肖像权、名誉权、荣誉权、隐私权等权利。

第九百九十五条 人格权受到侵害的，受害人有权依照本法和其他法律的规定请求行为人承担民事责任。受害人的停止侵害、排除妨碍、消除危险、消除影响、恢复名誉、赔礼道歉请求权，不适用诉讼时效的规定。

135. 因违约损害他人人格权的，违约方需要承担精神损害赔偿吗？

案 例

顾同学因准备考研而打算在学校附近租住单间备考。他与房东林先生签订了房屋租赁合同，其中顾同学为乙方，林先生为甲方。合同主要内容有：（1）租赁期为6个月；（2）甲方应为乙方提供适宜生活与学习的居住条件；（3）若甲、乙双方未尽到合同约定的义务，有权向对方主张违约损害赔偿。顾同学入住所租房屋后不久，卫生间的水龙头开始不间断地漏水。顾同学多次要求林先生处理该事，但林先生态度恶劣且多次在房客群散播关于顾同学的谣言，并对其进行语言攻击，给顾同学造成了极大的心理伤害。顾同学后来被诊断为重度抑郁症，且因此放弃了考研。待合同期满，双方仍未达成和解，顾同学的家长欲起诉林先生。那么，林先生除了要承担违约责任之外，还需承担精神损害赔偿吗？

解 析

《民法典》第996条明确规定："因当事人一方的违约行为，损害对方人格权并造成严重精神损害，受损害方选择请求其承担违约责任的，不影响受损害方请求精神损害赔偿。"也就是说，发生违约行为后，违约一方同时侵害对方人格权的，可能需要承担精神损害赔偿责任，但应注意，违约方承担精神损害赔偿需要满足两个条件：一是损害对方人格权并造成严重精神损害；二是受损害方请求精神损害赔偿。如果精神损害不严重，或者受损害方没有提出精神损害赔偿，则违约方不必赔偿。

在上面的案例中，林先生并未按照合同约定向顾同学提供适宜的生活和学习环境，存在违约行为，同时，其散播顾同学的谣言并恶语相向，侵犯了顾同学的名誉权。名誉权属于人格权的一种。顾同学因名誉权受损而患上了重度抑郁症，属于受到"严重精神损害"。综合这些情形及法律规定可以得出，顾同学的家长可以代表顾同学通过法律来维权，林先生需要承担违约责任和精神损害赔偿责任。

条 文

《中华人民共和国民法典》

第九百九十条 人格权是民事主体享有的生命权、身体权、健康权、姓名权、名称权、肖像权、名誉权、荣誉权、隐私权等权利。

除前款规定的人格权外，自然人享有基于人身自由、人格尊严产生的其他人格权益。

第九百九十六条 因当事人一方的违约行为，损害对方人格权并造成严重精神损害，受损害方选择请求其承担违约责任的，不影响受损害方请求精神损害赔偿。

136. 姓名权被侵害而自己无力阻止时，怎么办？

案 例

小陈酷爱写散文，曾以“丝洱”为笔名在某杂志上刊登过美文，颇受读者喜爱，并成为该杂志的一名签约专栏作家。该杂志社在其官网公布了小陈以“丝洱”为笔名的作家信息。2020 年 11 月，小陈摔伤住院，就此停笔。然而，2021 年春节期间，大李以“丝洱大作”为噱头，在较有影响的微信群预告丝洱会在元宵节向广大读者倾情献上自己的呕心之作。经朋友告知此事后，小陈与大李就发文事实进行沟通，要求大李撤文并停止侵权，但大李只接收消息却不回复，并在多个微信公众号继续刊载类似的“热场”信息。那么，当小陈的姓名权受侵害且自己无力阻止时，他是否可以向法院申请责令侵权人停止不法行为呢？

解 析

《民法典》第 997 条对“人格权保护禁令”作出了明确规定，即民事主体有证据证明行为人正在实施或者即将实施侵害其人格权的违法行为，不及时制止将使其合法权益受到难以弥补的损害的，有权依法向人民法院申请采取责令行为人停止有关行为的措施。但需注意的是，被侵权人向法院提出人格权保护令申请前，要掌握侵权人正在实施或者将要实施侵害其人格权的违法行为的证据，并以此为依据向法院申请禁令。

姓名权是人格权的一种，根据《民法典》第 1017 条的规定，具有一定社会知名度的笔名和人的真名一样，也受到法律的保护。在上面的案例中，大李未经小陈的同意便以“丝洱”这一被大众接受的笔名进行所谓的宣传活动，侵犯了小陈的姓名权。其后，小陈要求大李停止侵权行为，但大李置之不理，变本加厉。因此，小陈可以通过杂志官网证明自己的专栏作家身份，并持微信群和公众号上自己的人格权被侵害的截图原件向法院申请责令大李停止侵犯其姓名权的禁令，以维护自己的权利。

条 文

《中华人民共和国民法典》

第九百九十七条 民事主体有证据证明行为人正在实施或者即将实施侵害其人格权的违法行为，不及时制止将使其合法权益受到难以弥补的损害的，有权依法向人民法院申请采取责令行为人停止有关行为的措施。

第一千零一十七条 具有一定社会知名度，被他人使用足以造成公众混淆的笔名、艺名、网名、译名、字号、姓名和名称的简称等，参照适用姓名权和名称权保护的有关规定。

137. 侵犯他人人格权后拒绝道歉，难道就对侵权人束手无策了吗?

案例

某微信公众号上发布的一篇有关女性整容的文章在微信朋友圈获得大量转发，引发了热烈讨论。为了直观地传达整容效果，文中插入了多张面容姣好的女性照片，其中一张为希希的自拍，但并未经过希希同意。虽然该公众号有意做了部分的马赛克处理，但是希希的形象仍被熟悉的亲友辨认了出来，由此给希希带来许多不必要的困扰。为此，希希多次联系该公众号的人员要求其删除相关照片，澄清事实，并且公开赔礼道歉。但是该公众号认为文章中的图片都是经过马赛克处理的，不存在侵犯希希权益的情况。无奈之下，希希只好将该公众号告上法庭，最终法庭判决希希胜诉，要求该公众号立即删除相关文章，并进行赔礼道歉。判决生效后，该公众号及时删除了该篇文章，但是迟迟没有向希希道歉。那么希希有什么办法可以维护自己的名誉权呢?

解析

俗语有云："造谣一张嘴，辟谣跑断腿。"在现实生活中，辟谣者的辟谣行为往往难以直接消除他人的质疑，有时还可能被他人冠以心虚掩饰的嫌疑。所以，在该类损害他人人格权的案件中不仅需要辟谣治标，更需要侵权者道歉认错治本。对此，《民法典》第1000条第1款规定侵权人不仅应当承担消除不良影响的责任，也需要承担恢复他人名誉、赔礼道歉等责任。同时，因为道歉行为具有一定的人身专属性质，为了防止部分侵权人消极履行义务、拒绝赔礼道歉，《民法典》第1000条第2款规定侵权人拒绝赔礼道歉、恢复他人名誉的，人民法院可以将案件事实以及生效裁判文书等在报刊和网络上发布公开，由此产生的费用由侵权人承担。通过这样的规定，既能对侵权者承担责任进行规范性的指导，又能在侵权者拒绝赔礼道歉时给予被侵权者强制性保护。

在上面的案例中，某公众号未经希希的允许擅自使用希希的照片属于侵犯希希肖像权的行为。在法院的判决生效后，该公众号仍拒绝公开道歉，致使希希的人格权仍难以得到全面的维护。此时，法院可以将案件的事实以及生效的裁判文件在具有一定影响力的报纸或者网络媒体上公开发布，借由媒体的传播维护希希的相关人格权益。以此方法进行恢复名誉、赔礼道歉的费用由侵权的公众号承担。

条文

《中华人民共和国民法典》

第一千条 行为人因侵害人格权承担消除影响、恢复名誉、赔礼道歉等民事责任的，应当与行为的具体方式和造成的影响范围相当。

行为人拒不承担前款规定的民事责

任的，人民法院可以采取在报刊、网络等媒体上发布公告或者公布生效裁判文书等方式执行，产生的费用由行为人负担。

（二）生命权、身体权和健康权

138. 警察救人是法定义务吗？

案例

王某的妻子李某于2021年1月20日从家中走失。由于李某年事已高，且患有老年痴呆症，不记得回家的路以及家里人的联系方式，也不能进行正常的言语表达，王某一发现李某走失后当即向当地的派出所报案，请求公安部门协助寻找。公安部门通过公安系统的接警平台发布了寻找李某的信息，并且循环播放，希望有知情人士能够提供李某的去向。1月24日，派出所民警周某接到一位清洁工的报警，称看到李某躺在绿化带附近奄奄一息。周某出警后在绿化带周围并没有找到李某，便没有采取其他措施就回到了派出所。1月26日，民警周某又接到报警，称发现一具女尸。经鉴定，该女尸正是李某。王某及其家人为李某的去世感到悲痛万分，认为是派出所民警不作为。那么，警察救人是法定义务吗？

解析

根据《民法典》第1005条的规定，自然人的生命权、身体权、健康权受到侵害或者处于其他危难情形的，负有法定救助义务的组织或者个人应当及时施救。也就是说，负有法定救助义务的组织或者个人在自然人遇到生命危险，遭遇其他可能侵害身体权、健康权的情形，或者处于其他危难情形需要帮助时，应当及时施救。人民警察由于其职业的特殊性，具有法定的救助义务，属于《民法典》规定的“负有法定救助义务的组织或者个人”。

在上面的案例中，李某的丈夫王某发现李某走失后，立即报警，公安系统也立即发出了寻找公告。此时，民警周某在接到报警后，如果能认真履行法定救助义务就有可能避免悲剧的发生。对此，民警周某需要承担一定的民事责任和行政责任，如果确实属于玩忽职守的，其还将可能面临刑事追责。

条文

《中华人民共和国民法典》

第一千零五条　自然人的生命权、身体权、健康权受到侵害或者处于其他危难情形的，负有法定救助义务的组织或者个人应当及时施救。

《中华人民共和国人民警察法》

第二十一条　人民警察遇到公民人身、财产安全受到侵犯或者处于其他危难情形，应当立即救助；对公民提出解决纠纷的要求，应当给予帮助；对公民的报警案件，应当及时查处。

人民警察应当积极参加抢险救灾和社会公益工作。

139. 谁有权决定捐献器官？应采用什么样的方式？

案 例

小燕的父亲白某在回家的路上遭遇车祸，造成全身多处粉碎性骨折。由于伤势过重，经过医护工作人员3个多月的救治，仍然没有好转迹象。白某深知自己时日不多，于是订立了一份书面遗嘱，要求捐献自己的眼角膜、肝、肾、心脏等器官，以帮助其他有需要的人。刚开始时，白某的妻子孙某不同意白某捐献器官的决定，但最终还是决定尊重白某的选择。孙某认为将白某的器官移植给其他有需要的人，也算是丈夫在这个世界上陪伴他们的另一种方式。而小燕却坚决反对父亲捐献器官。那么，谁有权决定捐献器官？捐献器官应该采用什么样的方式呢？

解 析

根据《民法典》第1006条第1款和第2款的规定，完全民事行为能力人有权依法自主决定无偿捐献其人体细胞、人体组织、人体器官、遗体。此处的“完全民事行为能力人”包括18周岁以上可以独立实施民事法律行为的人、16周岁以上且以自己的劳动收入为主要生活来源的未成年人。此外，任何组织或者个人不得强迫、欺骗、利诱他人捐献器官。也就是说，实施捐献行为必须出于捐献者的自愿，其他任何人都无权干涉。同意捐献的，可以采用书面形式，也可以订立遗嘱。

在上面的案例中，白某是完全民事行为能力人，自愿捐献器官，而且订立了书面遗嘱。他的捐献行为有效，小燕的反对在情理上可以理解，但没有任何法律上的效力。

条 文

《中华人民共和国民法典》

第十八条 成年人为完全民事行为能力人，可以独立实施民事法律行为。

十六周岁以上的未成年人，以自己的劳动收入为主要生活来源的，视为完全民事行为能力人。

第一千零六条第一款 完全民事行为能力人有权依法自主决定无偿捐献其人体细胞、人体组织、人体器官、遗体。任何组织或者个人不得强迫、欺骗、利诱其捐献。

第二款 完全民事行为能力人依据前款规定同意捐献的，应当采用书面形式，也可以订立遗嘱。

140. 儿女可以决定捐献去世父母的器官吗？

案 例

辛某因脑卒中晕倒被送往医院抢救，经过医护人员的全力救治，辛某最终还是离开人世，留下他挚爱的儿女暗自神伤。或许是因为辛某年仅20岁的儿子大新在陪护父亲的这段时间里见了太多的生离死别，不想让别人再经历类似的痛苦，所以他决定捐献父亲的器官。大新年仅15岁的妹妹小新知道哥哥要捐献父亲的器官后有一点抵触，但最后还是支持了哥哥的决定。那么，儿女可以决定捐献去世父母的器官吗？

解 析

根据《民法典》第1006条第3款的规定，自然人生前未表示不同意捐献器官的，该自然人死亡后，其配偶、成年子女、父母可以书面形式共同决定捐献该自然人的器官。也就是说，自然人生前没有明确表示不同意捐献器官的，在他死亡之后，他的配偶、成年子女、父母在达成一致意见后，有权共同以书面形式决定捐献死者器官。如果自然人生前明确表示拒绝捐献器官的，在他死亡之后，任何人都没有权利违背死者意志，捐献死者的器官。

在上面的案例中，辛某的儿子大新已经成年，其可以采用书面方式决定捐献辛某的器官，而大新的妹妹小新尚未成年，因此无权决定是否捐献辛某的器官。如果大新决定捐献父亲的器官时，小新已经成年，并且拒绝捐献父亲的器官，此时，大新应该尊重小新的决定，不能擅自决定捐献父亲的器官。也就是说，如果死者的成年子女没有达成一致意见，死者的器官便不能被捐献。

条 文

《中华人民共和国民法典》

第一千零六条第三款 自然人生前未表示不同意捐献的，该自然人死亡后，其配偶、成年子女、父母可以共同决定捐献，决定捐献应当采用书面形式。

141. 为生孩子而买卖精子或卵子的行为有法律效力吗？

案 例

赵某和钱某结婚后原本打算不要孩子，但随着时间的推移和长辈的多次催促，二人最终决定生养一个小孩。但夫妻二人经过一年多的努力，妻子钱某仍未怀孕。后两人到医院检查发现，赵某患有不孕不育症，无法使女性受孕。为此，夫妻二人辗转多家医院治疗赵某的疾病，经过两年多的治疗，赵某的病情依然没有任何好转。无奈之下，夫妻二人决定购买精子。于是，两人在某论坛上发布了购买精子的广告。赵某夫妻发现，想花钱买精子的不止他们一家。那么，为生孩子而买卖精子或卵子的行为有效吗？

解 析

根据《民法典》第1007条的规定，禁止以任何形式买卖人体细胞、人体组织、人体器官、遗体。买卖人体细胞、人体组织、人体器官、遗体的行为是无效的民事法律行为。

无论是细胞、组织还是器官，都是人体的组成部分，不能成为交易的对象。试想一下，如果这些东西都能够进行交易的话，一个人无论是活体还是尸体，在犯罪分子的眼中都是可以谋利的工具，会严重威胁公民的人身安全。虽然我国法律禁止买卖人体细胞、人体组织、人体器官和遗体，但是自然人出于救助他人、对社会公益事业进行援助、促进医疗科学事业发展的目的自愿捐献的行为是受法律支持的。

在上面的案例中，赵某和钱某求子心切，意欲购买精子，而精子属于生殖细胞，是人体的组成部分，因此，买卖精子的行为无效。

条 文

《中华人民共和国民法典》

第一千零七条 禁止以任何形式买卖人体细胞、人体组织、人体器官、遗体。

违反前款规定的买卖行为无效。

《人类精子库管理办法》

第三条 精子的采集和提供应当遵守当事人自愿和符合社会伦理原则。

任何单位和个人不得以营利为目的进行精子的采集与提供活动。

《人类辅助生殖技术管理办法》

第十五条 实施供精人工授精和体外受精-胚胎移植技术及其各种衍生技术的医疗机构应当与卫生部批准的人类精子库签订供精协议。严禁私自采精。

医疗机构在实施人类辅助生殖技术时应当索取精子检验合格证明。

142. “基因编辑婴儿”合法吗?

案 例

祝某与何某是一对夫妻。祝某患有红绿色盲，这是一种隐性遗传病。祝某担心与妻子生下患有红绿色盲的孩子，便与妻子何某商量，想通过试管婴儿的方式将受精卵含有缺陷的基因进行编辑，去除致病基因，再将无致病基因的受精卵培育成胚胎移植到妻子何某的体内。何某对丈夫的提议感到非常赞同，准备托人去实施他们的计划。那么，基因编辑婴儿合法吗?

解 析

《民法典》第1009条规定：“从事与人体基因、人体胚胎等有关的医学和科研活动，应当遵守法律、行政法规和国家有关规定，不得危害人体健康，不得违背伦理道德，不得损害公共利益。”乍一看，似乎《民法典》并没有明确禁止培育基因编辑婴儿，也没有规定进行基因编辑之后，如果对婴儿有其他方面的健康损害，实施该医学活动的参与者应当承担的责任。但是，《人类辅助生殖技术规范》中明确规定，禁止以生殖为目的对人类配子、合子和胚胎进行基因操作。也就是说，基因编辑婴儿的出生是不符合我国法律规定的。而且，科学界一直对基因编辑婴儿持谨慎和保守的态度，因为随意编辑基因会改变人类的基因库，破坏遗传的多样性，无论是对被基因编辑的婴儿还是对整个人类，都会带来难以预测的风险。

在上面的案例中，祝某与何某由于担心生出的孩子患有红绿色盲，动了基因编辑的念头，这种想法并不可取。基因编辑的过程中可能会由于医生的操作不当将正常的基因破坏，将婴儿置于其他疾病的风险之下，这与《民法典》第1009条中“不得危害人体健康”的精神是相违背的，而且基因编辑婴儿的出生是对伦理道德的挑战，也违反了《人类辅助生殖技术规范》的禁止性规定，是非法的行为。因此，何某和祝某不能这样做。

条 文

《中华人民共和国民法典》

第一千零九条 从事与人体基因、人体胚胎等有关的医学和科研活动，应当遵守法律、行政法规和国家有关规定，不得危害人体健康，不得违背伦理道德，不得损害公共利益。

《人类辅助生殖技术规范》

三、实施技术人员的行为准则

……

（九）禁止以生殖为目的对人类配子、合子和胚胎进行基因操作；

……

143. 为研制的新药进行临床试验的，应该履行怎样的手续？可以对受试者收费吗？

案 例

刘某一直热衷于公益事业，经常在小区、公司、学校等场所充当志愿者，他认为在帮助他人的同时自己也可以收获很大的满足感。一天，刘某路过某医院时，被医院门口派发的宣传单吸引，宣传单载明：某医疗科研机构正在寻找某种新药的试验者。刘某看完之后，觉得自己身体素质很好，应该可以试药，但是担心此事是否靠谱，自己是否需要花钱等。那么，为研制的新药进行临床试验的，应该履行怎样的手续？可以对受试者收费吗？

解 析

通常来说，新型药物在批准生产、销售、使用之前，都必须经过动物试验和活人试验，而相关的科研机构或者医院对新药进行试验时，需要履行相关的手续。

根据《民法典》第1008条的规定：“为研制新药、医疗器械或者发展新的预防和治疗方法，需要进行临床试验的，应当依法经相关主管部门批准并经伦理委员会审查同意，向受试者或者受试者的监护人告知试验目的、用途和可能产生的风险等详细情况，并经其书面同意。进行临床试验的，不得向受试者收取试验费用。”也就是说，对新药进行临床试验的，不仅要经过有关部门的批准和同意，还需要告知受试者或者受试者的监护人试验的目的、用途以及可能产生的风险，且需要经过受试者书面同意。同时，由于试药本身是对社会公众有益的事情，因此不得向受试者收取试验费。

在上面的案例中，某医疗科研团队在对新药进行试验前需要经过相关主管部门批准并经伦理委员会审查同意。如果刘某想以身试药，则该医疗科研团队要向刘告知试验目的、用途和可能产生的风险等详细情况，并经刘某的书面同意，同时不得向刘某收取试验费用。

条 文

《中华人民共和国民法典》

第一千零八条 为研制新药、医疗器械或者发展新的预防和治疗方法，需要进行临床试验的，应当依法经相关主管部门批准并经伦理委员会审查同意，向受试者或者受试者的监护人告知试验目的、用途和可能产生的风险等详细情况，并经其书面同意。

进行临床试验的，不得向受试者收取试验费用。

144. 被性骚扰后，受害者可以通过哪些途径和方式获得救济？

案 例

晶晶大学毕业后去了某家保险公司工作，由于缺乏工作经验，因此她前期做的都是最基础的工作，如外出派发传单以及打电话联系客户等。某次，一位客户要求加晶晶的微信，以方便进行业务的沟通。但是，在之后的很长一段时间里，该客户经常在三更半夜给晶晶发色情图片和视频，且经常给晶晶发“我好想你”“我想和你在一起”等文字，给晶晶造成了很大困扰。此外，由于晶晶身材高挑，长相秀丽，其在公司也受到了直属领导刘某的骚扰。刘某经常以工作为由将晶晶叫到办公室，趁机对晶晶进行骚扰，如抚摸晶晶的手、拍打晶晶的臀部等。此外，刘某还威胁晶晶不准将这件事讲出去，否则就将晶晶开除。那么，晶晶在遭到性骚扰后，可以通过哪些途径和方式获得救济？

解 析

在社会生活中，有很多女性在遭遇性骚扰后，会出于多方面的原因，抱着“多一事不如少一事”的想法，忍气吞声。为保护妇女权益，《民法典》对禁止性骚扰作出了较为详细的规定。首先，《民法典》第1010条第1款明确了性骚扰的具体表现形式，包括言语、文字、图像、肢体行为等方式。这一规定以扩大性骚扰形式范围的方法，加大了对受害人的保护力度。其次，《民法典》明确、细化了《妇女权益保障法》第40条的规定。具体来说就是规定妇女在遭受性骚扰后，可以向单位和有关机关投诉，且机关、企业、学校等单位应当采取合理的预防、受理投诉、调查处置等措施，以防止和制止相关人员利用职权、从属关系对他人实施性骚扰。最后，根据《民法典》第1010条第1款的规定，受害人还有权依法请求行为人承担民事责任。综上所述，在遭遇性骚扰后，受害者可以通过以上方式对其权利进行救济。

在上面的案例中，保险公司的客户在微信里向晶晶发送色情图片、视频，以及领导刘某对晶晶的身体部位进行抚摸、拍打并进行言语威胁等，都构成性骚扰。晶晶可以要求保险公司的客户以及其直属领导刘某承担相应的民事责任，如停止侵害、消除影响、恢复名誉、赔礼道歉等。针对刘某的行为，晶晶可以向妇联、公司等有关部门进行举报和投诉。如果晶晶所在的保险公司对刘某的性骚扰行为不采取合理的受理投诉、调查处置等措施，制止刘某利用职权、从属关系等对他人实施性骚扰，晶晶还可以要求依法追究公司的责任。而对于客户刘某的行为，晶晶可以向公司说明，公司应该为晶晶提供一定的保障措施。

条 文

《中华人民共和国民法典》

第一千零一十条 违背他人意愿，以言语、文字、图像、肢体行为等方式对他人实施性骚扰的，受害人有权依法请求行为人承担民事责任。

机关、企业、学校等单位应当采取合理的预防、受理投诉、调查处置等措施，防止和制止利用职权、从属关系等实施性骚扰。

《中华人民共和国妇女权益保障法》

第四十条 禁止对妇女实施性骚扰。受害妇女有权向单位和有关机关投诉。

《女职工劳动保护特别规定》

第十一条 在劳动场所，用人单位应当预防和制止对女职工的性骚扰。

（三）姓名权、名称权与肖像权

145. 为了博眼球给孩子取名为“仲二病”，能够申请上户口吗?

案 例

仲某是一名短视频博主，平时靠拍搞笑视频吸引观众流量、直播带货赚取收入。通过对比视频播放数据，仲某发现网上一些人喜欢看新奇、搞笑的视频解压、消遣。前一段时间，仲某苦于想不到新的搞笑视频内容，正好刚刚出生不久的儿子要去上户口，于是仲某想拍个给儿子取名为“仲二病”（谐音“中二病”）的搞笑视频，以此引发热议，吸引观众流量，之后再去派出所将儿子的名字改过来。那么，为博眼球给孩子取名为“仲二病”，能够顺利申请上户口吗?

解 析

姓名实质上是为了进行个体区分而取的一个代号，每个自然人都依法享有姓名权。在发展过程中，姓名权中还包含了人格尊严的意义。随着社会的发展，自然人的姓名选取出现了多元化趋势，也开始出现一些不和谐的现象。在一个文明社会，姓名体现的不仅是自然人在法律上的自由选择权，还关乎公序良俗和人格尊严。对此，《民法典》第1012条在规定自然人享有姓名决定、使用、变更和许可他人使用权的同时，对自然人的权利进行了限制，即不得违背公共秩序以及善良风俗，以此规制不文明行使姓名权的现象。

本案例中，仲某为了博取大众眼球，将严肃的取名行为视为儿戏，这不仅是对孩子不负责任的行为，也是对社会公序良俗的挑战，派出所是不会通过仲某给孩子取名“仲二病”的申请的。

条 文

《中华人民共和国民法典》

第一千零一十二条 自然人享有姓名权，有权依法决定、使用、变更或者许可他人使用自己的姓名，但是不得违背公序良俗。

146. 孩子可以选取自己父母姓氏以外的其他姓氏吗？

案 例

月月的母亲在一次车祸中去世，父亲不愿自己抚养孩子，便借外出打工之际离家出走，从此杳无音讯。年仅两岁的月月跟随外公外婆生活。几年后，外公外婆年迈多病，无力照顾月月，月月便由其大姨抚养。大姨和大姨夫将她视如己出，为她提供良好的生活条件和优质的教育，月月生活得很快乐。大姨和大姨夫想让月月改名跟随大姨夫的姓氏，月月表示同意。但是，他们不知道这样做是否符合法律规定。那么，月月可以跟随大姨夫姓吗？

解 析

通常来讲，孩子应当跟随父姓或者母姓，但是，根据《民法典》规定，在符合一定条件的情况下，孩子可以既不跟随父姓，也不跟随母姓。具体而言，孩子可以不跟随父姓也不跟随母姓的情况有三种：一是可以跟随直系长辈血亲的姓氏，如跟随外婆、奶奶的姓氏；二是跟随法定扶养人以外的扶养人的姓氏；三是有其他不违背公序良俗的正当理由。而且，少数民族自然人可以遵从本民族的文化传统和风俗习惯。

在本案例中，月月的亲生母亲去世，父亲离家出走后杳无音讯，月月实际上由大姨和大姨夫一家抚养。因此，月月可以依照上述法律规定跟随大姨夫的姓氏，这符合“因由法定扶养人以外的人扶养而选取扶养人的姓氏”的情形。

条 文

《中华人民共和国民法典》

第一千零一十五条 自然人应当随父姓或者母姓，但是有下列情形之一的，可以在父姓和母姓之外选取姓氏：

（一）选取其他直系长辈血亲的姓氏；

（二）因由法定扶养人以外的人扶养而选取扶养人姓氏；

（三）有不违背公序良俗的其他正当理由。

少数民族自然人的姓氏可以遵从本民族的文化传统和风俗习惯。

147. 冒名顶替他人上大学，是对他人姓名权的侵犯吗？

案 例

小红和小华同时就读于育才高中，高考后，小红名落孙山。小红的父亲黄某通过宋某（育才高中校长）、刘某（小华的高中班主任）得到了小华的某科技大学的录取通知书、学籍档案等材料。大学开学时，小红使用小华的姓名、录取通知书、学籍档案在某科技大学入学就读。两个月后，小红冒名顶替小华上大学之事被人举报。那么，冒名顶替他人上大学，是对他人姓名权的侵犯吗？

解 析

顶替者冒名顶替别人上大学，偷走的不仅仅是他人的身份和成绩，也是被顶替者的人生。冒名顶替他人上大学，是对他人姓名权的侵犯，同时也侵犯了他人的受教育权。此处，我们主要讨论对他人姓名权的侵犯。

《民法典》第1014条规定，任何组织或者个人不得以干涉、盗用、假冒等方式侵害他人的姓名权。其中，冒用他人姓名，常常表现为偷偷用他人的名义或擅自顶替他人干一些事情。在现实生活中，冒用他人姓名获得荣誉、升职、考学等都是对他人姓名权的侵犯。

在上面的案例中，小红在名落孙山的情形下为了上大学，连同父亲和学校校长以及小华的班主任通过弄虚造假、冒名顶替的手段，以小华的名义就读，侵犯了小华的姓名权，应当承担侵权责任。此外，他们的行为还侵犯了小华的受教育权。当然，这其中有关人员涉及触犯刑法等其他法律的，还要承担除民事责任以外的其他责任，如刑事责任、行政责任。

很多人在日常生活中很容易忽视保护自己的姓名权，殊不知名字也属于人格权，不好好保护会引发诸多不良后果。因此，我们必须重视对姓名权的保护，如果被侵犯要通过合法手段保护自己的权益。

条 文

《中华人民共和国民法典》

第一千零一十四条 任何组织或者个人不得以干涉、盗用、假冒等方式侵害他人的姓名权或者名称权。

《中华人民共和国宪法》

第四十六条第一款 中华人民共和国公民有受教育的权利和义务。

148. 冒用他人网名侵犯他人姓名权吗？

案 例

小瑞是一位网名为“瑞雪”的美妆博主，在网络上有较高的知名度，其粉丝量高达2000多万。她在直播平台投放的内容大多围绕着护肤和化妆两个方向。小瑞的主播风格幽默风趣，并且经常参加慈善活动，帮助失学儿童和孤寡老人，深受人们的喜爱和信任。

2021年1月，M公司未与小瑞作任何沟通，便将“瑞雪”和“R&X”注册为商标，该商标在M公司生产的护肤品和彩妆等商品上使用。这些商品迅速大卖，占领了一定比例的市场份额，营销通稿满天飞。2021年3月，有十余名消费者在使用了带有“瑞雪”商标的护肤品和彩妆之后过敏，并且没有得到M公司的合理赔偿，一时间博主“瑞雪”的微博评论中骂声不绝于耳。那么，M 公司是否侵犯了小瑞的权利？

解 析

随着网络的飞速发展，网络世界对人们的影响越来越深，网名也成了人们的第二个身份，有些人的网名甚至比他们真正的名字还要广为人知，如果被滥用或者导致他人混淆，会有损自然人的人格尊严权或名誉权等权利，造成重大损害。根据《民法典》第 1017 条的规定，对于具有一定社会知名度，被他人使用足以造成公众混淆的网名，参照适用姓名权保护的有关规定。

在上面的案例中，“瑞雪”作为小瑞的网名具有一定的社会知名度，M 公司未经小瑞的同意，使用“瑞雪”作为商标，且经营的是护肤品和彩妆领域，达到了足以造成公众混淆的程度，侵犯了小瑞的姓名权，小瑞有权要求 M 公司承担相关的民事责任。

条 文

《中华人民共和国民法典》

第一千零一十七条 具有一定社会知名度，被他人使用足以造成公众混淆的笔名、艺名、网名、译名、字号、姓名和名称的简称等，参照适用姓名权和名称权保护的有关规定。

149. 只有自然人才有姓名权吗？

案 例

梁某之前在一家有名的烧烤店打工，其间通过虚心学习，学会了烧烤的手艺。梁某认为自己年纪也不小了，又有烧烤手艺，于是决定辞职开一家烧烤店，自己当老板。在烧烤店开业前，需要为烧烤店取名，并去市场管理局办理登记手续。梁某准备直接用自己的名字命名，取名为“梁某烧烤”。朋友告诉梁某，个体工商户虽然享有姓名权，但是不能用经营者的姓名作为字号，那么梁某朋友的说法对吗？

解 析

法人、非法人组织的名称与自然人的姓名一样，具有识别性，是其成立的必备要件，也是其在市场经济活动中进行交易的主体识别因素。但是名称权与姓名权不同，姓名权因具有人格意义，只能由自然人享有，自然人给法人、非法人组织取的“名字”只能称为名称。《民法典》第 1012 条规定，自然人享有姓名权；第 1013 条规定，法人、非法人组织享有名称权，不仅包括依法决定、使用的权利，还包括变更、转让或者许可他人使用的权利，权利内容丰富，体现了法律对名称权的完整保护。由此可见，法律上对自然人的姓名与法人、非法人组织的名称进行了严格的区分。

本案例中，梁某的朋友认为个体工商户享有姓名权的观点是错误的，姓名权只能由自然人享有，个体工商户只享有名称权。此外，根据《个体工商户名称登记管理办法》第 8 条的规定，经营者姓名可以作为个体工商户名称中的字号使用。

条 文

《中华人名共和国民法典》

第一千零一十二条 自然人享有姓名权，有权依法决定、使用、变更或者许可他人使用自己的姓名，但是不得违背公序良俗。

第一千零一十三条 法人、非法人组织享有名称权，有权依法决定、使用、变更、转让或者许可他人使用自己的名称。

《个体工商户名称登记管理办法》

第八条 经营者姓名可以作为个体工商户名称中的字号使用。

县级以上行政区划不得用作字号，但行政区划的地名具有其他含义的除外。

150. 企业变更名称后，之前签订的合同还有效吗？

案 例

张某成立了一家以销售建筑材料为主的企业，并将企业命名为“张氏建材”。企业成立之初，建材销路广阔，企业运营良好。因建材市场利润空间很大，吸引了大量商家进入，导致同行业竞争激烈，张某的企业失去了竞争优势。张某认为“张氏建材”这一名称不够新颖，不能吸引顾客的注意，于是将“张氏建材”改名为“升达建材”，并在市场管理局完成了更名手续。五洲建筑材料有限公司在张某的企业更名前，与张氏建材签订了一批建材销售合同，但是双方并未履行合同。更名后的升达建材要求五洲建筑材料有限公司按照约定履行合同义务，但是被五洲建筑材料有限公司以企业名称不一致，升达建材并非合同一方当事人为由拒绝。那么，企业变更名称后，之前签订的合同还有效吗？

解 析

个人可以因某些原因更改姓名，企业亦是如此。《民法典》第1016条规定，法人、非法人组织依法变更名称，应当及时向有关机关办理登记手续，且变更前实施的民事法律行为仍然具有法律效力。

在现实生活中，企业可能会基于合并、收购等多种原因而变更原有名称，更名后继续进行经济活动。在这种情况下，可能有人会担心企业名称变更后，原来签订合同的当事人就不存在了，那么另一方当事人就可能面临着更名企业违约的风险。但是根据《民法典》的规定，企业只有依法向有关机关办理更名登记手续才是真正意义上的更名成功，具有法律效力。在此过程中，有关机关会将企业更名前的名称登记在该企业的档案中，以便权利人发生纠纷时进行主体资格查询。仅仅是名称变更，主体没有变更，不会影响先前实施的法律行为的效力。

本案例中，张某的企业虽然由“张氏建材”更名为“升达建材”，但是其实质上是同一主体，其原来以“张氏建材”的名称与五洲建筑材料有限公司签订的建材销售合同在有效的情况下，仍然对双方具有法律拘束力。升达建材可以要求五洲建筑材料有限公司继续履行合同义务，在催告无效的情况下，还可以以自己的名义向法院提起诉讼。

条 文

《中华人民共和国民法典》

第一千零一十六条 自然人决定、变更姓名，或者法人、非法人组织决定、变更、转让名称的，应当依法向有关机关办理登记手续，但是法律另有规定的除外。

民事主体变更姓名、名称的，变更前实施的民事法律行为对其具有法律约束力。

151. 什么是肖像权？肖像常见的载体有哪些？

案 例

张某即将过18岁生日，她决定到丽丽影楼拍照留念。张某美丽大方、气质极佳，与当红国际影星柠檬有几分相像，拍出来的照片也极具艺术性。丽丽影楼未经张某同意，便将她的照片登载在宣传单上，并且宣传效果良好，有很多年轻女孩慕名而来，丽丽影楼的生意因此十分红火。张某得知后，要求丽丽影楼支付其一定的使用费用，但被拒绝。张某遂以侵犯肖像权为名将丽丽影楼告上了法庭，最终，人民法院判决张某胜诉。那么，什么是肖像权呢？肖像常见的载体有哪些？

解 析

肖像权是自然人基于自己的肖像所享有的精神利益和物质利益。根据《民法典》第1018条的规定，自然人享有肖像权，有权依法制作、使用、公开或者许可他人使用自己的肖像。肖像的载体包括影像、雕塑、绘画等。肖像权人对已经制作的肖像，可以自己对外公开或者许可他人公开，也可以禁止他人擅自公开。

在本案例中，张某享有肖像权，有权依法制作、使用、公开或者许可他人使用自己的肖像，丽丽影楼没有经过张某同意便使用张某照片的行为，侵犯了张某的肖像权。

条 文

《中华人民共和国民法典》

第一千零一十八条 自然人享有肖像权，有权依法制作、使用、公开或者许可他人使用自己的肖像。

肖像是通过影像、雕塑、绘画等方式在一定载体上所反映的特定自然人可以被识别的外部形象。

152. 擅自将他人的丑照发到自己的朋友圈里，是对他人肖像权的侵犯吗？

案 例

李某和刘某是大学舍友，来自同一个城市。他们有着相同的兴趣和相似的人生经历，故而刚入学不久，两人就成了无话不谈的好朋友，并结拜为兄弟，发誓有福同享，有难同当。但是没过多久，两人竟然喜欢上了同一个女生，结果心生嫌隙。后来，李某表白成功，与女孩顺利牵手。刘某心生嫉妒，将李某的丑照做成表情包发到了自己的朋友圈里。那么，刘某的行为是否侵犯了李某的肖像权？

解 析

根据《民法典》第1019条第1款的规定，任何人不得以丑化或者利用信息技术手段伪造的方式侵害他人的肖像权。未经肖像权人同意，不得制作、使用、公开肖像权人的肖像。本案例中，刘某因为心生嫉妒，不顾兄弟情谊，未经李某同意，将李某的丑照做成表情包发到了自己的朋友圈里，其行为侵犯了李某的肖像权。

肖像权是我们与生俱来的权利，任何人都不得侵犯它，朋友圈不是法外之地，在网络平台的不当言行会影响他人名誉，干扰他人的生活，导致他人社会评价降低等不利后果，也可能构成对他人权利的侵犯。所以，即使在网络平台上也要谨言慎行，尊重他人的权利，也是尊重我们自己。

条 文

《中华人民共和国民法典》

第一千零一十九条第一款 任何组织或者个人不得以丑化、污损，或者利用信息技术手段伪造等方式侵害他人的肖像权。未经肖像权人同意，不得制作、使用、公开肖像权人的肖像，但是法律另有规定的除外。

153. 真人油画像的作者展出画作的，需要经过画中人的同意吗？

案 例

小曲是某舞蹈学院的一名学生，面容清秀，身材窈窕。谭某是某大学美术学院的学生，他在某著名景区采风时遇到了小曲，当即灵感迸发，在征得小曲的同意后，以小曲为模特作了一幅画。谭某对自己的作品甚为满意。后来，谭某在没有得到小曲同意的情况下，以这幅作品参加了某大型画展，获得了巨大的成功，名噪一时，寻他作画的人络绎不绝。那么，真人油画像的作者展出画作的，需要经过画中人的同意吗？

解 析

此案涉及肖像及权利的问题。所谓肖像，是指通过影像、雕塑、绘画等方式在一定载体上所反映的特定自然人可以被识别的外部形象。根据《民法典》第1019条第2款规定，未经肖像权人同意，肖像作品权利人不得以展览的方式使用或者公开肖像权人的肖像。肖像权是一种重要的人身权利，以人格利益为核心内容，具有不可让渡性，法律对肖像权的保护，体现了国家和社会尊重和保障人权。

在上面的案例中，在谭某用小曲作

为模特形成的油画像上，小曲的外部形象是可以被识别出来的。也就是说，在油画像上，小曲对其个人形象具有肖像权。谭某没有得到小曲的同意就擅自把小曲的画像进行展览，侵犯了小曲的肖像权，小曲有权要求谭某停止侵害、消除影响、赔礼道歉，并可以要求其赔偿损失。

条 文

《中华人民共和国民法典》

第一千零一十九条第二款 未经肖像权人同意，肖像作品权利人不得以发表、复制、发行、出租、展览等方式使用或者公开肖像权人的肖像。

154. 凡就肖像许可使用合同条款产生争议的，都应该作出有利于肖像权人的解释吗？

案 例

小奇是欢欢直播签约的主播，在某网络平台有数百万的粉丝，影响力很大。程某是“欢乐牛跨年生肖祭”活动的负责人。2021 年 1 月，程某与小奇签订《欢乐牛跨年生肖祭合作协议》，邀请小奇参加其举办的生肖祭线下活动，双方在协议中约定主办方可以使用小奇的形象照在网络平台进行活动宣传。2021 年 2 月，欢乐牛跨年生肖祭如期举行，但是程某未经小奇许可在现场大量张贴印有小奇照片的海报，并且售卖小奇的个人形象照等周边产品获利。小奇认为主办方这么做不符合合同的约定，侵犯了自己的权益。程某则不以为然。后来，小奇打算通过法律程序维权。那么，就肖像许可使用合同条款产生争议的，是否都应该作出有利于肖像权人的解释呢？

解 析

根据《民法典》第 1021 条规定，当事人对肖像许可使用合同中关于肖像使用条款的理解有争议的，应当作出有利于肖像权人的解释。可见，法律加大了对公民肖像权的保护。

在上面的案例中，程某与小奇的《欢乐牛跨年生肖祭合作协议》中只约定主办方可以使用小奇的形象照在网络平台进行活动宣传，并没有约定可以在活动现场张贴小奇的海报，也没有约定可以在活动现场售卖小奇的个人形象照等周边产品，程某未经小奇许可在现场大量张贴印有小奇照片的海报，并且售卖小奇的个人形象照等周边产品获利的行为侵犯了小奇的肖像权。

法律日益向保护肖像权利人的方向倾斜，这是对肖像权应有的尊重。网络已经进入千家万户，在网络时代，加大对个人信息尤其是肖像权的保护是众望所归的。

条 文

《中华人民共和国民法典》

第一千零二十一条 当事人对肖像许可使用合同中关于肖像使用条款的理解有争议的，应当作出有利于肖像权人的解释。

155. 在什么情况下可以不经肖像权人同意使用其照片？

案例

小刘是刚毕业的大学生，经过社会公开招聘来到某单位工作。为了尽快让小刘熟悉工作内容、提升业务能力，领导让她负责撰写新闻报道。一次，小刘所在的单位联合某社区及某幼儿园组织开展民族团结教育活动，小刘在活动现场拍摄了很多照片以便后续使用。小刘写完新闻后，将几张活动照片附到当中，同事看到后，称此新闻报道以后可能会放到网络上公开，小刘不应当将带有幼儿园孩子的照片放到其中，这样会侵犯孩子们的肖像权，一旦被发现，可能要承担相应的民事责任。小刘不知所措，对此，她该怎么办呢？小刘的行为是否侵犯了他人的肖像权呢？

解析

小刘的行为并不构成侵犯他人肖像权，在新闻报道中使用肖像权人照片可以不经过肖像权人的同意。通常情况下，使用他人的肖像需要经过肖像权人的同意。但是，如果行为人合理实施法律规定的行为，则无须经过肖像权人同意。

根据《民法典》第1020条的规定，实施以下五类合理行为时，可以不经肖像权人同意：第一，为个人学习、艺术欣赏、课堂教学或者科学研究，在必要范围内使用已经公开的肖像；第二，为实施新闻报道，不可避免地制作、使用、公开肖像权人的他人肖像；第三，国家机关在依法履行职责时，在必要范围制作、使用、公开肖像权人的肖像；第四，为展示特定公共环境，不可避免地制作、使用、公开他人肖像；第五，为维护公共利益或者肖像权人合法权益，制作、使用、公开肖像权人的肖像。由此可知，虽然公民享有肖像权，未经本人同意不得随意使用其肖像，但是在合理实施法律规定的上述行为时，可以不经过肖像权人的同意使用其肖像。

在本案例中，小刘在新闻报道中使用幼儿园孩子们的照片，属于法律规定的合理使用的第二种情形，无须经过肖像权人本人同意。因此，小刘在新闻报道中使用他人照片的行为不会侵害他人的肖像权，也不会因此而承担法律责任。

条文

《中华人民共和国民法典》

第一千零二十条 合理实施下列行为的，可以不经肖像权人同意：

（一）为个人学习、艺术欣赏、课堂教学或者科学研究，在必要范围内使用肖像权人已经公开的肖像；

（二）为实施新闻报道，不可避免地制作、使用、公开肖像权人的肖像；

（三）为依法履行职责，国家机关在必要范围内制作、使用、公开肖像权人的肖像；

（四）为展示特定公共环境，不可避免地制作、使用、公开肖像权人的肖像；

（五）为维护公共利益或者肖像权人合法权益，制作、使用、公开肖像权人的肖像的其他行为。

156. 未约定使用期限的肖像许可使用合同，肖像权人怎样才可以解除？

案例

小女孩琪琪的出生给全家人带来了很多喜悦。琪琪满月时，家人选择了当地一家有名的儿童照相馆，为琪琪拍摄满月照。由于琪琪长相漂亮，十分可爱，照片拍摄效果很好，该儿童照相馆便打算将琪琪的照片作为广告照片进行展示，并答应每年向琪琪的父母支付一定的费用。之后，该儿童照相馆与琪琪的父母签订了肖像许可使用合同，约定了肖像使用费用等一系列问题，但未约定使用期限。一年之后，琪琪的父母觉得孩子一天天长大，孩子的照片被照相馆使用可能会给孩子未来的生活造成麻烦，于是向照相馆提出了解除合同的要求。但是，照相馆认为琪琪的父母不能任意解除合同。那么，未约定使用期限的肖像许可使用合同，肖像权人怎样才可以解除呢？

解析

想对他人肖像进行使用的当事人，可以通过与肖像权人签订肖像许可使用合同的方式，获得肖像的使用权。关于肖像许可使用期限，《民法典》第1022条规定，在合同中对肖像许可使用期限没有约定或者约定不明确，任何一方当事人都可以随时解除该合同，但是应当在合理期限之前通知对方。由此可知，对于没有约定肖像使用期限的，只要是在合理期限之前通知对方，就可以任意解除合同，不需要满足其他条件。但是，因解除合同造成对方损失的，除肖像权人有过错外，解除合同的一方应当赔偿对方损失。

在本案例中，琪琪的父母在与儿童照相馆签订肖像许可使用合同时，没有约定使用期限，当他们不想继续“展示”琪琪的照片时，可以随时提出解除合同的请求，只要满足在合理期限内提前通知对方的条件即可。因此，照相馆的说法是错误的。

条文

《中华人民共和国民法典》

第一千零二十二条　当事人对肖像许可使用期限没有约定或者约定不明确的，任何一方当事人可以随时解除肖像许可使用合同，但是应当在合理期限之前通知对方。

当事人对肖像许可使用期限有明确约定，肖像权人有正当理由的，可以解除肖像许可使用合同，但是应当在合理期限之前通知对方。因解除合同造成对方损失的，除不可归责于肖像权人的事由外，应当赔偿损失。

157. 人的声音也受法律保护吗？

案 例

大美丽是美妆界的一位带货主播，业务能力过硬，深受年轻人的信任与喜爱，她有一句口头禅是：“大美丽带给你美丽，想美丽你就选它！”这看似普通的一句话，有了大美丽的独特音色和标志性的动作，已经成为大美丽的标志之一，只要这句话一响起，人们就会想到她。2021 年 3 月，某公司推出了一款名叫“诱惑”的口红，2021 年 4 月，某公司在微博上发布了一则广告，在广告结束的时候有一个卡通人物跳出来说：“大美丽带给你美丽，想美丽你就选它！”这个卡通人物的声音也和大美丽极为相像。这让很多人认为这是大美丽推荐的一款新的美妆产品，一时间，这款口红的销量激增。那么，某公司是否侵犯了大美丽的权利？

解 析

有一些耳熟能详的声音，人们一听就会联想到某个人，这种声音就会像肖像权一样受到保护，是人格权的一部分，根据《民法典》第 1023 条第 2 款的规定，对自然人声音的保护，参照适用肖像权保护的有关规定。由此可见，我国将自然人的声音纳入了法律保护的范围。

在上面的案例中，大美丽的“大美丽带给你美丽，想美丽你就选它！”这句话已经通过长时间的使用获得了独特性，人们一听就认为是大美丽又推荐美妆产品了。对于此声音，其他人重复或者模仿并不属于侵犯声音权，但如果未经同意，在同类的商品和服务上使用，就构成侵权。“诱惑”口红和大美丽推荐的口红属于同类产品，某公司未经大美丽同意就擅自在广告中使用这句话侵犯了大美丽的权利，应该停止侵权，作出赔偿等。

条 文

《中华人民共和国民法典》

第一千零二十三条第二款 对自然人声音的保护，参照适用肖像权保护的有关规定。

（四）名誉权、荣誉权、隐私权和个人信息保护权

158. 在社交平台发布信息称某人不守承诺，是对他人名誉权的侵犯吗？

案 例

王某与张某是多年的好朋友，私交不错。一次，张某急需用钱，找王某借了 5 万元，因为是好友关系，所以并没有立下字据，也没有说明还款日期，张某只说会尽快将钱归还。一年过去了，王某向张某提及借款的事，开始张某推说手头紧，没有钱可以还，后来又找各种理由搪塞，打电话拒接，发消息也不回。王某很生气，便在社交平台上将张

某欠钱不还的行为公开发表，借以施压让张某归还欠款。张某看到王某发布的消息觉得自己很没面子，认为王某侵犯了自己的名誉权。那么，王某把张某欠钱不还的行为发布在社交平台上，是否构成对他人名誉权的侵犯？

解 析

公民享有名誉权，公民的人格尊严受法律保护，禁止用侮辱、诽谤等方式损害公民的名誉。某一行为若要构成名誉侵权，需满足以下条件：一是受害人的社会评价因他人的侮辱、诽谤等行为而降低；二是行为人发布的信息或所作的陈述虚假不真实，含有侮辱性的语言；三是行为人侵害受害人名誉权的行为评价需要受害人以外的人所知悉；四是行为人有过错。如果行为人发布的信息或者所作的陈述客观真实，并且没有包含侮辱、诽谤等内容，即使受害人认为自己的名誉受到损害，也不构成名誉权侵权。

在上面的案例中，王某在社交平台上发布了张某欠钱不还的信息，导致张某的社会评价降低，对其造成了不良影响，但是王某仅是对张某不归还欠款的行为进行表述，所发布的消息是真实存在的，并没有对张某进行侮辱、诽谤，所以王某不构成对张某名誉权的侵害。

条 文

《中华人民共和国民法典》

第一千零二十四条 民事主体享有名誉权。任何组织或者个人不得以侮辱、诽谤等方式侵害他人的名誉权。

名誉是对民事主体的品德、声望、才能、信用等的社会评价。

《中华人民共和国网络安全法》

第十二条 国家保护公民、法人和其他组织依法使用网络的权利，促进网络接入普及，提升网络服务水平，为社会提供安全、便利的网络服务，保障网络信息依法有序自由流动。

任何个人和组织使用网络应当遵守宪法法律，遵守公共秩序，尊重社会公德，不得危害网络安全，不得利用网络从事危害国家安全、荣誉和利益，煽动颠覆国家政权、推翻社会主义制度，煽动分裂国家、破坏国家统一，宣扬恐怖主义、极端主义，宣扬民族仇恨、民族歧视，传播暴力、淫秽色情信息，编造、传播虚假信息扰乱经济秩序和社会秩序，以及侵害他人名誉、隐私、知识产权和其他合法权益等活动。

159. 撰写不实新闻毁坏他人名誉的，应当承担什么民事责任？

案 例

孙某是某杂志社会新闻版块的记者。一次，孙某在A医院遇到了医患纠纷，目睹了患者家属陈某与医生李某大打出手。孙某在拍下照片后，采访了患者家属陈某。据陈某陈述，因医生李某用药失误，导致其兄长终生瘫痪。于是，孙某便将此照片和故事加以润色，作为新闻刊登在某杂志的微信公众号和微博上，导致A医院和医生李某受到了社会大众的口诛笔伐，A医院及医生李某的口碑受到了极大的影响。实际上，陈某的兄长瘫痪并非因为医生李某用药失误所导致，而是因为陈某的兄长与陈某擅自改变了药品的用法和用量导致的。孙某在未核实信息的情况下直接报道了不实消息，毁坏了医院和医生李某的名誉。那么，孙某应当承担什么民事责任？

解 析

根据《民法典》第1025条的规定，行为人为公共利益进行的新闻报道或者舆论监督，如影响他人名誉的，不承担民事责任，但是有下列情形之一的除外：一是捏造、歪曲事实；二是对他人提供的严重失实内容未尽到合理核实义务；三是使用侮辱性言辞等贬损他人名誉。针对第2项，《民法典》第1026条详细规定了六条标准，用以判断行为人是否尽到了“合理核实义务”。在实践中，应当根据行为人的具体行为及相应的标准来具体判断其是否需要承担责任。

本案例中，孙某作为社会新闻记者，在得到医闹的相关信息后，不应当对患者一方的说辞不加以核实甄别即采用，而是应当对相关信息进行核实，但孙某并未尽到核实义务，因此应承担相应的民事赔偿责任。根据《民法典》第995条的规定，A医院和医生李某可以要求孙某承担停止侵害、排除妨碍、消除危险、消除影响、恢复名誉、赔礼道歉等民事责任。

条 文

《中华人民共和国民法典》

第九百九十五条 人格权受到侵害的，受害人有权依照本法和其他法律的规定请求行为人承担民事责任。受害人的停止侵害、排除妨碍、消除危险、消除影响、恢复名誉、赔礼道歉请求权，不适用诉讼时效的规定。

第九百九十九条 为公共利益实施新闻报道、舆论监督等行为的，可以合理使用民事主体的姓名、名称、肖像、个人信息等；使用不合理侵害民事主体人格权的，应当依法承担民事责任。

第一千零二十五条 行为人为公共利益实施新闻报道、舆论监督等行为，影响他人名誉的，不承担民事责任，但是有下列情形之一的除外：

（一）捏造、歪曲事实；

（二）对他人提供的严重失实内容未尽到合理核实义务；

（三）使用侮辱性言辞等贬损他人名誉。

第一千零二十六条 认定行为人是否尽到前条第二项规定的合理核实义务，应当考虑下列因素：

（一）内容来源的可信度；

（二）对明显可能引发争议的内容是否进行了必要的调查；

（三）内容的时限性；

（四）内容与公序良俗的关联性；

（五）受害人名誉受贬损的可能性；

（六）核实能力和核实成本。

160. 因新闻报道侵犯自己的名誉权而要求电视台赔偿，需要提供什么证据呢？

案 例

小王新开了一家小饭馆，因为分量足、味道好、价钱公道，生意一直不错。一天中午，几个人点了一大桌子菜，吃到最后却说菜里有苍蝇，嚷嚷着让小王免单并赔钱。小王认为他们是想吃“霸王餐”，便拒绝了他们的无理要求，双方发生了争执。几天后，突然有电视台的人过来进行采访，并在当地的电视节目上以“吃出苍蝇索赔不成反被饭店老板打”为标题对小王及其饭店进行了曝光。节目称接到市民举报饭店不仅不卫生，而且老板态度很差，与顾客发生纠纷甚至动手打人。因为节目中提到了小王饭店的店名、地址等信息，不仅影响了小王饭店的生意，而且小王时常会接到陌生人打来叫骂的电话，给小王的生活带来了极大的困扰。于是，小王向法院起诉该电视台侵犯其名誉。请问，小王需要拿出什么证据呢？

解 析

根据《民法典》第1028条的规定，报刊、网络等媒体报道的内容失实，侵害到民事主体的名誉权的，民事主体可以要求媒体予以更正或删除等必要措施，造成损害的，应当承担赔偿责任。但是，受害人应该就“失实”和名誉受到损害的事实提供相应的证据，其中，“失实”的证据主要用于证明新闻媒体对他人提供的严重失实内容未尽到合理核实义务。

在上面的案例中，小王向法院提起诉讼，需要就电视台报道的内容与真实内容不符提供证据，如可以调取饭店的监控录像、电视台的播放记录作为证据；对于其名誉权的损害，可以提供人证、电话录音、营业额减少的证明等作为相关证据。

新闻媒体为了公共利益进行新闻报道，发挥舆论监督的作用无可厚非，但是在进行报道前要对主要内容尽到合理核实义务，而不能为了追求收视率和流量等报道不实信息，消费观众的热情。

条 文

《中华人民共和国民法典》

第一千零二十五条 行为人为公共利益实施新闻报道、舆论监督等行为，影响他人名誉的，不承担民事责任，但是有下列情形之一的除外：

……

（二）对他人提供的严重失实内容未尽到合理核实义务；

……

第一千零二十六条 认定行为人是否尽到前条第二项规定的合理核实义务，应当考虑下列因素：

（一）内容来源的可信度；

（二）对明显可能引发争议的内容是否进行了必要的调查；

（三）内容的时限性；

（四）内容与公序良俗的关联性；

（五）受害人名誉受贬损的可能性；

（六）核实能力和核实成本。

第一千零二十八条 民事主体有证据证明报刊、网络等媒体报道的内容失实，侵害其名誉权的，有权请求该媒体及时采取更正或者删除等必要措施。

161. 小说情节与真人真事相似，是否侵犯了当事人的“名誉权”？

案 例

王某包养情妇罗某，最后导致王某家庭破碎的事情曾在当地闹得沸沸扬扬。周某是一名畅销小说作者，在听说该事之后，在其正在连载的小说中增加了一个情节。该情节与王某的故事相似，只是变换了姓名、地点等信息。罗某看到小说后，认为该小说严重损害了自己的名誉，要求周某承担相应的民事责任。那么，罗某的要求合法吗？

解 析

根据《民法典》第 1027 条规定，行为人发表的文学、艺术作品以真人真事或者特定人为描述对象，含有侮辱、诽谤内容，侵害他人名誉权的，受害人有权依法请求该行为人承担民事责任。行为人发表的文学、艺术作品不以特定人为描述对象，仅其中的情节与该特定人的情况相似的，不承担民事责任。由此可见，文学作品中描述特定人的真人真事并且侮辱诽谤他人的，才是侵害名誉权的行为，行为人需要承担民事责任；而以不特定人为描述对象，仅仅是情节与真人真事相似的，不构成名誉侵权。

本案例中，周某仅仅是参照真人真事改编了一个类似的情节，并非针对罗某，也并非以罗某作为特定对象进行描写，因此不构成名誉侵权，也不应承担民事责任。

条 文

《中华人民共和国民法典》

第九百九十五条 人格权受到侵害的，受害人有权依照本法和其他法律的规定请求行为人承担民事责任。受害人的停止侵害、排除妨碍、消除危险、消除影响、恢复名誉、赔礼道歉请求权，不适用诉讼时效的规定。

第一千零二十七条 行为人发表的文学、艺术作品以真人真事或者特定人为描述对象，含有侮辱、诽谤内容，侵害他人名誉权的，受害人有权依法请求该行为人承担民事责任。

行为人发表的文学、艺术作品不以特定人为描述对象，仅其中的情节与该特定人的情况相似的，不承担民事责任。

162. 银行信用评价不当，侵犯他人什么权利呢？

案 例

小雨因为工作忙，不怎么消费，便把自己的信用卡交给女朋友保管，时间一长，便忽视了信用卡的还款问题。一天，小雨接到银行的催款电话才知道自己的信用卡已经欠了不少钱。之后，小雨通过支付宝还清了信用卡欠款。半年后，小雨为办理贷款去银行打印个人征信记录时，得知自己因信用卡问题被列入不良征信名单，这导致小雨因为失信问题不能正常进行贷款。小雨认为自己已经及时补交了信用卡欠款，不应出现在失信记录里，银行存在信用评价不当的问题。那么，银行的不当信用评价侵犯了小雨的什么权利呢？

解 析

银行信用评价不当，侵犯了小雨的信用权。信用权，是指自然人、法人、其他组织就其所具有的履约能力和意愿所获得的信赖程度的社会评价和保有、利用、收益、处分信用并排除他人干涉的权利。对于信用权，我国法律之前是将其纳入名誉权的范围，没有独立进行保护，只是通过对名誉权的保护而对信用权实行间接保护。但是，信用权作为一项独立的人格权，有自己的适用范围、内容与条件，对其进行专门规定才能更好地保护民事主体的权利。信用权人对于征信系统享有两大权利：一是信用权人可以依法查询自己的信用评价，获取信用报告，征信机构不得拒绝；二是信用权人发现自己的信用评价不当的，有权向征信机构提出异议，并要求其采取更正、删除等必要措施。

在上面的案例中，小雨发现自己的信用评价不当，信用权受到侵害，可以向银行提出异议，要求银行对其信用评价进行更正，并将其从失信黑名单中删除，以保持自己的信用评价资料和评价结论正确。

条 文

《中华人民共和国民法典》

第一千零二十九条 民事主体可以依法查询自己的信用评价；发现信用评价不当的，有权提出异议并请求采取更正、删除等必要措施。信用评价人应当及时核查，经核查属实的，应当及时采取必要措施。

《征信业管理条例》

第十七条 信息主体可以向征信机构查询自身信息。个人信息主体有权每年两次免费获取本人的信用报告。

第二十五条 信息主体认为征信机构采集、保存、提供的信息存在错误、遗漏的，有权向征信机构或者信息提供者提出异议，要求更正。

征信机构或者信息提供者收到异议，应当按照国务院征信业监督管理部门的规定对相关信息作出存在异议的标注，自收到异议之日起20日内进行核查和处理，并将结果书面答复异议人。

经核查，确认相关信息确有错误、遗漏的，信息提供者、征信机构应当予以更正；确认不存在错误、遗漏的，应当取消异议标注；经核查仍不能确认的，对核查情况和异议内容应当予以记载。

163. 发现自己的荣誉称号应当记载而没有被记载的，当事人可以怎样做？

案 例

2021年2月12日，A市某大型国有企业的工人技师孙某被评为“A市劳动模范”和“A市先进生产者”，孙某于当日领取了荣誉证书。3月10日，A市人民政府在其官方网站上公布了本次全市劳动模范和先进生产者名单。孙某发现自己并不在这个名单上，于是当即拨通了A市总工会的热线电话咨询情况。经过几天的调查，A市总工会发现由于自身的工作失误导致孙某获评的“A市劳动模范”和“A市先进生产者”荣誉称号未被记载，从而导致该市政府公布的名单上未出现孙某的名字。面对这种情况，孙某可以怎样做？

解 析

荣誉是一种正式且积极的社会评价，通常由政府、单位、团体以及其他组织等授予，主要授予那些在社会生产或生活中具有突出贡献或者突出表现的特定民事主体。根据《民法典》第1031条的规定，民事主体享有荣誉权，其获得的荣誉称号应当记载而没有记载的，可以请求记载；记载错误的，可以请求更正。

在上面的案例中，孙某获得了“A市劳动模范”和“A市先进生产者”的荣誉称号，应当被记载在该市的劳动模范和先进生产者名单上，但由于A市总工会的工作失误，导致孙某的荣誉称号未被记载，因此孙某有权请求记载。

条 文

《中华人民共和国民法典》

第一千零三十一条 民事主体享有荣誉权。任何组织或者个人不得非法剥夺他人的荣誉称号，不得诋毁、贬损他人的荣誉。

获得的荣誉称号应当记载而没有记载的，民事主体可以请求记载；获得的荣誉称号记载错误的，民事主体可以请求更正。

164. 自家门上的摄像头可以照到邻居家，侵权了吗？

案 例

吴某和靳某是对门的邻居。年初，吴某家中被窃，损失了一些财物，于是，吴某在自家门口装了一个摄像头，用来监控家周围的情况。然而，吴某安装的摄像头因正对着靳某家门口，除了能够看到吴某自己家门口的动静之外，还可以清楚地看见靳某家门口的动静，对于靳某家的人员进出情况一览无余，甚至在靳某家的门打开时，连靳某家中的情况都可以看得一清二楚。靳某发现这件事后，认为吴某侵犯了自己的隐私权，要求吴某改变摄像头的位置，不要再对着自己家。那么，靳某的要求合理合法吗？

解　析

靳某的要求合理合法。根据《民法典》第1032条规定，隐私是自然人的私人生活安宁和不愿为他人知晓的私密空间、私密活动、私密信息。同时，第1033条具体列举了侵害他人隐私权的行为表现。其中一项明确指出，拍摄窥探他人私人住宅等私密空间的行为是侵犯他人隐私权的行为。

在本案例中，虽然吴某没有侵犯他人隐私的主观故意，但其安装的摄像头能够观察并对靳某家门口甚至家中的情况进行录像，在事实上形成对靳某隐私权的威胁。因此，吴某应当按照靳某的要求改变摄像头的位置。

条　文

《中华人民共和国民法典》

第一千零三十二条　自然人享有隐私权。任何组织或者个人不得以刺探、侵扰、泄露、公开等方式侵害他人的隐私权。

隐私是自然人的私人生活安宁和不愿为他人知晓的私密空间、私密活动、私密信息。

第一千零三十三条　除法律另有规定或者权利人明确同意外，任何组织或者个人不得实施下列行为：

（一）以电话、短信、即时通讯工具、电子邮件、传单等方式侵扰他人的私人生活安宁；

（二）进入、拍摄、窥视他人的住宅、宾馆房间等私密空间；

（三）拍摄、窥视、窃听、公开他人的私密活动；

（四）拍摄、窥视他人身体的私密部位；

（五）处理他人的私密信息；

（六）以其他方式侵害他人的隐私权。

165. 何种个人信息受到法律保护？

案　例

有一天，孙某收到一封邮件，称孙某曾在××金融注册过账号，并且该账号已经透支全部金额，还款期限已到，催促孙某尽快还款，否则将影响孙某的个人征信。邮件中还附上了孙某的一些个人信息，如电话号码、身份证号码等个人信息。孙某感到非常惊讶，因为他从来没有注册过这样一个账号，更没有使用过其中的透支功能，但是邮件中给出的个人身份信息却和自己的信息相吻合。显然，孙某的个人信息在其不知情的情况下被泄露了。那么，何种个人信息受到法律的保护呢？

解　析

自然人的个人信息受法律保护。根据《民法典》第1034条第2款的规定，个人信息是以电子或者其他方式记录的能够单独或者与其他信息结合识别特定自然人的各种信息。具体来说，姓名、出生日期、身份证件号码、住址、电子邮箱等都属于常见的个人信息。此外，根据该条第3款的规定，个人信息中的私密信息，适用隐私权保护的相关规定。

因此，任何人不得肆意刺探、侵扰、泄露、公开他人的个人信息，否则就属于违法行为，应当承担相应的法律责任。

在上面的案例中，孙某的姓名、电话号码、身份证号码等信息都属于受法律保护的个人信息。孙某可以通过法律途径来维护自己的权利。

对于个人信息的保护，一方面，我们在日常生活中应当时时注意避免泄露个人信息，如谨慎填写个人信息、撕去快递箱上带有个人信息的快递单等。另一方面，在个人信息被泄露之后，我们应当及时采取适当的法律手段进行维权，如报警等，避免损失的扩大。

条 文

《中华人民共和国民法典》

第一千零三十二条 自然人享有隐私权。任何组织或者个人不得以刺探、侵扰、泄露、公开等方式侵害他人的隐私权。

隐私是自然人的私人生活安宁和不愿为他人知晓的私密空间、私密活动、私密信息。

第一千零三十四条 自然人的个人信息受法律保护。

个人信息是以电子或者其他方式记录的能够单独或者与其他信息结合识别特定自然人的各种信息，包括自然人的姓名、出生日期、身份证件号码、生物识别信息、住址、电话号码、电子邮箱、健康信息、行踪信息等。

个人信息中的私密信息，适用有关隐私权的规定；没有规定的，适用有关个人信息保护的规定。

166. 是否可以随意处理他人的个人信息？

案 例

韦某是某百货公司的客服，其工作内容之一就是收集、整理和储存客户信息，以便维护客户。因此，韦某手上有很多客户的资料与信息。韦某的表哥李某也是做生意的，在得知韦某的工作后，灵机一动，想着可以找韦某索要客户信息，这样就可以省掉收集信息而直接进入拉客户这一步了。于是，李某向韦某提到了这件事情，要韦某利用职务之便给自己提供一份客户名单和包括客户联系方式在内的资料。那么，韦某可以随意将客户的信息给李某吗？

解 析

根据《民法典》第1035条的规定，处理信息的行为包括收集、存储、使用、加工、传输、提供、公开等行为，在处理个人信息时应当遵守合法、正当、必要的原则，不能过度处理，并且在处理信息时需要满足一定的条件：（1）征得该自然人或者其监护人同意，但是法律、行政法规另有规定的除外；（2）公开处理信息的规则；（3）明示处理信息的目的、方式和范围；（4）不违反法律、行政法规的规定和双方的约定。

在上面的案例中，韦某收集、存储客户信息的行为属于处理个人信息的行为。他在处理客户的个人信息时，应当依法遵守相应的处理原则和规则，否则可能要承担相应的法律责任。由此，韦某当然不可以随意将客户的个人信息提供给李某。客户出于信任将自己的资料和信息交给百货公司，而韦某只是代表公司对客户信息进行收集和整理，客户并没有让百货公司随意处理自己信息的意思，因此韦某不可以随意处理客户的信息。

条 文

《中华人民共和国民法典》

第一千零三十五条 处理个人信息的，应当遵循合法、正当、必要原则，不得过度处理，并符合下列条件：

（一）征得该自然人或者其监护人同意，但是法律、行政法规另有规定的除外；

（二）公开处理信息的规则；

（三）明示处理信息的目的、方式和范围；

（四）不违反法律、行政法规的规定和双方的约定。

个人信息的处理包括个人信息的收集、存储、使用、加工、传输、提供、公开等。

167. 处理他人个人信息的免责事由有哪些？

案 例

新冠肺炎疫情暴发后，在一次追踪传播链的过程中，某市政府有关部门工作人员调取了某酒店的监控记录，并对照监控所示情况，要求酒店配合提供了相应顾客的电话号码、身份证号码等个人信息。王某就是被追踪的其中一人。有关机关工作人员按照酒店提供的信息找到王某后，王某认为酒店未征求其同意就提供了自己的个人信息的行为侵犯了自己的权益。但酒店认为自己的行为只是在配合调查，并非侵权行为。那么，酒店的行为是否侵权？处理他人个人信息的免责事由有哪些？

解 析

酒店的行为不属于侵犯他人个人信息的行为。《民法典》第1036条明确规定了处理个人信息时的几种免责事由，在这些情形下，处理信息的人不承担民事责任：（1）在该自然人或者其监护人同意的范围内合理实施的行为；（2）合理处理该自然人自行公开的或者其他已经合法公开的信息，但是该自然人明确拒绝或者处理该信息侵害其重大利益的除外；（3）为维护公共利益或者该自然人合法权益，合理实施的其他行为。

在上面的案例中，酒店在未经王某同意的情况下将其信息提供给了政府有关部门，其目的在于维护公共利益和王某本人的权益，避免疫情的扩散。因此，酒店的行为是符合法律对于免责事由的规定的，不构成侵权。

条 文

《中华人民共和国民法典》

第一千零三十六条 处理个人信息，有下列情形之一的，行为人不承担民事责任：

（一）在该自然人或者其监护人同意的范围内合理实施的行为；

（二）合理处理该自然人自行公开的或者其他已经合法公开的信息，但是该自然人明确拒绝或者处理该信息侵害其重大利益的除外；

（三）为维护公共利益或者该自然人合法权益，合理实施的其他行为。

168. 改编他人遭遇在微信公众号上发表文章，但对相关信息进行了化名处理的，是否属于泄露他人的个人信息？

案 例

张某与李某系同事，一天，张某在厕所偶然听到李某与其母亲打电话，得知了李某是私生子且其拒不扶养父母等事。张某十分唾弃李某拒不扶养父母的行为，于是当晚在某公众号上公开发表了一篇名为《世人没有任何理由拒养父母》的文章。张某以李某为原型，对其姓名、住址和工作单位等进行了化名处理，并对其遭遇进行了大幅度的改编，讲述了一个名为厉某的私生子与其父母的故事，从故事出发，阐述世人没有任何理由拒养父母的观点。张某的文章中所出现的姓名和地址等都是其杜撰的，并标明了这是化名处理，且其所述故事与李某的真实经历存在差别，使得读者并不能通过该篇文章识别或还原李某的经历。那么，张某的行为是否泄露了李某的个人信息？

解 析

随着信息网络技术的快速发展，人们分享自己的经历、发表自己的观点等越来越方便。在现实生活中，通过信息网络泄露他人的个人信息、侵犯他人隐私权的现象屡见不鲜。《民法典》第1138条规定，民事主体的个人信息受法律保护，信息处理者应当妥善处理，不得泄露或者篡改。除非经自然人同意，或者是对信息进行加工导致无法识别特定个人并且不能复原，否则信息处理者无权向他人提供自然人的个人信息。

在上面的案例中，张某所编写的故事虽然以李某为原型，但其对李某的姓名、住址和工作单位等进行了化名处理，大幅度地改编了李某的个人遭遇，使得公众通过阅读该篇文章并不能识别这是李某的个人经历，也不能复原李某的经历，因此，张某的行为并未泄露李某的个人信息。

条 文

《中华人民共和国民法典》

第一千零三十八条 信息处理者不得泄露或者篡改其收集、存储的个人信息；未经自然人同意，不得向他人非法提供其个人信息，但是经过加工无法识别特定个人且不能复原的除外。

信息处理者应当采取技术措施和其他必要措施，确保其收集、存储的个人信息安全，防止信息泄露、篡改、丢失；发生或者可能发生个人信息泄露、篡改、丢失的，应当及时采取补救措施，按照规定告知自然人并向有关主管部门报告。

五、婚姻家庭

（一）一般规定

169. “优良家风”被写入法律了吗?

案 例

小张在火车站等车时，忽然被一个矿泉水瓶砸中头部，小张反应极快看到了扔瓶子的少年。虽然痛感不强烈，但小张还是对突如其来的伤害感到愤怒。小张要求少年道歉，但少年却扬长而去。待小张上前追赶之际，自称是少年父母的夫妇站出来喝住了小张，并大声说：“小孩玩儿呢，不是故意的，这有什么好道歉的?”小张回击道：“有你们这样的父母，可见家风不正!”一旁看热闹的群众也对少年及其父母指指点点，批评他们教育孩子的方式不对，肯定小张关于优良家风的说法，还有人指出优良家风已经被写入法律。那么，“优良家风”被写入法律了吗?

解 析

弘扬家风是中华民族的传统美德。如待人和善、勤劳节俭等都是我们崇尚的优良家风。《民法典》汲取我国传统文化的精华，将“优良家风”写进了婚姻家庭编。

本案中，少年冒犯了小张，理应向小张道歉。但少年却不以为意，少年的父母更是包庇犯了错的孩子，没有向孩子传达文明礼貌、与人和善的正确价值观。这样的家庭教育明显不利于孩子的成长，也有违《民法典》第1043条“树立优良家风，弘扬家庭美德，重视家庭文明建设”的规定。

值得注意的是，《民法典》的第1043条为原则性、倡导性条款，我们应该依据条款来营造和睦文明的家庭关系，但是如果有人仅仅依据此条款来起诉的话，依照《最高人民法院关于适用〈中华人民共和国民法典〉婚姻家庭编的解释（一）》第4条的规定，是得不到支持的，必须有其他的事实和法律条文作为依据和支持。

条 文

《中华人民共和国民法典》

第一千零四十三条 家庭应当树立优良家风，弘扬家庭美德，重视家庭文明建设。

夫妻应当互相忠实，互相尊重，互

相关爱；家庭成员应当敬老爱幼，互相帮助，维护平等、和睦、文明的婚姻家庭关系。

《最高人民法院关于适用〈中华人民共和国民法典〉婚姻家庭编的解释（一）》

第四条 当事人仅以民法典第一千零四十三条为依据提起诉讼的，人民法院不予受理；已经受理的，裁定驳回起诉。

170. 可以借“收养”的名义买卖未成年人吗？

案 例

小镇青年阿贵与青梅竹马的阿荣一起去广州打工，打拼几年后，两人在广州结婚。婚后，两人育有一对双胞胎。由于双方父母年事已高，均不方便帮忙带孩子，阿荣就辞了工作专心照顾孩子。但由于养育孩子开销大，加上只有阿贵一人打工的收入，这让他们原本就不富裕的生活更是雪上加霜。于是，小两口商量把其中一个孩子送养。阿贵与阿荣请未生育的小兰“收养”其中一个孩子（未满一周岁），小兰给阿贵夫妇留下了7万元。那么，小兰以“收养”的名义买小孩的行为合法吗？

解 析

孩子不属于可以交易的“物”，不在可以买卖的范围内。在上面的案例中，虽然阿贵夫妇并未以买卖的名义将孩子卖给小兰，但即使以成立收养关系为名，也不能出卖孩子。小兰没有通过有关机关认定就“收养”了孩子，这种以“收养”为幌子买卖未成年人的行为在我国是被法律严格禁止的。《民法典》第1044条第2款明确在确立收养关系时，禁止借收养名义买卖未成年人。也就是说，阿贵夫妇与小兰不能借“收养”之名买卖孩子。这种行为违反了法律的强制性规定，交易不能完成，孩子与小兰之间的收养关系未成立。

条 文

《中华人民共和国民法典》

第一千零四十四条 收养应当遵循最有利于被收养人的原则，保障被收养人和收养人的合法权益。

禁止借收养名义买卖未成年人。

171. “亲属”在民法上指的是什么？

案 例

还未结婚的小王是电厂的一名检修工。在一次检修高压线的过程中不小心从高空坠落。经过医院的紧急救治，小王脱离了生命危险，但不能正常下地行走。电厂迟迟不给小王申请工伤认定，小王便请朋友帮忙申请工伤认定。当地社会保险行政部门称，小王的朋友是不能代替其申请工伤认定的，应该让他的近亲属来办理。后来，小王的父母从家乡过来，终于帮其成功申请了工伤认定。那么，“亲属”在民法上到底指的是什么呢？“近亲属”又是怎么回事？

解　析

根据《民法典》第 1045 条的规定，亲属包括配偶、血亲和姻亲。其中，因婚姻关系而结为夫妻，夫妻双方互为对方的配偶。血亲是指因有血缘关系或法律规定视同有血缘关系的亲属，分为直系血亲和旁系血亲。姻亲，是指因婚姻关系而产生的亲属，指因结婚使男女一方与对方亲属所形成的亲属关系。

而“近亲属”则包括配偶、父母、子女、兄弟姐妹、祖父母、外祖父母、孙子女、外孙子女。

在上面的案例中，小王所在单位没有为其提出工伤认定申请，而小王自己又不能前去办理，只能由工会组织或者其近亲属来申请办理。小王的父母作为他的近亲属，可以向电厂所在地统筹地区社会保险行政部门提出工伤认定申请。

条　文

《中华人民共和国民法典》

第一千零四十五条　亲属包括配偶、血亲和姻亲。

配偶、父母、子女、兄弟姐妹、祖父母、外祖父母、孙子女、外孙子女为近亲属。

配偶、父母、子女和其他共同生活的近亲属为家庭成员。

《工伤保险条例》

第十七条第二款　用人单位未按前款规定提出工伤认定申请的，工伤职工或者其直系亲属、工会组织在事故伤害发生之日或者被诊断、鉴定为职业病之日起 1 年内，可以直接向用人单位所在地统筹地区劳动保障行政部门提出工伤认定申请。

（二）结　婚

172. 我国法律还鼓励晚婚晚育吗？

案　例

杨某大学毕业后因为成绩优异、气质出众，成功应聘到一家外贸公司上班，薪资待遇丰厚，工作两年后就买了车，付了房子的首付。杨某在一次与朋友的聚会中认识了 21 岁的小沐，杨某见小沐知书达理、温婉可人，遂向其展开了猛烈的追求。小沐觉得杨某身高、长相和工作都还不错，符合自己的择偶标准，两个月后二人便确定了男女朋友关系。杨某觉得两人感情发展顺利，各方面也都合适，便在两人恋爱一周年纪念日的当天向小沐求婚。没想到，小沐虽然当场答应了杨某的求婚，但告诉杨某要等到自己 25 岁之后再去办理婚姻登记手续，说是响应国家晚婚晚育的号召。杨某很疑惑，国家现在不是已经取消鼓励晚婚晚育的政策了吗？那么，请问我国法律还鼓励晚婚晚育吗？

解　析

在新的社会、经济人口发展形势下，2015 年修订的《人口与计划生育法》，以“提倡一对夫妻生育两个子女”取代“一对夫妻生育一个孩子”，不再对晚婚晚育作出限制。这表明，我国在新形势下从限制生育转向鼓励夫妻自主生育，以延缓人口老龄化进程，促进人口与社会、经济的均衡发展。对此，《民法典》在“婚姻家庭编”删除了《婚姻法》中“实行计划生育”和“晚婚晚育应予鼓励”的规定。由此可知，国家已经取消了鼓励晚婚晚育的政策，我国法律也不再专门规定“鼓励晚婚晚育”。

在上面的案例中，小沐关于“响应国家晚婚晚育号召”的说法是不正确的，因为不仅2015年修订的《人口与计划生育法》删除了“公民晚婚晚育，可以获得延长婚假、生育假的奖励或者其他福利待遇”的规定，而且《民法典》中也没有“晚婚晚育应予鼓励”的规定。可见，我们法律不再鼓励“晚婚晚育”。

条 文

《中华人民共和国民法典》

第一千零四十七条 结婚年龄，男不得早于二十二周岁，女不得早于二十周岁。

173. 患有医学上认为不应结婚的疾病的人能结婚吗？

案 例

在大学期间，周某因参加社团认识了小吴，两人兴趣相同，又经常在社团活动中接触，时间久了便互生情愫，自然而然地成了男女朋友。毕业前夕（双方均年满22周岁），小吴精心准备了花和戒指向周某求婚，却没想到被周某当场拒绝。小吴十分不理解，拉着周某不让她走。周某见小吴一脸难过，十分不忍，就告诉小吴自己从小患有严重的遗传性疾病，并说明她的病在医学上是被认为不宜生育的遗传性疾病，所以不想因此耽误小吴。小吴笑了笑说：“没关系，现在医学这么发达，说不定你这病哪一天就能治好了，不会遗传给下一代。而且我们结婚又不是非得要孩子，我们可以去领养一个孩子。无论怎样，我们都一起面对。”周某被小吴的一番话打动，也感受到了小吴的真心，终于答应了小吴的求婚。请问，像周某这样患有医学上认为不应结婚的疾病的人，能结婚吗？

解 析

随着社会的不断发展，医学技术也不断在进步，可能之前我们认为不能、不适宜结婚的疾病，由于现代医学的发展，已经可以治愈。年满22周岁的男女在正常情况下都是完全民事行为能力人，能够清楚认识婚姻制度的性质并承担相应的责任。对此，《民法典》第1048条将“患有医学上认为不应当结婚的疾病的”情形排除在禁止结婚的范围之外，充分尊重婚姻自由。但对于在婚前刻意隐瞒自己患有重大疾病的，《民法典》第1053条赋予了另一方当事人请求撤销婚姻的权利。由此可知，患有医学上认为不应结婚的疾病的人，在满足其他结婚条件，并已如实告知另一方自己的情况下是可以结婚的。

在上面的案例中，虽然周某从小患有严重的遗传性疾病，不宜生育，但是她在结婚之前将自己患病的事实如实告诉了小吴，小吴也接受了这种情况，所以二人是可以结婚的。

条 文

《中华人民共和国民法典》

第一千零四十八条 直系血亲或者三代以内的旁系血亲禁止结婚。

第一千零五十三条 一方患有重大疾病的，应当在结婚登记前如实告知另一方；不如实告知的，另一方可以向人民法院请求撤销婚姻。

请求撤销婚姻的，应当自知道或者应当知道撤销事由之日起一年内提出。

174. 法律规定的无效婚姻情形有哪些?

案 例

16岁的静静因为不喜欢上学，早早辍学在家。由于是家里的独女，父母舍不得她外出打工，便让她帮助父母干一些农活。一年后，家里人认为静静也老大不小了，是时候给她找个婆家了，便四处托人帮她张罗亲事。邻村的小李比静静年长几岁，长相帅气，憨厚老实，亲戚将他介绍给静静认识后，二人感情迅速升温。一年后，在双方亲友的见证下，小李和静静在老家举办了婚礼。后来，二人来到镇里的民政部门准备办理结婚登记手续，工作人员发现静静还不满20周岁，便拒绝了小李和静静的婚姻登记请求。工作人员表示，因为静静不符合结婚登记的条件，在法律上不能对二人的结婚事实予以认定。那么，小李和静静在老家举办的婚礼具有法律效力吗？在哪些情形下，婚姻是无效的？

解 析

小李和静静在老家举办的婚礼不具有法律效力。根据《民法典》第1051条的规定，在三种情况下婚姻无效：一是重婚，即有配偶者与第三人结婚；二是双方有禁止结婚的亲属关系，即双方是直系血亲或者三代以内的旁系血亲，如兄妹、表兄妹等；三是未到我国法定婚龄，即男性未满22周岁，女性未满20周岁。由此可知，婚姻双方当事人有上述情形之一的，婚姻无效。

在本案中，静静在举行婚礼时不满20周岁，还未到法定婚龄，她与小李的婚姻属于法律规定的婚姻无效的情形。

条 文

《中华人民共和国民法典》

第一千零四十七条 结婚年龄，男不得早于二十二周岁，女不得早于二十周岁。

第一千零四十八条 直系血亲或者三代以内的旁系血亲禁止结婚。

第一千零五十一条 有下列情形之一的，婚姻无效：

（一）重婚；

（二）有禁止结婚的亲属关系；
（三）未到法定婚龄。

175. 凡是无效的婚姻，当事人都可以请求损害赔偿吗？

案 例

许某毕业后在A县某公司工作，后经同事介绍认识了张某。许某与张某多次约会后，双方确定了男女朋友关系，然后开始同居生活。一年之后，许某与张某到A县民政局办理了结婚登记。由于张某是外地人，许某婚前对其缺乏了解，直到婚后自称是张某老婆的小红找上门来，才知道张某于2013年7月6日在外省C县民政局与小红办理了结婚登记手续，并生育了一个男孩两个女孩。张某在与许某办理结婚登记时故意隐瞒了其已在C县登记结婚的事实，欺骗了许某和A县的婚姻登记机关，其行为已经构成重婚。许某因此遭受了极大的伤害，遂向法院提出确认婚姻无效和损害赔偿的请求。请问，凡是无效的婚姻，当事人都可以请求损害赔偿吗？

解 析

在现实生活中，有的已婚人士为了满足自己的私欲，故意隐瞒已经登记结婚的事实，与第三人办理结婚登记，从而构成重婚罪。为了保护无过错方的权益，弥补其物质或精神上的损失，《民法典》第1053条赋予了婚姻无过错方请求损害赔偿的权利。

婚姻之所以被宣告无效或被撤销，往往是因为一方的过错所致，而无过错的一方应当受到法律的保护。由此可知，婚姻无效的，无过错方可以根据法律的规定主动提出赔偿请求，保护自己的合法权益。

在上面的案例中，张某在与许某办理结婚登记时故意隐瞒了其已在C县登记结婚的事实，欺骗了许某，构成重婚，所以两人的婚姻是无效的，许某作为善意相信婚姻登记成立的无过错方，有权请求损害赔偿。可见，凡是无效的婚姻，无过错一方都可以请求损害赔偿，有过错的一方无权请求损害赔偿。

条 文

《中华人民共和国民法典》

第一千零五十一条 有下列情形之一的，婚姻无效：

（一）重婚；
（二）有禁止结婚的亲属关系；
（三）未到法定婚龄。

第一千零五十四条第二款 婚姻无效或者被撤销的，无过错方有权请求损害赔偿。

176. 受胁迫与他人结婚的，受胁迫一方可以申请撤销婚姻吗？

案 例

晓云从小学习成绩优异、长相漂亮，但是她的父母却体弱多病，家庭条件十分困难。晓云大学毕业后，父亲忽然病重，无钱医治，晓云为了给父亲治病四处借钱。同村的老李中年丧妻，家境富裕，借了一笔钱帮助晓云给父亲治病。不幸的是，晓云父亲没有被医治好，不久便去世了。后来，老李便要求晓云嫁给他，否则必须立即还钱，同时还威胁如果晓云不嫁给他，以后也不会让她们孤儿寡母好过。晓云拿不出钱来还债，无奈之下，只能嫁给老李。晓云婚后生活得并不愉快，整日郁郁寡欢。她的朋友听说此事后，告诉她可以到法院申请撤销其与老李的婚姻关系。那么，法院会支持晓云的请求吗？

解　析

法院会支持晓云的请求。婚姻自由是《民法典》倡导的一个基本原则，也是宪法赋予公民的基本权利。我国实行婚姻自由、男女平等的婚姻制度，双方当事人在法律规定的范围内充分享有自主的权力，任何人不得强迫或者干涉他人结婚或者离婚。根据《民法典》第1052条的规定，受胁迫而结婚是可撤销婚姻的法定情形。

关于什么是“胁迫”，《最高人民法院关于适用〈中华人民共和国民法典〉婚姻家庭编的解释（一）》第18条有明确的规定，即“行为人以给另一方当事人或者其近亲属的生命、身体、健康、名誉、财产等方面造成损害为要挟，迫使另一方当事人违背真实意愿结婚”。

在本案中，晓云受到老李的胁迫而与之缔结婚姻关系，符合《民法典》规定的可以撤销婚姻的法定情节，法院会受理并支持晓云的请求，作出撤销婚姻的判决，保护其合法权益。

需要注意的是，受胁迫的人必须在法定的期限内行使自己的撤销权，否则一旦超过法定期限，撤销权即消失。请求撤销婚姻的，应当自胁迫行为终止之日起一年内提出。被非法限制人身自由的当事人请求撤销婚姻的，应当自恢复人身自由之日起一年内提出。同时，这里的“一年”不适用诉讼时效中止、中断或者延长的规定。

此外，受胁迫或者被非法限制人身自由的当事人请求撤销婚姻的，不适用《民法典》第152条第2款“当事人自民事法律行为发生之日起五年内没有行使撤销权的，撤销权消灭”的规定。意思是说，如果申请人一直受到胁迫或者被非法限制人身自由，那么即使结婚超过了五年，也可以申请撤销婚姻。撤销婚姻的诉讼时效的起算点为“胁迫行为终止之日”或“恢复人身自由之日”。

条　文

《中华人民共和国民法典》

第一百五十二条第二款　当事人自民事法律行为发生之日起五年内没有行使撤销权的，撤销权消灭。

第一千零五十二条　因胁迫结婚的，受胁迫的一方可以向人民法院请求撤销婚姻。

请求撤销婚姻的，应当自胁迫行为终止之日起一年内提出。

被非法限制人身自由的当事人请求撤销婚姻的，应当自恢复人身自由之日起一年内提出。

《最高人民法院关于适用〈中华人民共和国民法典〉婚姻家庭编的解释（一）》

第十八条 行为人以给另一方当事人或者其近亲属的生命、身体、健康、名誉、财产等方面造成损害为要挟，迫使另一方当事人违背真实意愿结婚的，可以认定为民法典第一千零五十二条所称的“胁迫”。

因受胁迫而请求撤销婚姻的，只能是受胁迫一方的婚姻关系当事人本人。

第十九条 民法典第一千零五十二条规定的“一年”，不适用诉讼时效中止、中断或者延长的规定。

受胁迫或者被非法限制人身自由的当事人请求撤销婚姻的，不适用民法典第一百五十二条第二款的规定。

177. 婚前故意隐瞒自己不能生育的事实的，对方知道后可以向法院请求撤销婚姻吗?

案例

丽丽和小军同在一家公司上班，由于丽丽长相出众、工作能力强，小军对她心生爱慕，在追求丽丽半年之后，二人确定了恋爱关系。由于之前做过重大手术，丽丽已无法生育，但是因不确定两人是否能长久相处，丽丽便没有告知小军此事。随着相处时间的增加，丽丽觉得小军是个可以托付终生的男人，虽然几次想将自己无法生育的事实告诉小军，但是因为害怕影响二人的关系便没有说出口。一段时间后，在亲朋好友的祝福下，二人举行了隆重的婚礼。结婚两年后，丽丽一直没有怀孕，无奈之下她只能将事实和盘托出。小军知道此事后认为丽丽是在故意隐瞒病情，感觉自己受到了极大的欺骗。于是，小军决定结束这段婚姻。那么，他可以请求法院撤销他与丽丽的婚姻吗?

解析

在婚姻关系当中最基本的原则就是相互坦诚，然而，有的人为了达到结婚的目的，故意向对方隐瞒自己患有重大疾病的事实，致使在结婚后对方发现这一事实，并由此引发纠纷。对于此种情形，《民法典》第1053条规定，在结婚的当事人中，如果一方患有重大疾病，如肿瘤、先天性心脏病、严重的精神疾病等治疗费用较高，且在较长一段时间内严重影响患者正常生活和工作的疾病，患病一方有义务在结婚登记前告知对方。如果患病一方未如实告知对方，在结婚之后被另一方发现的，可以请求撤销婚姻。由此可知，在婚姻中，患有重大疾病的一方需要履行婚前告知义务。

在本案中，丽丽在婚前因进行过重大手术而无法生育，属于严重影响未来生活的疾病，丽丽应当在结婚前将自己患病的事实如实告知小军。但是，丽丽因为种种原因对小军进行了隐瞒。因此，如果小军想结束婚姻，可以在知道丽丽不能生育之日起一年内向人民法院请求撤销婚姻。

条 文

《中华人民共和国民法典》

第一千零五十三条 一方患有重大疾病的，应当在结婚登记前如实告知另一方；不如实告知的，另一方可以向人民法院请求撤销婚姻。

请求撤销婚姻的，应当自知道或者应当知道撤销事由之日起一年内提出。

（三）家庭关系

178. 在对孩子的抚养、教育和保护方面，夫妻之间的权利、义务是平等的吗？

案 例

于某与陈某登记结婚后，陈某于次年生下一女瑶瑶。于某与陈某虽然属于自愿结婚，但二人的教育背景悬殊。丈夫于某大学本科毕业，而妻子陈某连初中都没有读完。在女儿出生后的几年内，于某为了培养女儿，尽心尽力，但他不愿意让妻子教育女儿，认为妻子没文化，不能担负起教育培养女儿的重任。夫妻二人经常为此争吵。那么，于某的做法正确吗？

解 析

于某的做法是不正确的。《民法典》第1058条规定，夫妻双方平等享有和承担对未成年子女抚养、教育和保护的权利与义务。该原则性规定一方面强调了夫妻双方对未成年子女抚养、教育和保护的权利义务是平等的，不存在孰优孰劣和孰高孰低之分；另一方面有助于帮助夫妻双方树立正确的亲子关系理念。

对未成年子女的教育是指父母在日常生活中对子女的思想、智力、文化等方面的关心和帮助。这里的“教育者”是父母，是以“身份”关系为依托的，不以地位、学历、性别、财富等为前提，父母中的任何一方都有教育、抚养和保护子女的权利与义务。

在上面的案例中，于某因嫌弃妻子学历低而不让其教育培养女儿的做法是错误的。

条 文

《中华人民共和国民法典》

第一千零五十八条 夫妻双方平等享有对未成年子女抚养、教育和保护的权利，共同承担对未成年子女抚养、教育和保护的义务。

179. 劳务报酬属于夫妻共同财产吗？

案 例

廖某与瞿某于2019年2月21日登记结婚。结婚后，廖某除了每天在公司上班，晚上还经常在某网络平台上直播唱歌。由于歌唱得好听，常常引来很多人围观打赏。一次偶然的机会，廖某接触了毒品并染上了毒瘾。从此之后，廖某不仅丢了工作，还经常毒瘾发作。瞿某忍无可忍，向法院起诉离婚，并请求将廖某在某网络平台上直播所得的11万元的劳务报酬作为夫妻共同财产予以分割。那么，劳务报酬属于夫妻共同财产吗？

解　析

劳务报酬往往是指个人独立从事各种技艺、提供各项劳务取得的收入。关于劳务报酬是否属于夫妻共同财产一直有争议。之前，《婚姻法》第17条没有将劳务报酬纳入夫妻共同财产的范围，而《民法典》第1062条则在《婚姻法》第17条第1项“工资、奖金”的基础上，增加了“劳务报酬”，将劳务报酬也纳入夫妻共同财产的范围。这一规定实际上扩大了夫妻共同财产的范围，即只要是夫妻双方或一方在婚后产生的收入，原则上都视为夫妻共同财产。总体而言，《民法典》对于夫妻共同财产范围的规定更加准确和详细，更符合社会的实际情况，也更有利于司法实践的开展。

在上面的案例中，廖某在工作之余进行了网络直播，所挣的11万元可以认为是劳务报酬收入，这部分收入属于其婚后所得，应当视为夫妻双方的共同财产，瞿某在离婚时可以请求将这11万元作为夫妻共同财产予以分割。

条　文

《中华人民共和国民法典》

第一千零六十二条第一款　夫妻在婚姻关系存续期间所得的下列财产，为夫妻的共同财产，归夫妻共同所有：

（一）工资、奖金、劳务报酬；

……

180. 一方以个人财产投资所得收益，属于夫妻共同财产吗？

案　例

原告杨某（女）与被告梁某（男）于2018年12月登记结婚，婚后因感情失和，于2019年5月开始分居。2019年7月，杨某起诉要求离婚，被法院驳回，但双方感情一直未见好转。2021年2月，杨某再次起诉要求离婚，并要求分割夫妻共同财产。双方对于财产的分割产生了分歧。梁某在婚前有一套价值100万元的房屋，2018年1月梁某用该房屋作为出资入股与朋友合伙经营生意，两年内获得25万元利润后退出股份。杨某主张梁某入股所得的25万元利润为夫妻共同财产，应予以分割，而梁某认为房屋是自己的婚前个人财产，用房屋入股投资所得的收益也应属于个人财产，不能作为夫妻共同财产进行分割。请问，梁某的说法正确吗？

解　析

梁某的说法不正确。这里所说的一方以个人财产投资取得的收益，是指在夫妻关系存续期间，夫妻一方以个人的财产进行投资所获取的利益。此处的个人财产，既包括婚前属于夫妻一方的个人财产，也包括婚后夫妻双方约定属于夫妻一方的个人财产。投资行为有可能发生在婚前，也有可能发生在婚后，但所得收益必须是在夫妻关系存续期间已实际取得的收益。

对于一方以个人财产投资取得的收益是否属于夫妻共同财产，根据《民法典》第1062条第1款第2项的规定，夫妻在婚姻关系存续期间所得的投资收益为夫妻共同财产。《民法典》没有作出投资的本钱是个人还是夫妻共同财产的区分，那么也就是说，只要投资收益发生在婚内，都应该属于夫妻共同财产。《民法典》第1062条较之前的《婚姻法》第17条增加了“投资的收益”的规定，使得夫妻共同财产的范围进一步扩大，对保障家庭财产权益起到重要作用，更符合现代家庭财产投资形式日益多元化的实际情况。

此外，《最高人民法院关于适用〈中华人民共和国民法典〉婚姻家庭编的解释（一）》第25条明确规定：“婚姻关系存续期间，下列财产属于民法典第一千零六十二条规定的‘其他应当归共同所有的财产’：（一）一方以个人财产投资取得的收益；……”因此，无论如何，一方以个人财产投资取得的收益都属于夫妻共同财产。

在上面的案例中，梁某的房屋是自己的婚前个人财产，其用房屋入股投资，并在婚后产生了25万元利润，这部分财产属于婚后一方以个人财产投资所得的收益，依法属于夫妻共同财产的范围。因此，杨某在离婚时可以请求将这25万元利润作为夫妻共同财产予以分割。

条 文

《中华人民共和国民法典》

第一千零六十二条 夫妻在婚姻关系存续期间所得的下列财产，为夫妻的共同财产，归夫妻共同所有：

……

（二）生产、经营、投资的收益；

……

（五）其他应当归共同所有的财产。

夫妻对共同财产，有平等的处理权。

《最高人民法院关于适用〈中华人民共和国民法典〉婚姻家庭编的解释（一）》

第二十五条 婚姻关系存续期间，下列财产属于民法典第一千零六十二条规定的“其他应当归共同所有的财产”：

（一）一方以个人财产投资取得的收益；

（二）男女双方实际取得或者应当取得的住房补贴、住房公积金；

（三）男女双方实际取得或者应当取得的基本养老金、破产安置补偿费。

181. 专利转让费属于夫妻共同财产吗?

案 例

2018年1月1日，汪某与吴某登记结婚，走进了婚姻殿堂。从小聪明过人的汪某一直喜欢发明东西，人送绰号“小发明”。婚后汪某获得了一项实用新型专利，2020年2月，汪某与某公司签订了专利转让合同，双方约定某公司以

30万元购买汪某的专利。吴某得知后，专门在某饭店为汪某进行庆祝。由于汪某经常沉迷于发明，忽略了吴某，双方渐渐产生隔阂，2021年4月，吴某提出离婚，并要求分割30万元的专利转让费。但是汪某主张专利转让费是靠自己的智力获得的，应属于个人财产，不属于夫妻共同财产，吴某无权请求分割。那么，专利转让费属于夫妻共同财产吗？

解　析

专利转让费属于知识产权收益的一种，根据《民法典》第1062条第1款第3项的规定，夫妻在婚姻关系存续期间所得的知识产权的收益为夫妻共同财产，归夫妻共同所有。由此可见，在夫妻婚姻关系存续期间，一方已经实际取得的知识产权的收益，应当作为夫妻共同财产。但需要注意的是，对于离婚时夫妻一方尚未取得或未明确已经取得经济利益的知识产权，不属于夫妻共同财产。例如，某人创作的文稿还没有出版，已经注册完成的商标还没有进行转让。由于享有知识产权的夫妻一方以后可能将自己的作品转让，也可能自己收藏，还可能赠送给朋友，因此无法确定知识产权的收益是否存在，对此不应认定为夫妻共同财产。

这里需要注意区分知识产权与知识产权的收益。知识产权是对智力成果享有的一种权利，兼具财产权和人身权的双重属性。其中具有人身权性质的权利，如作品的署名权、发表权等权利，因具有较强的人身属性，应专属于著作权人一方所有。而知识产权的收益是一种财产权，夫妻一方在婚姻关系存续期间所得的知识产权收益为夫妻的共同财产，应归夫妻共同所有。

在本案中，汪某将他的一项实用新型专利转让，并取得了30万元专利转让费，这是其与吴某婚姻关系存续期间实际取得的财产性收益，依法属于夫妻共同财产，吴某在离婚时可以请求分割。

条　文

《中华人民共和国民法典》

第一千零六十二条第一款　夫妻在婚姻关系存续期间所得的下列财产，为夫妻的共同财产，归夫妻共同所有：

……

（三）知识产权的收益；

……

《最高人民法院关于适用〈中华人民共和国民法典〉婚姻家庭编的解释（一）》

第二十四条　民法典第一千零六十二条第一款第三项规定的“知识产权的收益”，是指婚姻关系存续期间，实际取得或者已经明确可以取得的财产性收益。

182. 因身体受到伤害而得到的医疗费、精神损失费等属于夫妻共同财产吗？

案　例

屈某对自己的单眼皮一直不满意，

2019年，屈某经朋友介绍到贺某处做双眼皮整形手术。手术过程中，因贺某失误造成屈某的眼睑受伤并留下疤痕。屈某便找贺某解决，但是贺某一直未给出解决方案。2020年3月，屈某由于病情恶化导致伤眼失明，无奈之下，屈某以侵害健康权为由请求被告贺某承担医疗费、残疾人生活补助费、精神损失费等费用。2020年7月，法院判决被告贺某赔偿原告屈某医疗费12万元及精神损失费1万元。屈某一只眼睛失明后，性情大变，经常无理取闹。屈某的丈夫谢某忍无可忍，在2021年3月向法院起诉请求与屈某离婚，并请求将贺某赔偿的12万元医疗费和1万元精神损失费作为夫妻共同财产予以分割。请问，因身体受到伤害而得到的医疗费、精神损失费等属于夫妻共同财产吗？

解　析

侵权人赔付医疗费的目的旨在恢复受害人的身体健康。由于这些财产与人身关系非常密切，对于保护个人的身心健康具有重要意义，因此应当专属于个人所有，而不能成为夫妻共同财产。对此，《民法典》第1063条明确规定，一方因受到人身损害获得的赔偿或者补偿属于夫妻一方个人财产。这一规定有利于维护受害人的合法权益，为受害人得到有效治疗及正常生活提供了法律保障。

而精神损失费则是因人身权益受到不法侵害而导致精神痛苦或精神损害，受害人请求加害人给予的一定经济赔偿。对于在夫妻关系存续期间，一方所取得的精神损失费是否为夫妻共同财产，法律没有明确的规定。但是，根据《民法典》第1063条第2项的规定，一方因受到人身损害获得的赔偿或者补偿属于夫妻一方财产。从本条的文字解释来看，精神损失费应属于本条规定的一方因受到人身损害获得的赔偿，属于受害的夫妻一方的财产。

因此，本案中屈某因整形受到伤害所得的12万元医疗费和1万元精神损失费应属于屈某个人财产，谢某无权请求分割。

另外还需注意的是，医疗费、交通费、营养费等赔偿金或补偿金虽然属于受害的夫妻一方所有，但是在实际生活中，这些费用一般由受害者的家庭先垫付，这时就要区分情况，如果用来垫付的钱是夫妻共同财产，那么这些赔偿金或补偿金也应视为夫妻共同财产，而不是归夫妻一方所有。

条　文

《中华人民共和国民法典》

第一千零六十三条　下列财产为夫妻一方的个人财产：

……

（二）一方因受到人身损害获得的赔偿或者补偿；

……

183. 在妻子不知情的情况下，丈夫将大额财产赠给他人，妻子可以将财产追回吗？

案 例

徐先生与田女士是夫妻，二人白手起家，共同创下一片基业。但是好景不长，田女士发现徐先生总是在外面拈花惹草，还包养了一个情妇，田女士不能忍受丈夫的背叛，便打算与徐先生离婚。徐先生知道自己与田女士不久即将离婚，便将家里的50万元存款送给情妇露露。不久，田女士发现这50万元存款不见了，经过查找转账记录，发现已经转到了露露的名下。田女士执意要讨回这50万元，但不知道自己能否要回。那么，丈夫在田女士不知情的情况下将大额财产赠送给情妇，田女士能追回这笔钱吗？

解 析

夫妻双方对于家庭财产有平等处分的权利，生活中日常的必要开支可由一人作出决定，但是家庭重大开支需要共同协商处理。根据《民法典》第1062条第2款的规定，夫妻对共同所有的财产有平等的处理权。同时，该法第1060条明确规定，夫妻一方因家庭日常生活需要而实施的民事法律行为，对夫妻双方发生效力。由此可知，夫妻一方非因家庭日常生活需要而对夫妻共同财产做重要处分的，夫妻双方应当平等协商，在取得一致意见的基础上进行。

在本案中，徐先生瞒着妻子田女士，将50万元家庭存款赠送给情妇露露，不属于因家庭日常生活需要进行的开支，因此赠与行为无效，田女士可以向露露追回这笔钱。

条 文

《中华人民共和国民法典》

第一千零六十条 夫妻一方因家庭日常生活需要而实施的民事法律行为，对夫妻双方发生效力，但是夫妻一方与相对人另有约定的除外。

夫妻之间对一方可以实施的民事法律行为范围的限制，不得对抗善意相对人。

第一千零六十二条第二款 夫妻对共同财产，有平等的处理权。

184. 在离婚时，丈夫可以不承担妻子向他人借钱购买名牌包的欠款吗？

案 例

刘先生和陈女士在一次朋友聚会上相识，二人一见钟情，3个月后便领证结婚。但是，婚后生活却远不尽如人意，刘先生发现陈女士特别没有家庭责任感，每天只顾着吃喝玩乐、享受生活。而且刘先生最不能够忍受的就是陈女士特别能花钱，几乎每个月都要购买很多衣服和化妆品，结婚时收到的彩礼很快被她挥霍一空。几经劝说无果，刘先生向陈女士提出了离婚，陈女士同意了他的要求，但是在分配财产时她拿出了一张自己购买名牌包包时向朋友借款8万元的借条，她认为这是在婚姻存续期间的借款，刘先生应当与她共同承担债务。刘先生认为他不应当负担陈女士为购买名牌包包背负的欠款。那么，什么是夫妻共同债务呢？在离婚时，刘先生可以不与陈女士共同承担这8万元的欠款吗？

解 析

在婚姻关系中，夫妻双方的财产经常共同管理、共同处分，导致在共同债务问题上界定不清。一般而言，夫妻双方为了共同生活所负担的债务，由夫妻二人共同承担。然而现实生活中，有的夫妻一方在对方不知情的情况下负债累累。那么，这些债务究竟是否属于夫妻共同债务，另一方是否负有偿还责任呢？《民法典》第1064条对共同债务问题作出了明确规定，确定属于夫妻共同债务的，需要符合一定的条件：(1)有夫妻双方共同签名的债务；(2)夫妻一方事后追认等共同意思表示所负的债务；(3)在婚姻关系存续期间以个人名义为家庭日常生活需要所负的债务。如果夫妻一方以个人名义超出家庭日常生活所负的债务，除非债权人能够证明债务用于夫妻共同生活、共同生产经营或者基于夫妻双方共同意思表示，否则均不属于夫妻共同债务。由此可知，在婚姻关系存续期间，不是夫妻任何一方所负的债务都是共同债务。

在本案中，陈女士为购买名牌包包所负的债务，不是为家庭日常生活需要所负的债务，不属于夫妻共同债务，在离婚时，刘先生不需要共同承担这8万元欠款的偿还责任。

条 文

《中华人民共和国民法典》

第一千零六十四条 夫妻双方共同签名或者夫妻一方事后追认等共同意思表示所负的债务，以及夫妻一方在婚姻关系存续期间以个人名义为家庭日常生活需要所负的债务，属于夫妻共同债务。

夫妻一方在婚姻关系存续期间以个人名义超出家庭日常生活需要所负的债务，不属于夫妻共同债务；但是，债权人能够证明该债务用于夫妻共同生活、共同生产经营或者基于夫妻双方共同意思表示的除外。

《最高人民法院关于适用〈中华人民共和国民法典〉婚姻家庭编的解释(一)》

第三十三条 债权人就一方婚前所负个人债务向债务人的配偶主张权利的，人民法院不予支持。但债权人能够证明所负债务用于婚后家庭共同生活的除外。

第三十四条 夫妻一方与第三人串通，虚构债务，第三人主张该债务为夫妻共同债务的，人民法院不予支持。

夫妻一方在从事赌博、吸毒等违法犯罪活动中所负债务，第三人主张该债务为夫妻共同债务的，人民法院不予支持。

185. 岳父患重大疾病后，女婿拒绝支付医药费，女儿可以向法院请求分割夫妻共同财产吗？

案 例

刘某和妻子姜某已经结婚20多年了，夫妻关系还算融洽。但是，刘某和姜某父母的关系一直以来都不是特别好，因为在结婚时刘某为了筹集姜某父母要求的大笔彩礼而不得不四处借钱。因此，刘某对姜某的父母一直心存芥蒂，在日常生活中也尽量避免和他们打交道。随着时间的流逝，姜某的父母已年迈，平时小病不断，但好在没什么大问题。但在不久前，姜某的父亲老姜被查出患有癌症，医生建议立刻动手术，这就需要支付一大笔医药费。姜某回家和刘某商量，但刘某明确表示拒绝支付。那么，在这种情况下，姜某可以向法院请求分割夫妻共同财产吗？

解 析

一般而言，在夫妻双方没有另外约定的情况下，婚姻关系存续期间的所得基本都会被认定为夫妻共同财产。同时，只有在法定情形下，夫妻一方才可以请求法院分割共同财产。根据《民法典》第1066条第2款的规定，法定情形包括：（1）一方有隐藏、转移、变卖、毁损、挥霍夫妻共同财产或者伪造夫妻共同债务等严重损害夫妻共同财产利益的行为；（2）一方负有法定扶养义务的人患重大疾病需要医治，另一方不同意支付相关医疗费用。

《最高人民法院关于适用〈中华人民共和国民法典〉婚姻家庭编的解释（一）》第38条明确规定，除上述两种情形外，人民法院对婚内分割共同财产的请求都不予支持。

在上面的案例中，老姜作为姜某的父亲，姜某对其有法定的扶养义务。在老姜患重大疾病需要医治时，刘某作为姜某的丈夫，有义务协助姜某履行扶养义务。根据上述规定，当刘某不同意支付老姜的医疗费用时，姜某可以向人民法院请求分割夫妻共同财产。

条 文

《中华人民共和国民法典》

第一千零六十六条 婚姻关系存续期间，有下列情形之一的，夫妻一方可以向人民法院请求分割共同财产：

（一）一方有隐藏、转移、变卖、毁损、挥霍夫妻共同财产或者伪造夫妻共同债务等严重损害夫妻共同财产利益的行为；

（二）一方负有法定扶养义务的人患重大疾病需要医治，另一方不同意支付相关医疗费用。

《最高人民法院关于适用〈中华人民共和国民法典〉婚姻家庭编的解释（一）》

第三十八条 婚姻关系存续期间，除民法典第一千零六十六条规定情形以外，夫妻一方请求分割共同财产的，人民法院不予支持。

186. 子女可以阻止父母离婚吗？

案 例

杨某和李某是一对夫妻，由于性格不合，二人的婚姻生活一直不幸福，但是为了儿子兵兵，这段婚姻也维持了20多年。儿子上大学后，杨某和李某决定离婚，结束这段已经毫无感情的婚姻。兵兵知道父母要离婚的消息后，感到非常难以接受，他觉得父母一旦分开，自己就再也没有一个完整的家庭了，并且认为父母这么大岁数离婚会让外人看笑话。于是，兵兵急忙从学校赶回家，坚决不允许父母办理离婚手续，并称如果他们离婚，自己再也不会回到这个城市。那么，子女是否可以阻止父母离婚呢？

解 析

婚姻自由既包括结婚自由，也包括离婚自由，任何人，包括父母和子女，均不得干涉。但在现实生活中，子女阻止父母离婚的现象时有发生，但其实这种行为已经违反了法律的禁止性规定。《民法典》第1069条明确规定子女应当尊重父母的婚姻权利，不得干涉父母离婚、再婚以及婚后的生活。子女对父母的赡养义务，不因父母的婚姻关系变化而终止。因此，作为子女应当尊重父母关于自己婚姻的决定权，不能强加干涉。

在本案中，儿子兵兵应当尊重父母的真实意愿，不能阻止父母离婚。

条 文

《中华人民共和国民法典》

第一千零六十九条 子女应当尊重父母的婚姻权利，不得干涉父母离婚、再婚以及婚后的生活。子女对父母的赡养义务，不因父母的婚姻关系变化而终止。

187. 非婚生脑瘫患儿应该由谁来履行抚养义务？

案 例

张先生是一位比较成功的商人，有一个幸福美满的家庭。在一次朋友的酒宴上，张先生认识了年轻貌美的孙小姐，之后两人便发生了不正当关系，孙小姐成了张先生的情妇。半年后，孙小姐怀孕了，张先生因不想与妻子离婚，便要求孙小姐打掉孩子。但是，孙小姐坚持要将孩子生下来，并为此与张先生闹僵。不料，孙小姐生下的孩子是一个脑瘫患儿，她自己无力抚养患病的幼儿，便找到张先生要求共同承担对这个孩子的抚养责任。张先生认为自己没有要求孙小姐生下这个孩子，而且自己与她又没有婚姻关系，不应当对孩子履行抚养责任。那么，张先生的想法正确吗？非婚生脑瘫患儿应该由谁来履行抚养义务呢？

解 析

张先生的想法是错误的，他应当对自己与孙小姐所生的脑瘫患儿履行抚养义务。为了保护非婚生子女的合法权益，我国法律明确规定生父母对未成年子女负有抚养、教育和保护的义务，子女是否为婚生子女，并不会影响这一抚养义务的履行。根据《民法典》第26条和第1067条的规定，父母对子女有抚养的义务，如果父母不履行抚养义务，应当向未成年子女或不能独立生活的子女给付抚养费。同时，该法第1071条规定，非婚生子女享有与婚生子女同等的权利，不直接抚养的生父或者生母，应当负担未成年子女或者不能独立生活的成年子女的抚养费。由此可见，无论生父母是否与子女共同生活，对非婚生子女都必须承担抚养责任，给付抚养费用。

在本案中，张先生虽然不同意孙小姐生下孩子，但是孩子降生后，张先生就是孩子的生父，应当对孩子履行抚养义务，即便张先生与孙小姐没有婚姻关系，且不与孩子共同生活，也应当向孩子支付抚养费。而且，如果这个孩子成年之后不能独立生活，张先生仍要向他给付抚养费。

条 文

《中华人民共和国民法典》

第二十六条 父母对未成年子女负有抚养、教育和保护的义务。

成年子女对父母负有赡养、扶助和保护的义务。

第一千零六十七条 父母不履行抚养义务的，未成年子女或者不能独立生活的成年子女，有要求父母给付抚养费的权利。

成年子女不履行赡养义务的，缺乏劳动能力或者生活困难的父母，有要求成年子女给付赡养费的权利。

第一千零七十一条 非婚生子女享有与婚生子女同等的权利，任何组织或者个人不得加以危害和歧视。

不直接抚养非婚生子女的生父或者生母，应当负担未成年子女或者不能独立生活的成年子女的抚养费。

188. 怀疑孩子不是亲生的，可否向法院起诉要求确认亲子关系？

案 例

甜甜温柔可人、长相出众，在一次聚会上，吴先生对她一见钟情。经过一段时间的追求，两人确立了恋爱关系，并迅速结婚。结婚不久后，儿子嘟嘟出生，全家人都沉浸在孩子带来的喜悦中。但是，随着嘟嘟的长大，吴先生发现儿子长得并不是很像自己，而且吴先生还听说了关于甜甜的一些传闻。据说甜甜结婚前曾是当地某位富豪的情妇，现在两人还未了断关系。吴先生越来越怀疑儿子嘟嘟并非自己的亲生骨肉，便提出想带儿子去做亲子鉴定。甜甜知道后非常生气，拒绝了吴先生的要求，并将嘟嘟带回了娘家。那么，在这种情况下，吴先生能否向法院起诉要求确认亲子关系？

解 析

孩子是家庭的希望，也是父母精神

上的寄托，养育孩子时父母会倾注很多心血，如果发现养育的孩子不是自己的亲生骨肉，会给父母造成巨大的伤害。因此，当怀疑孩子是否为自己亲生时，父亲或者母亲有权请求人民法院确认亲子关系。根据《民法典》第1073条的规定，有正当理由怀疑亲子关系时，父或者母可以向人民法院提起诉讼，请求确认或者否认亲子关系。

本案例中，吴先生认为儿子长得与自己不像，而且听说妻子甜甜与他人有非正常男女关系，吴先生有合理的理由怀疑甜甜所生的孩子不是自己的，他可以向法院起诉请求确认自己和儿子之间是否存在亲子关系。

此外，根据《最高人民法院关于适用〈中华人民共和国民法典〉婚姻家庭编的解释（一）》第39条的规定，在确认或否认亲子关系的案件中，一方如果已经提供了必要的证据证明存在或不存在亲子关系，而另一方没有证据反驳，但是又不配合做亲子鉴定的，那么法院就可以认定存在或不存在亲子关系。

条 文

《中华人民共和国民法典》

第一千零七十三条 对亲子关系有异议且有正当理由的，父或者母可以向人民法院提起诉讼，请求确认或者否认亲子关系。

对亲子关系有异议且有正当理由的，成年子女可以向人民法院提起诉讼，请求确认亲子关系。

《最高人民法院关于适用〈中华人民共和国民法典〉婚姻家庭编的解释（一）》

第三十九条 父或者母向人民法院起诉请求否认亲子关系，并已提供必要证据予以证明，另一方没有相反证据又拒绝做亲子鉴定的，人民法院可以认定否认亲子关系一方的主张成立。

父或者母以及成年子女起诉请求确认亲子关系，并提供必要证据予以证明，另一方没有相反证据又拒绝做亲子鉴定的，人民法院可以认定确认亲子关系一方的主张成立。

（四）离 婚

189. 所有的离婚方式都要经过离婚冷静期吗？

案 例

大亮和小红在媒人的安排下进行了相亲，由于二人都30多岁了，父母对于他们的婚姻大事又非常着急，再加上他们在相亲时瞧着对方都不讨厌，于是决定建立恋爱关系，先处处看。半年后，双方都觉得对方还可以，加上父母催婚，于是便登记结婚了。婚后的生活琐碎，大亮和小红渐渐发现对方的缺点，并越来越不能忍受，开始互相厌烦，三天一小吵，五天一大吵。最终，二人决定好聚好散。小红听说《民法典》颁布后，只要想离婚，就要经过一个冷静期，可她连一天都不想等了，只想立刻离婚。

那么，所有的离婚方式，都要经过“离婚冷静期”吗？

解 析

近年来，离婚率不断高升，为了防止夫妻因一时草率而作出离婚的决定，《民法典》第1077条增加了关于“离婚冷静期”的规定，即自婚姻登记机关收到离婚登记申请之日起，如果在30日内，任何一方不愿意离婚的，可以撤回离婚登记申请。如果30日后，双方仍坚持离婚并亲自到婚姻登记机关申请发放离婚证，婚姻关系才得以解除。这30日就是我们俗称的“离婚冷静期”。

但是，不是任何离婚方式都要经过“离婚冷静期”。只有在协议离婚的情形下才存在“离婚冷静期”，如果双方是通过诉讼的方式离婚，则不需经过“离婚冷静期”。

在本案中，大亮和小红如果想协议离婚，到婚姻登记处办理离婚手续，就要经过30日的“离婚冷静期”，在提交离婚申请30天后，如果双方仍坚持离婚，应当亲自到婚姻登记机关申请发给离婚证。

条 文

《中华人民共和国民法典》

第一千零七十七条 自婚姻登记机关收到离婚登记申请之日起三十日内，任何一方不愿意离婚的，可以向婚姻登记机关撤回离婚登记申请。

前款规定期限届满后三十日内，双方应当亲自到婚姻登记机关申请发给离婚证；未申请的，视为撤回离婚登记申请。

190. 法院判决不准离婚后，女方搬回娘家居住，多久之后可以达到准予离婚的条件？

案 例

刘某和陈某是一对夫妻，两人通过网络认识。由于两人在网上聊得情投意合，彼此都认为找到了人生的归宿，遂在网恋6个月后步入了婚姻的殿堂。然而，结婚3个月后，刘某对自己的妻子陈某感到厌倦，觉得陈某不是一个贤妻良母，于是两人的争吵越来越多。一天，刘某因为琐事扇了陈某两巴掌，陈某气不过，遂去法院提起离婚。法院审理之后，并未准予离婚。当天晚上，陈某回到家时到刘某正与一位陌生女子通电话，第二天通过检查刘某手机发现刘某与其他女性在网上暧昧不清，陈某当场气晕。醒后决定离开刘某，搬回父母家住。一年后，陈某见刘某一次都未找过她，对刘某失望透顶，再次向法院提起离婚。那么，在这种情况下，法院会准予二人离婚吗？

解 析

在司法实践中，为了维护家庭的稳定和谐，避免夫妻一方因冲动离婚，法院对于离婚案件首先会进行调解，调解不成的，如果感情确已破裂，则准予离婚。同时，《民法典》第1079条第3款规定，调解无效，应准予离婚的情形：重婚或者与他人同居；实施家庭暴力或者虐待、遗弃家庭成员；有赌博、吸毒等恶习屡教不改；因感情不和分居满二年；其他导致夫妻感情破裂的情形。此外，《民法典》在第1079条增加了一款规定，即经人民法院判决不准离婚后，双方又分居满一年，一方再次提起离婚诉讼的，应当准予离婚。

在上面的案例中，陈某第一次申请离婚时法院判决陈某和刘某不准离婚，陈某无法忍受刘某在网上与他人暧昧的行为，于是搬回父母家中居住，一年间，刘某对陈某不闻不问，可见他们的婚姻确实没有感情基础了，陈某回父母家一年，和刘某处于分居状态，满足了准予离婚的条件，陈某第二次提起离婚，法院应当判决离婚。

条 文

《中华人民共和国民法典》

第一千零七十九条 夫妻一方要求离婚的，可以由有关组织进行调解或者直接向人民法院提起离婚诉讼。

人民法院审理离婚案件，应当进行调解；如果感情确已破裂，调解无效的，应当准予离婚。

有下列情形之一，调解无效的，应当准予离婚：

（一）重婚或者与他人同居；

（二）实施家庭暴力或者虐待、遗弃家庭成员；

（三）有赌博、吸毒等恶习屡教不改；

（四）因感情不和分居满二年；

（五）其他导致夫妻感情破裂的情形。

一方被宣告失踪，另一方提起离婚诉讼的，应当准予离婚。

经人民法院判决不准离婚后，双方又分居满一年，一方再次提起离婚诉讼的，应当准予离婚。

191. 婚姻关系的解除时间以什么为标准？

案 例

张某和刘某自由恋爱一个月后便闪婚。领证当天，二人脸上洋溢着幸福的笑。他们把结婚证分享到了朋友圈，朋友们纷纷点赞送祝福。然而婚后没多久，张某就暴露出自己的暴力倾向，经常在喝醉酒以后殴打刘某，并且，张某作风不正，与其他异性关系暧昧。刘某无法忍受张某的所作所为，向法院提起离婚。法院判决张某和刘某离婚，并将判决书送达双方当事人，张某在收到判决书后第10天便又想与他人闪婚。那么此时，张某和刘某的婚姻关系解除了吗？婚姻关系的解除时间以什么为标准？

解 析

现实生活中，夫妻双方的离婚方式可以有协议离婚和诉讼离婚两种。协议离婚的，双方签订了书面离婚协议，去婚姻登记机关申请离婚，完成离婚登记时，婚姻关系解除。诉讼离婚的，人民法院作出离婚判决书、调解书以后，并不意味着夫妻双方的婚姻关系就解除了。根据《民事诉讼法》第164条第1款的规定：当事人不服地方人民法院第一审判决的，有权在判决书送达之日起15日内向上一级人民法院提起上诉。也就是说，一审判决作出以后，判决书送达了双方，双方有15天的上诉期，任何一方当事人对判决不服的，可以上诉，如果双方对一审判决都没有异议，上诉期届满，一审判决书生效。

在上面的案例中，离婚判决书送达张某和刘某后，如果张某和刘某对一审判决没有异议，15天上诉期届满后判决生效。然而，张某在收到离婚判决后第10天便想与他人结婚，此时离婚判决书还未生效，他与刘某的婚姻关系还没解除，他是不能够再婚的。

条　文

《中华人民共和国民法典》

第一千零七十六条第一款　夫妻双方自愿离婚的，应当签订书面离婚协议，并亲自到婚姻登记机关申请离婚登记。

第一千零八十条　完成离婚登记，或者离婚判决书、调解书生效，即解除婚姻关系。

《中华人民共和国民事诉讼法》

第一百六十四条第一款　当事人不服地方人民法院第一审判决的，有权在判决书送达之日起十五日内向上一级人民法院提起上诉。

192. 夫妻在离婚时，应当如何确定孩子的抚养权呢？

案　例

小王与小吴经人介绍后认识结婚，婚后育有一个可爱的儿子。孩子出生后，双方在养育孩子的问题上经常发生分歧，而且随着相处时间的增加，二人经常会因为生活琐事吵得不可开交。他们越来越觉得彼此性格不合，最终，在孩子1岁3个月时，二人一致决定离婚。但是，双方关于孩子抚养权的问题争执不下，都想获得孩子的抚养权，认为孩子跟随自己更有利于他的成长。二人协商无果，最终诉至法院。那么，在此种情况下，法院会将孩子的抚养权判给哪一方呢？

解　析

夫妻双方如果育有子女的，在离婚时，子女的抚养权的归属是需要明确的关键问题。关于子女抚养权的归属，《民法典》作出规定，离婚后，对于不满两周岁的子女，原则上由母亲抚养；对于已满两周岁的子女，如双方因抚养问题发生争执不能达成协议时，由人民法院按照最有利于未成年子女的原则判决。同时，子女已满8周岁的，在判决时应当尊重子女本人的意见。

此外，由于各个家庭的实际情况不同，比如离婚时孩子虽然不满两周岁，但是如果交给母亲抚养并不适合；又如孩子已满两周岁，父母均要求直接抚养，但是一方符合优先获得抚养权的条件的；再如孩子自小在祖父母或者外祖父母身边长大；等等。对于此，《最高人民法院关于适用〈中华人民共和国民法典〉婚姻家庭编的解释（一）》第44条至第48条作出了明确规定，具体情况可依据其条款进行对号入座。

在本案例中，小王和小吴决定离婚时，儿子不满两周岁，法院原则上应当判决孩子由其母亲小吴抚养。

条文

《中华人民共和国民法典》

第一千零八十四条 父母与子女间的关系，不因父母离婚而消除。离婚后，子女无论由父或者母直接抚养，仍是父母双方的子女。

离婚后，父母对于子女仍有抚养、教育、保护的权利和义务。

离婚后，不满两周岁的子女，以由母亲直接抚养为原则。已满两周岁的子女，父母双方对抚养问题协议不成的，由人民法院根据双方的具体情况，按照最有利于未成年子女的原则判决。子女已满八周岁的，应当尊重其真实意愿。

《最高人民法院关于适用〈中华人民共和国民法典〉婚姻家庭编的解释（一）》

第四十四条 离婚案件涉及未成年子女抚养的，对不满两周岁的子女，按照民法典第一千零八十四条第三款规定的原则处理。母亲有下列情形之一，父亲请求直接抚养的，人民法院应予支持：

（一）患有久治不愈的传染性疾病或者其他严重疾病，子女不宜与其共同生活；

（二）有抚养条件不尽抚养义务，而父亲要求子女随其生活；

（三）因其他原因，子女确不宜随母亲生活。

第四十五条 父母双方协议不满两周岁子女由父亲直接抚养，并对子女健康成长无不利影响的，人民法院应予支持。

第四十六条 对已满两周岁的未成年子女，父母均要求直接抚养，一方有下列情形之一的，可予优先考虑：

（一）已做绝育手术或者因其他原因丧失生育能力；

（二）子女随其生活时间较长，改变生活环境对子女健康成长明显不利；

（三）无其他子女，而另一方有其他子女；

（四）子女随其生活，对子女成长有利，而另一方患有久治不愈的传染性疾病或者其他严重疾病，或者有其他不利于子女身心健康的情形，不宜与子女共同生活。

第四十七条 父母抚养子女的条件基本相同，双方均要求直接抚养子女，但子女单独随祖父母或者外祖父母共同生活多年，且祖父母或者外祖父母要求并且有能力帮助子女照顾孙子女或者外孙子女的，可以作为父或者母直接抚养子女的优先条件予以考虑。

第四十八条 在有利于保护子女利益的前提下，父母双方协议轮流直接抚养子女的，人民法院应予支持。

193. 因一方出轨导致离婚的，未出轨一方能够多分财产吗？

案 例

张女士和王先生于2010年结为夫妻，并育有一子小王。这本来应该是一个幸福美满的家庭，但是后来，张女士在工作中认识了唐先生，因为两人有频繁的业务交流，再加上王先生工作很忙没有时间陪伴张女士，于是张女士喜欢上了唐先生，并且常常借出差之名和唐先生约会。王先生发现妻子出轨后，要求离婚，张女士同意离婚，但是双方就财产处理不能达成一致，王先生要求自己多分财产，而张女士认为夫妻共同财产应当平均分配。那么，因一方出轨导致离婚的，未出轨一方能够多分财产吗？

解 析

根据《民法典》第1087条第1款的规定，夫妻双方离婚时，对于夫妻共同财产的分配应当协商处理，如果双方的意思不能达成一致，可以通过法院判决，由法院对夫妻共同财产作出分配。法院在判决的过程中，会考虑照顾子女、女方和无过错方的权益。换言之，如果丈夫或者妻子在抚养孩子的过程中付出得更多，会相应地获得更多财产。女方作为弱势的一方，其权益也会被法院考虑。而“无过错方权益”则是说，如果有一方有过错，另一方无过错，那么应当考虑无过错方的权益，对其予以照顾。

本案例中，张女士和王先生在婚姻存续期间共同抚育孩子小王，不存在谁付出得更的情况。由于王先生和张女士离婚的原因是张女士婚内出轨，给这段婚姻造成了严重的伤害，属于过错方。王先生勤勤恳恳工作，并未作出伤害这个家庭的行为，是无过错方。法院在分割财产时，应当考虑王先生的权益，适当多分财产给王先生。

条 文

《中华人民共和国民法典》

第一千零八十七条第一款 离婚时，夫妻的共同财产由双方协议处理；协议不成的，由人民法院根据财产的具体情况，按照照顾子女、女方和无过错方权益的原则判决。

194. 全职照顾家庭的妇女在离婚时能获得更多的经济补偿吗？

案 例

彤彤大学毕业后来到一家外贸公司上班，工作能力突出，经常受到领导的肯定。同公司的小杨对彤彤一见钟情，二人恋爱一段时间后步入婚姻殿堂。婚后，为了更好地照顾家庭和孩子，彤彤决定辞去工作。小杨的工作越来越忙，还经常到外地出差，由于对彤彤缺乏关心和照顾，彤彤对他总是猜忌。随着时间的流逝，二人的感情出现了严重的裂痕，经协商后，二人决定离婚。彤彤由于多年没有外出工作，没有经济来源，一时也无法找到合适的工作，她认为自己为家庭作出了巨大的牺牲，小杨在离婚时应该多给她一些经济补偿，她的要求有法律依据吗？

解 析

通常来说，夫妻双方在离婚时，对于财产的分配应当遵循公平的原则，但在特定情况下，也需要对有困难的一方予以照顾。比如，对于因为照顾家庭作出较多牺牲的一方，在离婚时应当进行适当补偿。对此，《民法典》第1088条明确规定，夫妻一方负担较多家庭义务的，离婚时有权向另一方请求补偿，另一方应当给予补偿。同时，在《民法典》中删除了《婚姻法》中“书面约定婚姻关系存续期间所得的财产归各自所有”的规定。也就是说，《民法典》支持为家庭作出较大贡献的一方应当获得更多的经济补偿。

在本案例中，彤彤为照顾孩子和家庭放弃了工作，可以认定为照顾家庭付出了较多的劳动，这种劳动虽然没有换取直接的货币报酬，但其价值不容否认，因此离婚时彤彤有权要求小杨给予其补偿。

条 文

《中华人民共和国民法典》

第一千零八十八条 夫妻一方因抚育子女、照料老年人、协助另一方工作等负担较多义务的，离婚时有权向另一方请求补偿，另一方应当给予补偿。具体办法由双方协议；协议不成的，由人民法院判决。

195. 离婚时，在哪些情况下，一方应给予另一方以帮助？

案 例

2016年6月，王先生和张女士登记结婚。2017年春天，张女士在某次上班途中不幸发生车祸，双腿粉碎性骨折。由于张女士的父母年纪都很大，整个治疗期间都是王先生在细心照顾她。令人遗憾的是，张女士的双腿一直无法长时间站立，多数时候需要靠轮椅行动。车祸之后，张女士也无法从事以前的工作，只能在家接一些简单的兼职补贴家用，而王先生的事业却蒸蒸日上。巨大的落差让张女士性情大变，经常无缘无故地对王先生发火，甚至把车祸的原因归结于王先生。这样的生活过了3年多，王先生再也无法忍受，便向张女士提出了离婚。但是张女士的生活难以自理，她想知道，离婚后王先生还有义务帮助自己吗？

解 析

根据《民法典》第1090条中的规定，夫妻双方离婚后，如果一方生活有困难，如没有劳动能力或者经济收入无法维持自己正常的生活，而另一方在可以维系自己的正常生活之外，还有能力对生活困难的一方给予帮助的，应当对有困难的一方给予帮助。帮助的方式由双方协商，协商不成的可以由法院判决。

本案例中，张女士发生车祸之后双腿无法长时间站立，劳动能力受到限制，经济收入无法维持自己的生活，而张女士的父母年事已高，无法为其提供生活帮助。离婚之后，张女士的生活将处于很困难的状态。而王先生近年事业蒸蒸日上，离婚之后不仅可以保证自己维持原来的生活水平，而且尚有富余。因此，离婚后，王先生有义务为张女士提供一定的帮助。

条 文

《中华人民共和国民法典》

第一千零九十条 离婚时，如果一方生活困难，有负担能力的另一方应当给予适当帮助。具体办法由双方协议；协议不成的，由人民法院判决。

196. 离婚后发现前夫曾隐藏夫妻共同财产，起诉请求再次分割的，有时间限制吗？

案 例

高某和冉某在某社交平台上认识，聊了一阵子之后在线下见了面。见面后，二人互生好感，有意进一步发展。没过多久，二人一冲动就闪婚了。结婚后，二人才发现双方在很多方面都不合适，并且经常吵架，直到最后觉得日子过不下去，就到民政局办理了离婚手续，并对夫妻双方的共同财产进行了分割。离婚两年后，冉某发现前夫高某曾在其不知情的情况下用夫妻二人的共同财产买了一辆车，且在分割共有财产时将其隐藏起来。于是，冉某立刻向法院起诉，请求再次分割夫妻共同财产。那么，离婚后发现另一方曾隐藏夫妻共同财产，起诉请求再次分割的，会受到时间限制吗？

解 析

根据《民法典》第1092条的规定，在离婚分割夫妻共同财产时，如果夫妻一方有隐藏、转移、变卖、毁损、挥霍夫妻共同财产，或者伪造夫妻共同债务企图侵占另一方财产的行为，法院可以根据实际情况对这一方当事人少分或者不分。如果在离婚后，另一方发现上述行为的，可以向人民法院提起诉讼，请求再次分割夫妻共同财产。根据相关司法解释的规定，在上述情况下请求再次分割夫妻共同财产会受到诉讼时效的限制。具体而言，就是当事人请求再次分割夫妻共同财产的诉讼时效期间为3年，从当事人发现上述行为之日起计算。也就是说，不论当事人已经离婚多长时间，只要在发现上述行为后3年内起诉即可。

在本案例中，冉某在离婚两年后发现高某有隐匿夫妻共同财产的行为，根据上述规定，应从冉某发现高某隐匿夫妻共同财产行为之日起开始计算诉讼时效，为期3年。因冉某在发现后立刻向法院提起诉讼，在3年的诉讼时效期内，符合法律规定，法院应该对该案件进行受理，并再次对夫妻共同财产进行分割。

条 文

《中华人民共和国民法典》

第一千零九十二条 夫妻一方隐藏、转移、变卖、毁损、挥霍夫妻共同财产，或者伪造夫妻共同债务企图侵占另一方财产的，在离婚分割夫妻共同财产时，对该方可以少分或者不分。离婚后，另一方发现有上述行为的，可以向人民法院提起诉讼，请求再次分割夫妻共同财产。

《最高人民法院关于适用〈中华人民共和国民法典〉婚姻家庭编的解释（一）》

第八十四条 当事人依据民法典第一千零九十二条的规定向人民法院提起诉讼，请求再次分割夫妻共同财产的诉讼时效期间为三年，从当事人发现之日起计算。

（五）收 养

197. 已满 16 周岁的孩子还能被收养吗？

案 例

小于出生于 2004 年 11 月，由于父母感情不和且家庭经济拮据，母亲吴某在他很小的时候就离家出走，抛下了年幼的小于和于爸爸。于爸爸为了赚钱养家，长期在外务工，但是收入微薄。小于一直和奶奶生活在一起，由奶奶照顾他的饮食起居和学习。令人欣慰的是，小于的家庭虽然不完整，但是父亲和奶奶却给了他足够多的爱，使他成长为一个活泼开朗、品行良好、成绩优异、独立自强的孩子，备受邻居们的称赞。然而，好景不长，2020 年 11 月，于爸爸被查出患有肾衰竭，不久便不治身亡。此时，16 岁的小于还在读高中，突然失去了至亲和经济来源，对他和奶奶来说无疑是一个巨大的打击。2021 年 2 月，当地新闻节目报道了小于的不幸遭遇，希望社会热心人士能够给予帮助。一对在车祸中失去孩子的喻姓夫妇来到小于家，提出要收养小于。那么，这对夫妇能够收养已满 16 周岁的小于吗？

解 析

根据《民法典》第 1093 条的规定，丧失父母的孤儿、查找不到生父母的未成年人，或者生父母有特殊困难无力抚养的未成年子女可以被收养。在《收养法》中则规定，不满 14 周岁的上述未成年人可以被收养。由此可见，《民法典》扩大了被收养人的范围，更有利于保护未成年人健康成长。在收养的身份法律关系中，当事人分别是收养人、被收养人和送养人。收养人为养父母，被收养人为养子女，送养人是被收养人的生父母或者其他人。收养的目的是使被收养人更好地成长，因此，收养要符合被收养人的利益，不得违背公序良俗。

在上面的案例中，小于是年满 16 周岁的未成年人，父亲已经去世，母亲也不知去向，喻氏夫妇经过小于和小于奶奶的同意可以收养小于。

条 文

《中华人民共和国民法典》

第一千零九十三条 下列未成年人，可以被收养：

（一）丧失父母的孤儿；

（二）查找不到生父母的未成年人；

（三）生父母有特殊困难无力抚养的子女。

《中华人民共和国收养法》

第四条 下列不满十四周岁的未成年人可以被收养：

（一）丧失父母的孤儿；

（二）查找不到生父母的弃婴和儿童；

（三）生父母有特殊困难无力抚养的子女。

198. 夫妻在育有一子的情况下，还能收养其他孩子吗？

案 例

小刘与小韩是一对非常恩爱的夫妻，结婚两年后生了一个非常可爱的儿子。已过而立之年的他们非常热心慈善事业，2020年4月，夫妻二人在参加一次义工活动时，在当地福利院见到了一个懂事听话、非常讨人喜欢的小女孩。小刘夫妇想收养这个小女孩，为她创造一个更好的成长环境。但是，小刘的同事说他们已经有一个孩子了，不符合收养的条件。小刘和小韩听了觉得十分遗憾。那么，在夫妻二人已经育有一子的情况下，还能收养其他孩子吗？

解 析

夫妻双方即使已经育有一子，也可以收养其他孩子，但需要同时满足收养的相关条件。关于收养的条件，《民法典》第1098条明确规定，收养人同时具备以下五项条件的，可以进行收养：一是夫妻双方无子女或者只有一名子女；二是收养人有抚养、教育和保护被收养人的能力；三是收养人没有不适宜收养子女的疾病；四是收养人无不利于被收养人健康成长的违法犯罪记录；五是收养人年满30周岁。由此可见，在夫妻双方只有一名子女的情况下，只要同时符合其他条件，是可以再收养子女的。此外，根据《民法典》第1100条第1款的规定，已经有子女的收养人只能收养一名子女。但是，收养孤儿、残疾未成年人或者儿童福利机构抚养的查找不到生父母的未成年人，可以不受该规定和本法第1098条第1项规定的限制。

在本案例中，小刘和小韩只有一个孩子且已过而立之年，即已满30周岁，只要他们同时符合收养的其他三个条件，是可以收养这个小姑娘的。

条 文

《中华人民共和国民法典》

第一千零九十八条 收养人应当同时具备下列条件：

（一）无子女或者只有一名子女；

（二）有抚养、教育和保护被收养人的能力；

（三）未患有在医学上认为不应当收养子女的疾病；

（四）无不利于被收养人健康成长的违法犯罪记录；

（五）年满三十周岁。

第一千一百条 无子女的收养人可以收养两名子女；有子女的收养人只能收养一名子女。

收养孤儿、残疾未成年人或者儿童福利机构抚养的查找不到生父母的未成年人，可以不受前款和本法第一千零九十八条第一项规定的限制。

199. 曾因盗窃罪被判刑的人能收养孩子吗?

案 例

楚某曾因犯盗窃罪入狱4年。出狱后，楚某努力重新融入社会，他工作勤奋，待人真诚，受到同事的一致好评。随着时间的推移，同事们对他的了解也越来越多，在知道了楚某曾经犯盗窃罪入狱的事实后，部分同事开始慢慢地疏远他，他也感到越来越孤独。之后楚某离开了原来工作的城市，开始自己创业，经营一家茶餐厅。凭着对工作的热忱和优质的服务，楚某的茶餐厅越做越好，他和父母因此过上了更好的生活。遗憾的是，楚某没有自己的孩子，于是楚某的朋友建议楚某收养一名孩子。那么，曾因盗窃罪被判刑的人能收养孩子吗?

解 析

根据《民法典》第1098条的规定，收养人收养孩子应当同时具备五个条件：第一，收养人没有子女或者只有一名子女；第二，收养人具有抚养、教育和保护被收养人的能力；第三，收养人未患有在医学上认为不应当收养子女的疾病；第四，收养人无不利于被收养人健康成长的违法犯罪记录；第五，收养人年满30周岁。医学上认为不应当收养子女的疾病主要指精神病和传染病。此外，收养人也不应该具有不利于被收养人健康成长的违法犯罪记录。这主要是考虑到孩子容易受到家庭环境的影响，为了给被收养的孩子提供一个健康的生活环境，禁止有不利于被收养人健康成长的违法犯罪记录的人收养孩子。

在上面的案例中，楚某曾因犯盗窃罪被判刑四年，留下了犯罪记录，因此不能收养孩子。

条 文

《中华人民共和国民法典》

第一千零九十八条 收养人应当同时具备下列条件：

（一）无子女或者只有一名子女；

（二）有抚养、教育和保护被收养人的能力；

（三）未患有在医学上认为不应当收养子女的疾病；

（四）无不利于被收养人健康成长的违法犯罪记录；

（五）年满三十周岁。

200. 单身女性收养男童，需要符合有年龄差距的条件吗？

案 例

张女士从小家境贫寒，很早就来到大城市打工。她头脑灵活、为人热情，很快就自己创业当上了老板，生意做得很成功，年纪轻轻就打下了一片基业。由于张女士一心打理生意，无暇顾及自己的感情生活，因此一直没有找到合适的男朋友。张女士觉得一个人生活也很好，但如果能有个孩子陪伴，生活会更有乐趣。于是，在35岁时，她决定收养一个男孩，这样以后还能继承她的事业。然而，张女士听说现在收养异性子女需要收养人与被收养人之间有一定的年龄差。那么，这一说法正确吗？单身女性收养男童，双方之间需要至少相差多少岁呢？

解 析

由于工作忙碌或者找不到合适的人共同生活，越来越多的人选择保持单身，而为了让自己的生活有所寄托，单身的人收养子女的现象也逐渐增多。为了保护未成年人的合法权益，尤其是保护这些被收养的未成年人，《民法典》对无配偶者收养异性子女的年龄限制作出了规定。根据《民法典》第1102条的规定，无配偶者收养异性子女的，年龄应当相差40周岁以上。由此可知，无论是单身女性收养男童还是单身男性收养女童，收养人与被收养人的年龄都必须相差40周岁以上。否则，是不能收养异性子女的。

在本案例中，张女士作为单身人士，如果要收养男童，她与被收养的男童年龄必须相差40周岁以上。但张女士年仅35周岁，因此不符合收养男童的条件。

条 文

《中华人民共和国民法典》

第一千一百零二条 无配偶者收养异性子女的，收养人与被收养人的年龄应当相差四十周岁以上。

201. 成立或者解除收养关系时被收养人年满多少岁的，应该征得其同意？

案 例

小东出生于2013年1月，2016年，其父董某由于犯抢劫罪被判刑5年。从那以后，小东便与母亲隋某一起生活。隋某认为小东是一个巨大的负担，经常虐待和辱骂小东。小东慢慢长大，他开始梦想着逃离这个家。2021年3月，隋某扛不住巨大的经济压力，和邻居的闲言碎语，也没有信心为小东提供良好的生活和教育环境，于是决定将小东送养给愿意收养他的蔡先生和王女士。隋某和蔡先生以及王女士征求小东的意见，小东向三人表示自己愿意被收养。就这样，小东被蔡先生和王女士收养了。小东来到了新家，虽然新家的经济条件好了很多，小东却依然怀念和母亲隋某生活的日子，隋某也后悔将小东送养。过了半年，小东的父亲出狱了，小东想回到亲生父母的身边。那么，在什么情况下，收养关系可以解除？成立或解除收养关系时，被收养人年满多少岁的，应当征得其同意？

解 析

根据《民法典》第1104条的规定，收养人收养与送养人送养，应当遵守双方自愿的原则。收养8周岁以上未成年人的，应当征得被收养人的同意。《民法典》第1114条第1款的规定："收养人在被收养人成年以前，不得解除收养关系，但是收养人、送养人双方协议解除的除外。养子女八周岁以上的，应当征得本人同意。"也就是说，被收养的未成年人年满8周岁的，要经过被收养人的同意。收养人原则上不得解除与未成年被收养人的收养关系，但是，收养人、送养人双方协议解除的，收养人可以解除与未成年被收养人的收养关系。此外，如果养子女已经8周岁以上，还要看养子女是否愿意解除与养父母之间的收养关系。

在上面的案例中，小东年满8周岁时自己同意被收养，与养父母成立了收养关系。后来，小东想要回到亲生父母身边，只要送养人隋某与收养人蔡先生和王女士达成协议，并且小东同意解除与收养人之间的收养关系，就可以实现他的愿望，回到父母身边。

条 文

《中华人民共和国民法典》

第一千一百零四条 收养人收养与送养人送养，应当双方自愿。收养八周岁以上未成年人的，应当征得被收养人的同意。

第一千一百一十四条 收养人在被收养人成年以前，不得解除收养关系，但是收养人、送养人双方协议解除的除外。养子女八周岁以上的，应当征得本人同意。

收养人不履行抚养义务，有虐待、遗弃等侵害未成年养子女合法权益行为的，送养人有权要求解除养父母与养子女间的收养关系。送养人、收养人不能达成解除收养关系协议的，可以向人民法院提起诉讼。

202. 解除收养关系后，养父母可以要求亲生父母支付抚养费吗？

案 例

小航和小莉结婚多年一直没有孩子，2019年，夫妻二人商量收养一个孩子，他们托亲戚在老家找到了想送养孩子的老李夫妇。老李家里有3个孩子，家庭条件十分困难。双方商议后，老李夫妇决定将最小的女儿梅梅送给小航和小莉抚养，并办理了收养手续。这两年老李家的生活状况有所改善，由于送养后一直对小女儿心存愧疚，便找到了小航夫妇想要回梅梅的抚养权。小航夫妇答应了他们的请求，但是要求老李支付过去两年抚养梅梅的费用。那么，解除收养关系后，养父母可以要求亲生父母支付抚养费吗？

解析

在解除收养关系后，养父母有权向亲生父母主张补偿抚养孩子的费用。养育孩子不仅要耗费大量的精力，也要花费大量的金钱，一旦亲生父母主张解除收养关系，会给养父母造成很大的感情伤害，也会使养父母受到经济损失。对此，《民法典》第 1118 条第 2 款明确规定，生父母要求解除收养关系的，养父母可以要求生父母适当补偿收养期间支出的抚养费。但是，如果养父母虐待、遗弃养子女而解除收养关系的，不能请求补偿。据此可知，如果生父母要求解除收养关系，只要不存在养父母虐待、遗弃养子女的情形，养父母是有权要求生父母补偿抚养费的。

在本案例中，老李夫妇将小女儿梅梅送给小航夫妇抚养两年后，想要回孩子的抚养权，在小航夫妇没有虐待、遗弃梅梅的情况下，小航夫妇可以向老李夫妇要求补偿梅梅的抚养费用，老李夫妇也应当予以补偿。

条文

《中华人民共和国民法典》

第一千一百一十八条第二款 生父母要求解除收养关系的，养父母可以要求生父母适当补偿收养期间支出的抚养费；但是，因养父母虐待、遗弃养子女而解除收养关系的除外。

六、继　承

（一）一般规定与法定继承

203. 贪污所得能否作为遗产继承？

案　例

严某在2014年至2016年担任某村党支部书记期间，利用协助政府核实上报本村粮食耕地种植面积的职务之便，伙同其同事王某将本村多余的粮食耕地种植面积以其本人及亲属的名义虚报冒领，骗取国家粮食综合补贴、良种补贴等农资综合补贴款共计人民币20万元，并将其存入个人账户。2018年严某因病去世，其妻子、儿子继承了其名下的车辆、房屋以及银行存款30余万元。2021年，严某的同事王某因利用职务之便骗取国家粮食补贴的行为事发，被公诉机关以贪污罪向人民法院提起诉讼。在案件侦查过程中，王某供述了2014年至2016年伙同严某贪污的上述事实。那么，严某贪污所得的20万元，可以作为遗产被继承吗？

解　析

根据《民法典》第1122条的规定，遗产是自然人死亡时遗留的个人合法财产。依照法律规定或者根据其性质不得继承的遗产，不得继承。严某贪污所得不属于个人合法财产，因此是不能被继承的。虽然严某已去世，根据《刑事诉讼法》的规定对严某不予起诉，但是根据《最高人民法院、最高人民检察院关于办理贪污贿赂刑事案件适用法律若干问题的解释》第18条的规定，贪污贿赂犯罪分子违法所得的一切财物，应当依照《刑法》第64条的规定予以追缴或者责令退赔，对被害人的合法财产应当及时返还。对尚未追缴到案或者尚未足额退赔的违法所得，应当继续追缴或者责令退赔。

在上面的案例中，严某去世后，其妻子、儿子继承的遗产中，有20万元并非严某的个人合法财产，不能作为遗产继承，应由相关部门进行追缴。因此，贪污所得的财产不能作为遗产继承。

条　文

《中华人民共和国民法典》

第一千一百二十二条　遗产是自然人死亡时遗留的个人合法财产。

依照法律规定或者根据其性质不得继承的遗产，不得继承。

《中华人民共和国刑法》

第六十四条 犯罪分子违法所得的一切财物，应当予以追缴或者责令退赔；对被害人的合法财产，应当及时返还；违禁品和供犯罪所用的本人财物，应当予以没收。没收的财物和罚金，一律上缴国库，不得挪用和自行处理。

《最高人民法院、最高人民检察院关于办理贪污贿赂刑事案件适用法律若干问题的解释》

第十八条 贪污贿赂犯罪分子违法所得的一切财物，应当依照刑法第六十四条的规定予以追缴或者责令退赔，对被害人的合法财产应当及时返还。对尚未追缴到案或者尚未足额退赔的违法所得，应当继续追缴或者责令退赔。

204. 口头上说放弃继承资格算数吗？

案 例

李某于2021年2月1日死亡，留下了174300元存款。李某的妻子早亡，膝下有3个儿子为法定继承人，其中，最小的儿子叫李某三。料理完李某的后事后，李某三的两个哥哥找到李某三协商将遗产分割，但李某三口头表示放弃继承权。后来，两个哥哥自行将李某遗留的174300元从银行取出并平分，没有给李某三预留一份。两个哥哥认为，在分割遗产之前，李某三已经主动放弃继承遗产，因此不再享有继承权。那么，李某三口头放弃继承资格的表示算数吗？

解 析

根据《民法典》第1124条第1款的规定，继承开始后，继承人放弃继承的，应当在遗产处理前，以书面形式作出放弃继承的表示；没有表示的，视为接受继承。《最高人民法院关于适用〈中华人民共和国民法典〉继承编的解释（一）》第33条也规定放弃继承者应以书面形式向遗产管理人或者其他继承人表示。

在上面的案例中，李某三是李某的合法继承人，其并未以任何书面形式表示放弃继承，故口头说放弃继承资格并不算数，其仍然享有继承权。对于李某所遗留的174300元存款，两个哥哥应在获得李某三的书面表示后再进行分割，而李某三如果愿意接受，可以分得三分之一。

条 文

《中华人民共和国民法典》

第一千一百二十四条 继承开始后，继承人放弃继承的，应当在遗产处理前，以书面形式作出放弃继承的表示；没有表示的，视为接受继承。

受遗赠人应当在知道受遗赠后六十日内，作出接受或者放弃受遗赠的表示；到期没有表示的，视为放弃受遗赠。

《最高人民法院关于适用〈中华人民共和国民法典〉继承编的解释（一）》

第三十三条 继承人放弃继承应当以书面形式向遗产管理人或者其他继承人表示。

205. 欺骗老人订立遗嘱，幡然醒悟之后取得老人谅解的，还有资格继承遗产吗？

案例

小雨是家里唯一的男孩，全家人都非常宠爱他。但是，因为家人的纵容和溺爱，导致小雨不学无术、不求上进，小小年纪便辍学在社会上鬼混。小雨20岁时染上了赌博的恶习，家人都对他非常失望，多次劝说无果后，便说要与他断绝关系，不会再让他从家里拿走一分钱。有一次，小雨赌博输光了身上所有的钱，于是想骗走爷爷的财产。他向爷爷保证，从此改邪归正，戒掉赌瘾。爷爷订立了一份遗嘱，表示过世后将自己名下的房产留给小雨，并给了他5万元作为创业资金。小雨拿到钱后又去赌博，爷爷对他大失所望，撤销了遗嘱，再也不与他联系。后来，小雨找到了一个很好的女朋友，帮助他戒掉了赌瘾，走上了正途。家人看到小雨这样很是欣慰，爷爷又重新订立了遗嘱，将自己全部的财产都留给小雨。那么，小雨曾经欺骗爷爷订立遗嘱，现在他还有资格继承遗产吗？

解析

为了保护被继承人的合法权益，本来具有继承资格的人如果犯了一些严重违反人伦道德的罪行或有严重的不道德行为，将丧失作为继承人的资格，不再享有继承遗产的权利。根据《民法典》第1125条的规定，将使继承人丧失继承权的行为包括：故意杀害被继承人；为争夺遗产杀害其他继承人；遗弃或者虐待被继承人；伪造、篡改、隐匿或者销毁遗嘱，情节严重；以欺诈、胁迫手段迫使或者妨碍被继承人设立、变更或者撤回遗嘱。只要有这五种行为之一，继承人将丧失继承资格。同时，为引导行为人向善，法律还为其留有一丝余地，如果继承人实施的是第三项至第五项行为，确有悔改表现，被继承人表示宽恕或者事后在遗嘱中将其列为继承人的，该继承人不丧失继承权，仍然可以按照规定继承遗产。

在上面的案例中，小雨为了骗取钱财欺骗爷爷立下遗嘱，情节较为严重，已经丧失了继承的资格，但是小雨在找到女朋友后走上正途，获得了爷爷的谅解，爷爷在后来订立的遗嘱中仍将他作为继承人。因此，小雨不会丧失继承权，可以继承爷爷的遗产。

条文

《中华人民共和国民法典》

第一千一百二十五条第一款 继承人有下列行为之一的，丧失继承权：

（一）故意杀害被继承人；

（二）为争夺遗产而杀害其他继承人；

（三）遗弃被继承人，或者虐待被继承人情节严重；

（四）伪造、篡改、隐匿或者销毁遗嘱，情节严重；

（五）以欺诈、胁迫手段迫使或者妨碍被继承人设立、变更或者撤回遗嘱，情节严重。

第二款　继承人有前款第三项至第五项行为，确有悔改表现，被继承人表示宽恕或者事后在遗嘱中将其列为继承人的，该继承人不丧失继承权。

206. 外甥女可以继承姨妈的遗产吗？

案　例

梅女士是一位成功的企业家，因为早年将全部的精力放在自己的事业上，便一直没有结婚生子。年岁大了之后，梅女士越来越渴望家庭的温暖，恰好自己妹妹的女儿依依跟她在同一个城市生活，而且依依非常懂事孝顺，经常抽出时间去看望姨妈。2019 年，80 岁的梅女士突发脑中风瘫痪在床，依依因母亲去世之前自己没有在床前尽孝，深感遗憾，便将姨妈接到自己的家中照顾。2021 年梅女士去世，留下一大笔财产无人继承。依依不知道自己作为姨妈唯一的亲人，是否可以继承姨妈的财产呢？

解　析

在当事人没有订立遗嘱的情况下，遗产继承人应当按照继承顺序继承。《民法典》第 1127 条规定，遗产按照下列顺序继承：第一顺序：配偶、子女、父母；第二顺序：兄弟姐妹、祖父母、外祖父母。继承开始后，由第一顺序继承人继承，第二顺序继承人不继承；没有第一顺序继承人的，由第二顺序继承人继承。同时，该法第 1128 条规定，被继承人的兄弟姐妹先于被继承人死亡的，由被继承人的兄弟姐妹的子女代位继承。

在上面的案例中，梅女士在死亡时没有配偶、子女、父母，由于没有第一顺位继承人，因此应当由第二顺位继承人继承，但是，她的妹妹先于她死亡，应当由妹妹的女儿依依代位继承。由此可知，依依可以代位继承梅女士的遗产。

条　文

《中华人民共和国民法典》

第一千一百二十七条　遗产按照下列顺序继承：

（一）第一顺序：配偶、子女、父母；

（二）第二顺序：兄弟姐妹、祖父母、外祖父母。

继承开始后，由第一顺序继承人继承，第二顺序继承人不继承；没有第一顺序继承人继承的，由第二顺序继承人继承。

本编所称子女，包括婚生子女、非婚生子女、养子女和有扶养关系的继子女。

本编所称父母，包括生父母、养父母和有扶养关系的继父母。

本编所称兄弟姐妹，包括同父母的兄弟姐妹、同父异母或者同母异父的兄弟姐妹、养兄弟姐妹、有扶养关系的继兄弟姐妹。

第一千一百二十八条　被继承人的

子女先于被继承人死亡的，由被继承人的子女的直系晚辈血亲代位继承。

被继承人的兄弟姐妹先于被继承人死亡的，由被继承人的兄弟姐妹的子女代位继承。

代位继承人一般只能继承被代位继承人有权继承的遗产份额。

（二）遗嘱继承和遗赠

207. 老人可以立遗嘱把自己的财产赠与社会组织吗？

案 例

李女士年轻时是一个事业型女强人，只顾着忙自己的生意，对家庭关心很少。丈夫很早就与李女士离婚，唯一的儿子从小被寄养在奶奶家，与她很少见面，母子感情也比较淡漠。后来，儿子出国定居，更是很多年都不和李女士见面。李女士年纪大了之后，一直都是聘请保姆照顾自己，她的儿子也没有回国陪伴她。2021 年 2 月，82 岁的李女士突发中风，经抢救后有半边的身体失去了行动能力。李女士觉得自己已经没剩多少时日了，而且儿子的生活也不需要自己照顾，于是，她决定将自己奋斗一生积累的财产全部捐赠给当地的爱心助学组织，想用自己的钱帮助更多失学儿童。那么，李女士可以订立遗嘱把自己的财产赠与社会组织吗？

解 析

法律充分尊重个人的合法行为。作为自然人，我们可以按照自己的意愿处分财产，如果不想将财产留给法定继承人继承，可以通过立遗嘱的方式将财产赠与国家、集体，还可以赠与组织或者个人。根据《民法典》第 1133 条第 3 款规定，自然人可以立遗嘱将个人财产赠与法定继承人以外的组织、个人。

在上面的案例中，李女士可以不将自己的财产留给儿子，而通过订立遗嘱的方式将财产赠与社会组织。

条 文

《中华人民共和国民法典》

第一千一百三十三条第三款 自然人可以立遗嘱将个人财产赠与国家、集体或者法定继承人以外的组织、个人。

208. 什么是遗嘱信托？

案 例

刘先生是一家上市公司的董事长，从年轻时开始下海打拼，经过几十年才挣得如今的家业。今年 70 多岁的他，身体开始出现问题。自己的两个儿子都是从小被惯坏的，平日里只顾着吃喝玩乐，对生意上的事并不上心，虽然之前刘先生也对他们进行了历练，但是没有一个儿子能接手刘先生的事业。刘先生不禁开始担心，自己去世之后两个儿子不仅无法继承自己的事业，而且可能还会将自己辛苦挣得的家业败光。在一次和老友的闲聊中，刘先生听说当前存在一种遗嘱信托制度，这种制度可以帮助自己解决烦恼。那么，究竟什么是遗嘱信托呢？

解　析

遗嘱信托，就是委托人通过立遗嘱，在自己去世后将自己的财产交付给信托机构处理，信托机构根据委托人的意愿，为照顾特定的受益人而进行财产规划、管理和处分信托财产。通过遗嘱信托，不仅可以将财产留给继承人，还可以通过遗嘱执行人的理财能力弥补继承人无力理财的缺陷，从而减少因遗产产生的纷争。《民法典》在第1133条第4款中新增了关于遗嘱信托的条款，明确自然人可以依法设立遗嘱信托。

在上面的案例中，如果刘先生担心在自己去世后，两个儿子无法合理管理自己的财产，可以通过遗嘱信托的方式，将自己的财产交由值得信任的信托机构处理，使孩子们将来的生活更有保障。

条　文

《中华人民共和国民法典》

第一千一百三十三条第四款　自然人可以依法设立遗嘱信托。

209. 怎样才能使打印的遗嘱生效？

案　例

朱爷爷今年88岁，身体一直非常硬朗，但2021年春节后，朱爷爷的身体每况愈下。有一天，朱爷爷晕倒在家里，家人立即将他送往医院。经过抢救之后，朱爷爷醒了过来。朱爷爷知道自己将不久于人世，便想趁自己还清醒，将身后事通过遗嘱的方式确定下来，以便省去后续的麻烦。但是，朱爷爷的身体状况已经不允许他书写文字，他不知道通过打印的方式订立的遗嘱是否有效。那么，要使打印的遗嘱生效需要满足什么条件呢？

解　析

根据法律规定，自然人除了可以通过手写的方式订立遗嘱，还可以通过打印的方式将遗嘱确立下来。但是，为了防止有人篡改遗嘱或者编造假遗嘱，打印的遗嘱必须要满足一定条件才有效。根据《民法典》第1133条和第1136条的规定，通过立遗嘱处分个人财产时，如果以打印的形式订立遗嘱，需要有两个以上的见证人在场，同时，见证人和立遗嘱人应当在遗嘱的每一页上签名，并注明年、月、日。

在上面的案例中，如果朱爷爷希望通过打印的方式订立遗嘱，需要找到至少两个见证人同时在场见证，并且在遗嘱打印完成后，见证人和朱爷爷本人都需要在遗嘱的每一页上签字，注明日期。这样，这份打印的遗嘱才具有法律效力。

条　文

《中华人民共和国民法典》

第一千一百三十三条第一款　自然人可以依照本法规定立遗嘱处分个人财产，并可以指定遗嘱执行人。

第一千一百三十六条 打印遗嘱应当有两个以上见证人在场见证。遗嘱人和见证人应当在遗嘱每一页签名，注明年、月、日。

210. 以录视频的方式订立遗嘱的，遗嘱需要具备哪些条件才有效？

案 例

刘某是通过读书走出大山的，因此，他十分理解大山里的孩子对都市生活的渴望，并且一直热衷于做公益活动，向偏远山村捐助教育器材、图书等物资，以帮助大山里的孩子们改善学习条件。刘某在某次走访山区的时候认识了一个小朋友亮亮，亮亮家境十分贫困，但他学习成绩特别好，又特别懂事，刘某便决定长期资助亮亮。刘某每年暑假时都会将亮亮接到城里，也会经常给亮亮买衣服和学习用品。由于自己没有孩子，刘某完全将亮亮当作亲生儿子来对待。但不幸的是，刘某在2021年检查出患有癌症，并且已经到了晚期。他在医院治疗时，决定趁着自己意识还清醒，以录视频的方式来订立遗嘱，将自己存款中的20万元赠送给亮亮。那么，以录视频的方式订立遗嘱的，遗嘱需要具备哪些条件才有效？

解 析

遗嘱是当事人对自己合法财产的自由处置，我国法律充分尊重当事人的意思自治，规定了遗嘱的多种形式。为了避免继承人、受遗赠人之间发生矛盾，我国法律对遗嘱的生效条件也作了详细规定。随着科技的发展，以录音录像方式订立遗嘱的人越来越多，为保障遗嘱人的真实意思，以录音录像方式订立的遗嘱的生效条件更为严格。根据《民法典》第1137条的规定，以录音录像方式订立遗嘱的，需要有两个以上见证人在场见证，并且在录音录像中应当记录遗嘱人和见证人的姓名或者肖像，以及年、月、日。

在上面的案例中，刘某如果想要通过录像的方式订立遗嘱，将自己存款中的20万元留给亮亮，那么他在订立遗嘱时，需要找到至少两个见证人在场见证。此外，在录像中，还应当记录刘某和见证人的姓名或者肖像及具体日期。在完全具备上述条件后，该份录像遗嘱才具有法律效力。

条 文

《中华人民共和国民法典》

第一千一百三十七条 以录音录像形式立的遗嘱，应当有两个以上见证人在场见证。遗嘱人和见证人应当在录音录像中记录其姓名或者肖像，以及年、月、日。

211. 遗嘱公证之后自行更改了遗嘱内容的，应以哪份遗嘱为准？

案 例

敖某与姚某育有一对儿女敖甲和敖

乙。2021年1月1日，敖某与姚某订立了一份遗嘱，载明二人名下的两处房屋由儿子敖甲一人继承，并且进行了公证。遗嘱上有敖某、姚某的签名和手印，落款日期为2021年1月1日。2021年3月，敖某生病住院，敖甲在外地工作未能赶回来照顾，甚至连一个关心和慰问父亲的电话也没有，女儿敖乙则任劳任怨地照顾卧床不起的敖某。可能是敖甲的行为让敖某和姚某彻底失望了，2021年4月，敖某和姚某重新立了一份遗嘱，载明二人名下的两处房产由敖乙一人继承。那么，先立的公证遗嘱与更改了内容的后立的遗嘱，哪份遗嘱是有效的呢？

解　析

根据《民法典》第1142条的规定，遗嘱人可以撤回自己的遗嘱，也可以对遗嘱的内容进行变更；立遗嘱后，遗嘱人实施与遗嘱内容相反的民事法律行为，视为对遗嘱相关内容的撤回。遗嘱人立有多份内容互相抵触的遗嘱的，以订立时间靠后的遗嘱为准。也就是说，遗嘱人在订立遗嘱后、死亡之前，认为遗产的分配不合理或者不公平的，可以随时改变自己的主意，如果遗嘱人立了多份内容相互抵触的遗嘱，以最后订立的遗嘱为准。

在上面的案例中，敖某与姚某在2021年4月修改了公证遗嘱的内容，订立了一份新的遗嘱，应该以最后订立的遗嘱内容进行遗产的分配。《民法典》生效后，公证遗嘱不再具有独一无二的优先效力。

条　文

《中华人民共和国民法典》

第一千一百三十九条　公证遗嘱由遗嘱人经公证机构办理。

第一千一百四十二条　遗嘱人可以撤回、变更自己所立的遗嘱。

立遗嘱后，遗嘱人实施与遗嘱内容相反的民事法律行为的，视为对遗嘱相关内容的撤回。

立有数份遗嘱，内容相抵触的，以最后的遗嘱为准。

212. 醉酒时可以为他人见证遗嘱吗？

案　例

石某在一家互联网企业工作，由于工作能力强，石某很受上司胡某的器重，胡某经常带他出去参加各种活动，让他开拓眼界。由于胡某和石某一起经历了公司的风风雨雨，所以二人的关系越来越亲近。一转眼，胡某到了快要退休的年纪，由于不希望日后自己的子女为了财产的分割闹得不愉快，便准备立一份遗嘱。2021年3月，胡某与妻子金某立下了一份视频遗嘱，载明二人名下的房产由儿子胡甲继承，女儿胡乙继承100万元存款。2021年3月9日，胡某找到好朋友曲某以及石某作为遗嘱见证人，曲某爽快地答应了，但是石某却以自己喝了酒不太清醒为由拒绝做胡某的遗嘱见证人。那么，醉酒时可以为他人见证遗嘱吗？

解 析

自书遗嘱、代书遗嘱、打印遗嘱、录音录像遗嘱、公证遗嘱是我国法定的五种遗嘱形式。除自书遗嘱外，其他四种遗嘱都需要见证人在场，见证人的证明对于遗嘱的效力有着至关重要的作用。因此，需要对见证人的资格进行一定的限制。根据《民法典》第 1140 条的规定，有三类人员不能做遗嘱见证人。第一类是无民事行为能力人、限制民事行为能力人以及其他不具有见证能力的人。第二类是继承人、受遗赠人，包括配偶、父母、子女、祖父母、外祖父母、兄弟姐妹等。在这里，子女包括婚生子女、非婚生子女、养子女和有抚养关系的继子女，父母包括亲生父母、养父母和有扶养关系的继父母，兄弟姐妹包括同父母的兄弟姐妹、同父异母或同母异父的兄弟姐妹、养兄弟姐妹和有扶养关系的继兄弟姐妹。第三类是与继承人、受遗赠人有利害关系的人。这里的利害关系主要是指民事权利义务关系，如继承人或受遗赠的债权人等。

在上面的案例中，石某醉酒后处于不清醒的状态，属于不具有见证能力的情况，不可以作为遗嘱的见证人。如果胡某执意让石某作为见证人，可以等他恢复意识后邀请他作为遗嘱见证人。

条 文

《中华人民共和国民法典》

第一千一百四十条 下列人员不能作为遗嘱见证人：

（一）无民事行为能力人、限制民事行为能力人以及其他不具有见证能力的人；

（二）继承人、受遗赠人；

（三）与继承人、受遗赠人有利害关系的人。

213. 在遗嘱中将房屋的归属确立后，又将房屋卖掉，那么这份遗嘱还具有法律效力吗？

案 例

林奶奶今年 80 岁了，老伴儿在两年前已经过世，最近她的身体不太好，便打算订立遗嘱将自己的身后事确定下来。林奶奶一直非常疼爱自己的孙女乐乐，于是她订下遗嘱，明确自己过世后名下的住房和存款都归乐乐所有。但是，订立遗嘱之后的第二年，乐乐嫁给了一个外国人，并随着丈夫到国外定居。林奶奶觉得自己在国内的住房对孙女来说也没有什么用，还不如给乐乐更多的钱。趁着市场行情还不错，林奶奶便将自己名下的住房卖掉了。那么，林奶奶之前订立的遗嘱还有效吗？

解 析

计划赶不上变化，人们虽然通过遗嘱的方式对自己身后的财产进行了处分，但是在其生前可能会发生很多事情，导致遗嘱所留的遗产发生变动。《民法典》第 1142 条规定，遗嘱人可以撤回、变更自己所立的遗嘱。在订立遗嘱后，如果遗嘱人实施与遗嘱内容相反的民事法律行为，视为对遗嘱相关内容的撤回。由此可见，订立遗嘱后可以明确撤回或者变更遗嘱，也可以通过实施行为撤回遗嘱。

在上面的案例中，林奶奶订立遗嘱将房子留给孙女乐乐，但是后来因为孙女到国外定居，林奶奶便将自己的房子卖掉了，她对房子的处分行为视为对遗嘱中关于房子的那部分内容的撤回。因此，林奶奶遗嘱中关于房子的部分无效，但其他部分还是具有法律效力的。

条 文

《中华人民共和国民法典》

第一千一百四十二条第一款 遗嘱人可以撤回、变更自己所立的遗嘱。

第二款 立遗嘱后，遗嘱人实施与遗嘱内容相反的民事法律行为的，视为对遗嘱相关内容的撤回。

214. 遗嘱中规定将全部财产给一人，部分遗产附带相关义务的，继承人如拒绝履行义务，还能继承全部遗产吗？

案 例

曹某已经80多岁了，老伴在3年前就已经去世，儿子小曹也在两年前因为车祸离开了人世。曹某年纪越来越大，身边也没有什么朋友可以依靠，担心没有人处理自己的身后事，便找到了肖某和徐某作为见证人，由华某代书了一份遗嘱，遗嘱的主要内容是："外甥邢某无条件继承曹某的传家宝——一只古董花瓶。外甥邢某负责曹某的饮食起居和死后的安葬事宜，可继承曹某价值200万元的房产。"刚开始，邢某对曹某照顾周到，可是"久病床前无孝子"，刑某对曹某的态度越来越不好，去探望曹某的次数也越来越少，双方的矛盾越来越深，邢某直接放弃了对曹某的扶养。那么，遗嘱或者遗赠协议中规定将全部遗产给继承人或者受遗赠人，部分遗产附带相关义务的，如继承人或者受遗赠人拒绝履行相关义务，还能继承全部遗产吗？

解 析

《民法典》第1144条规定："遗嘱继承或者遗赠附有义务的，继承人或者受遗赠人应当履行义务。没有正当理由不履行义务的，经利害关系人或者有关组织请求，人民法院可以取消其接受附义务部分遗产的权利。"也就是说，在遗嘱或者遗赠协议中，遗嘱人可以为继承人或受遗赠人设立相应的义务。如果继承人或者受遗赠人无正当理由没有履行相关的义务的，经过利害关系人或者有关组织向法院请求，继承人或者受遗赠人不能继承附义务部分的遗产。

在上面的案例中，曹某与邢某约定由邢某无条件继承古董花瓶，但是邢某在对曹某尽到了生养死葬的义务之后才可以继承曹某的房产。因此，邢某要是不对曹某尽到应有的扶养义务和死后的安葬义务，经过利害关系人或有关组织如居委会的请求，人民法院可以取消邢某继承曹某房产的权利。但是，邢某可以继承古董花瓶。

条 文

《中华人民共和国民法典》

第六百六十三条 受赠人有下列情形之一的，赠与人可以撤销赠与：

（一）严重侵害赠与人或者赠与人近亲属的合法权益；

（二）对赠与人有扶养义务而不履行；

（三）不履行赠与合同约定的义务。

赠与人的撤销权，自知道或者应当知道撤销事由之日起一年内行使。

第一千一百四十四条 遗嘱继承或者遗赠附有义务的，继承人或者受遗赠人应当履行义务。没有正当理由不履行义务的，经利害关系人或者有关组织请求，人民法院可以取消其接受附义务部分遗产的权利。

《最高人民法院关于适用〈中华人民共和国民法典〉继承编的解释（一）》

第二十九条 附义务的遗嘱继承或者遗赠，如义务能够履行，而继承人、受遗赠人无正当理由不履行，经受益人或者其他继承人请求，人民法院可以取消其接受附义务部分遗产的权利，由提出请求的继承人或者受益人负责按遗嘱人的意愿履行义务，接受遗产。

（三）遗产的处理

215. 遗产管理人的确定程序是什么？

案 例

王小姐家中只有父亲王某和弟弟大刚两个亲人。早年，王某开过服装厂，赚了不少钱。这两年，父亲王某的身体越来越差，便想立下遗嘱，以便自己百年后姐弟俩能够妥善处理其遗产。但是，王某还未立下遗嘱，便得急病而亡。王某去世后，留下了大笔遗产，还有一些债权和债务，面对复杂的局面，王小姐建议由遗产管理人来负责遗产处理事宜，大刚表示同意。那么，遗产管理人如何确定呢？

解 析

继承开始后，由遗产管理人负责清理被继承人的遗产、处理被继承人遗留的债权债务。这是《民法典》出台后，关于遗产继承新增的一个制度。根据《民法典》第1145条的规定，遗产管理人的确定程序为：继承开始后，由遗嘱执行人担任；如无遗嘱执行人，则由继承人推选；继承人未及时推选的，则由继承人共同担任；没有继承人或者所有继承人都放弃继承的，则由被继承人生前住所地的民政部门或者村民委员会担任。另外，根据第1146条的规定，利害关系人如对遗产管理人人选有异议的，可以向人民法院申请，由人民法院指定遗产管理人。

在上面的案例中，由于王某没有遗嘱，更没有遗嘱执行人，则应当由其子女王小姐和大刚及时推选遗产管理人，如未及时推选，则应当由他们共同担任遗产管理人。

条 文

《中华人民共和国民法典》

第一千一百四十五条 继承开始后，遗嘱执行人为遗产管理人；没有遗嘱执行人的，继承人应当及时推选遗产管理人；继承人未推选的，由继承人共同担任遗产管理人；没有继承人或者继承人均放弃继承的，由被继承人生前住所地的民政部门或者村民委员会担任遗产管理人。

第一千一百四十六条 对遗产管理人的确定有争议的，利害关系人可以向人民法院申请指定遗产管理人。

216. 遗产管理人的职责有哪些?

案 例

李女士在上海打拼多年，一直未结婚，只有妹妹小李在上海和她相依为命，其余的亲人都在老家生活。不幸的是，一天下班后，李女士在路上遇到了交通事故并因此亡故。小李在家中整理李女士的遗物时，发现李女士留下的遗书，遗书中指定小李作为遗嘱执行人。在咨询律师之后，小李明白了自己应当承担遗嘱执行人和遗产管理人的职责。那么，遗产管理人的职责有哪些?

解 析

根据《民法典》第1147条的规定，遗产管理人的职责主要集中在妥善管理遗产、处理被继承人的债权债务、分割遗产等方面。具体包括：（1）清理遗产、制作遗产清单；（2）向继承人报告遗产情况；（3）防止遗产毁损、灭失；（4）处理被继承人债权债务；（5）分割遗产；（6）实施与管理遗产有关的其他必要行为。

在上面的案例中，小李作为李女士的遗产管理人，应当按照法律规定积极履行遗产管理人的职责，管理好李女士的财产并进行合理分割，处理好李女士的后事。

条文

《中华人民共和国民法典》

第一千一百四十七条 遗产管理人应当履行下列职责：

（一）清理遗产并制作遗产清单；

（二）向继承人报告遗产情况；

（三）采取必要措施防止遗产毁损、灭失；

（四）处理被继承人的债权债务；

（五）按照遗嘱或者依照法律规定分割遗产；

（六）实施与管理遗产有关的其他必要行为。

217. 遗产管理人因重大过失给债权人造成损害的，需要赔偿吗？

案 例

2021年年初，周爷爷突发疾病死亡。周爷爷死后，其子女之一周先生被大家推选为周爷爷的遗产管理人，对周爷爷的遗产进行管理。周爷爷的遗产中包含一套房子，周爷爷曾和陈先生就该套房子签订过购房合同，只不过还没有到履行合同义务的时候。周先生在清理周爷爷的遗产时，对该套房子进行了查看。但由于周先生在父亲死后精神略有恍惚，在房子中遗落下未熄灭的烟头，导致在周先生离开后，该套房子被烧毁，因此给债权人陈先生造成了一定的损害。那么，遗产管理人因重大过失给债权人造成损害的，需要赔偿吗？

解 析

遗产管理人的职责中很重要的一个内容就是，妥善保管被继承人的遗产，并采取必要的措施避免遗产毁损、灭失。同时，根据《民法典》第1148条的规定，遗产管理人没有依法履行职责，因重大过失导致债权人损害的，应当承担相应的民事责任。

在上面的案例中，周先生作为周爷爷的遗产管理人，应当依法履行自己的职责，对周爷爷的所有遗产进行妥善保管。但周先生因为自己的重大过失，在周爷爷待交付的房子中遗落未熄灭的烟头，导致房子被烧毁，最终导致债权人陈先生的利益受到损害。因此，周先生应当承担相应的民事责任。

条文

《中华人民共和国民法典》

第一千一百四十八条 遗产管理人应当依法履行职责，因故意或者重大过失造成继承人、受遗赠人、债权人损害的，应当承担民事责任。

218. 遗产管理人可以得到报酬吗？

案 例

金先生今年47岁，无父无母，也没有其他亲人。并且由于多年来忙于打拼事业，一直没有成家。2021年3月，金先生因为见义勇为被歹徒砍伤，最后不治身亡。金先生死亡后，根据其遗嘱，朋友邹先生成为其遗嘱执行人和遗产管理人。自那之后，邹先生为处理金先生的债权债务和财产，花费了许多时间和精力。邹太太看着丈夫为朋友金先生的事情这么辛苦，想起之前好像听哪个朋友说过，遗产管理人可以得到一部分报酬，便向邹先生提起了这件事。那么，遗产管理人可以得到报酬吗？

解 析

根据《民法典》第1149条的规定，遗产管理人有获得报酬的权利。遗产管理人作为被继承人的遗产管理者，依照法律或当事人的约定履行相应的遗产管理职责。遗产管理人为他人的事务付出时间和精力，应当有获得相应报酬的权利，这体现了法律中的公平原则和权利义务对等原则。

在上面的案例中，邹先生作为金先生的遗产管理人，按照法律规定积极地履行了其作为遗产管理人的职责，为金先生的事务付出了大量的时间和精力，有获得报酬的权利。根据《民法典》的相关规定，邹先生可以依照法律规定或者当事人约定的标准获得相应的报酬。

《中华人民共和国民法典》

第一千一百四十九条　遗产管理人可以依照法律规定或者按照约定获得报酬。

219. 转继承的前提是什么？

案　例

王某与妻子洪某经营了一家水果店，因为经营有方，生意非常红火，攒下了200万元的家底。王某有两个儿子，大儿子叫王甲，已经结婚，并育有一子叫小彬；小儿子叫王乙。2021年2月，王某不幸病逝。王甲在处理父亲的后事时，突遇车祸离世。小彬随即提出由自己继承爷爷王某遗产中应由父亲王甲继承的份额，王甲的妻子董某也要求分割王某遗产中属于自己的部分，但均遭到王乙的反对。王乙认为，哥哥王甲已经去世，王某的遗产应由自己和母亲洪某继承，小彬及董某均无权继承。小彬和董某遂向法院提起继承纠纷的诉讼，要求分割遗产。那么，小彬、董某可以继承王某的财产吗？这种继承的前提是什么？

解　析

《民法典》第1152条规定了转继承：“继承开始后，继承人于遗产分割前死亡，并没有放弃继承的，该继承人应当继承的遗产转给其继承人，但是遗嘱另有安排的除外。”转继承是指继承人在被继承人死亡之后，遗产分割之前，因为某种原因尚未实际取得遗产就死亡，其应继承的份额转由其法定继承人继承。转继承实际上是两个继承连续发生，一并处理。实际接受遗产的已死亡的继承人的法定继承人被称为转继承人。转继承的前提是继承人死亡时尚未取得遗产。

在上面的案例中，在王某死亡后，由于其没有留下遗嘱，因此王某的遗产应按照法定继承办理，即应由其妻洪某、大儿子王甲和小儿子王乙继承。但是，由于在遗产分割前，王甲突遇车祸死亡，这时便发生了转继承，即王甲应继承的份额转由他的法定继承人小彬和董某继承。

《中华人民共和国民法典》

第一千一百五十二条　继承开始后，继承人于遗产分割前死亡，并没有放弃继承的，该继承人应当继承的遗产转给其继承人，但是遗嘱另有安排的除外。

220. 受遗赠人丧失受遗赠权的，遗产如何处理？

案　例

郭某是某国有公司的退休职工，每个月有3000元退休金。郭某有两个女儿，大女儿叫郭丙，小女儿叫郭丁。由于郭某的老伴去世得早，两个女儿又不在身边照顾郭某，于是郭某就请了保姆韩某来照顾自己。韩某对郭某照顾得很仔细，不仅饭做得好吃，家务料理得好，每天还陪郭某聊天、下棋、打牌，这让郭某的生活过得有滋有味。郭某遂立下遗赠字据，对韩某承诺，等自己去世以后将自己多年来积攒的20万元赠给韩某，并请求韩某一直做自己的保姆，陪伴和照顾自己。令人没想到的是，过了一段时间，韩某不但不照顾郭某了，还虐待郭某，一天只给他吃一顿饭。更过分的是，韩某还对郭某拳打脚踢，导致郭某重伤住院。直到郭某住院后，郭某的两个女儿才知道事情的原委。郭丙和郭丁想知道，韩某是否丧失受遗赠权？其父百年后，留下的遗产应如何处理呢？

解　析

《民法典》第1125条第3款规定："受遗赠人有本条第一款规定行为的，丧失受遗赠权。"根据该条第1款的规定，遗弃被继承人，或者虐待被继承人情节严重的，丧失继承权。

在上面的案例中，郭某立下遗赠字据，承诺等自己去世以后将20万元赠给韩某，并要求韩某一直陪伴和照顾自己，可以视为遗赠协议。而韩某虐待郭某，一天只给他吃一顿饭，还对其拳打脚踢致其重伤，依法丧失受遗赠权。

《民法典》第1154条规定，受遗赠人丧失受遗赠权的，遗产中的有关部分按照法定继承办理。根据法定继承顺序，应先由被继承人的配偶、父母、子女继承遗产，没有第一顺位继承人的，由被继承人的兄弟姐妹、祖父母、外祖父母继承遗产。在上面的案例中，韩某丧失受遗赠权后，遗产应按照法定继承办理，即由郭某的两个女儿郭丙和郭丁继承。

条文

《中华人民共和国民法典》

第一千一百二十五条　继承人有下列行为之一的，丧失继承权：

（一）故意杀害被继承人；

（二）为争夺遗产而杀害其他继承人；

（三）遗弃被继承人，或者虐待被继承人情节严重；

（四）伪造、篡改、隐匿或者销毁遗嘱，情节严重；

（五）以欺诈、胁迫手段迫使或者妨碍被继承人设立、变更或者撤回遗嘱，情节严重。

继承人有前款第三项至第五项行为，确有悔改表现，被继承人表示宽恕或者事后在遗嘱中将其列为继承人的，该继承人不丧失继承权。

受遗赠人有本条第一款规定行为的，

丧失受遗赠权。

第一千一百五十四条 有下列情形之一的，遗产中的有关部分按照法定继承办理：

（一）遗嘱继承人放弃继承或者受遗赠人放弃受遗赠；

（二）遗嘱继承人丧失继承权或者受遗赠人丧失受遗赠权；

（三）遗嘱继承人、受遗赠人先于遗嘱人死亡或者终止；

（四）遗嘱无效部分所涉及的遗产；

（五）遗嘱未处分的遗产。

《最高人民法院关于适用〈中华人民共和国民法典〉继承编的解释（一）》

第六条 继承人是否符合民法典第一千一百二十五条第一款第三项规定的“虐待被继承人情节严重”，可以从实施虐待行为的时间、手段、后果和社会影响等方面认定。

虐待被继承人情节严重的，不论是否追究刑事责任，均可确认其丧失继承权。

221. 孩子出生后旋即死亡的，留给胎儿的遗产该如何处理？

案 例

金某为某公司总经理，2021 年 1 月在上班途中突遇车祸，经抢救无效去世。当时其妻曲某已怀孕 8 个月。金某去世前立下遗嘱，其名下的一辆汽车和一栋别墅由曲某腹中的胎儿继承，剩余 200 万元存款由其父母和妻子曲某继承。2021 年 3 月，曲某腹中胎儿出生，但是由于脑部缺氧，出生几分钟后就夭折了。这时，金某的父母和妻子曲某因为遗产继承问题产生了纠纷。金某的父母认为曲某腹中胎儿出生后旋即死亡，不能作为继承人继承遗产。曲某认为，虽然孩子出生后旋即死亡，但是他曾来到这世界上，在这个过程中是具有“人”的身份的，因此他可以继承遗产。那么，孩子出生后旋即死亡的，留给胎儿的遗产该如何处理呢？

解 析

民法典充分保障我们每一个人从胎儿到坟墓各个阶段的合法权益。关于胎儿的权利问题，我国《民法典》第 16 条及第 1155 条有明确规定，涉及遗产继承、接受赠与等胎儿利益保护的，胎儿视为具有民事权利能力。遗产分割时，应当保留胎儿的继承份额。胎儿娩出时是死体的，保留的份额按照法定继承办理。《最高人民法院关于适用〈中华人民共和国民法典〉继承编的解释（一）》第 31 条第 2 款对此也有明确的规定：“为胎儿保留的遗产份额，如胎儿出生后死亡的，由其继承人继承；如胎儿娩出时是死体的，由被继承人的继承人继承。”

由此可知，胎儿是否有权利继承遗产，关键是看其娩出时是否是活体。如果胎儿娩出时为死体，其民事权利能力自始不存在，也就无权继承遗产，则保留给胎儿的遗产份额由其他继承人予以分割；如果胎儿娩出时是活体，则胎儿有权继承遗产，至于存活了多久，是几分钟，还是几个小时等，都不会对其继承权产生影响。

在上面的案例中，胎儿出生时是活体，存活几分钟后才死亡，所以其有权继承遗产，其继承遗产后又死亡，他的遗产会按照新的继承来处理。因此曲某的说法是正确的，该婴儿可以继承其父亲名下的一辆汽车和一栋别墅，后该婴儿死亡，婴儿的遗产应当由其继承人继承，即由其母亲曲某继承。

条文

《中华人民共和国民法典》

第十六条 涉及遗产继承、接受赠与等胎儿利益保护的，胎儿视为具有民事权利能力。但是，胎儿娩出时为死体的，其民事权利能力自始不存在。

第一千一百五十五条 遗产分割时，应当保留胎儿的继承份额。胎儿娩出时是死体的，保留的份额按照法定继承办理。

《最高人民法院关于适用〈中华人民共和国民法典〉继承编的解释（一）》

第三十一条 应当为胎儿保留的遗产份额没有保留的，应从继承人所继承的遗产中扣回。

为胎儿保留的遗产份额，如胎儿出生后死亡的，由其继承人继承；如胎儿娩出时是死体的，由被继承人的继承人继承。

222. 老人可以和养老中心签订遗赠扶养协议吗?

案 例

胡某为某国有公司退休职工，其老伴去世得早，膝下无儿无女，自己又患有多种疾病，无人照顾。胡某本想请保姆照顾自己，可又担心由保姆照顾会产生诸多不方便，于是便搬进一家民营的养老中心居住。在该养老中心，胡某觉得很幸福快乐，于是便产生了一个想法，想与养老中心签订遗赠扶养协议。那么请问，胡某的这种想法可行吗?

解 析

遗赠扶养协议是遗赠人和扶养人之间关于扶养人承担遗赠人的生养死葬的义务，遗赠人的财产在其死后转归扶养人所有的协议。在《民法典》出台前，法律规定遗赠扶养协议只可以与扶养人或者集体所有制组织签订。《民法典》出台后，其第1158条规定自然人可以与继承人之外的组织或者个人签订遗赠扶养协议，将扶养主体的范围扩大。即《民法典》施行以后，遗赠人可以与具备养老功能的慈善机构、民间养老机构等组织或继承人以外的个人签订遗赠扶养协议，该组织或者个人承担该自然人生养死葬的义务，享有受遗赠的权利。在上面的案例中，胡某想与养老中心签订遗赠扶养协议，这个想法是可行的。

条文

《中华人民共和国民法典》

第一千一百五十八条 自然人可以与继承人以外的组织或者个人签订遗赠扶养协议。按照协议，该组织或者个人承担该自然人生养死葬的义务，享有受遗赠的权利。

223. 死者的遗产不足以清偿债务的，其年幼的孩子还能分到遗产吗？

案 例

黎某与赵某系夫妻关系，婚后二人打算做点小生意，于是决定经营一家服装店。由于没有启动资金，就向A银行贷款20万元，向B银行贷款15万元，向C银行贷款3万元，又向朋友钱某借款2万元。由于经营策略有问题，服装店一直是入不敷出的状态。2021年3月，黎某与赵某在进货的途中突遇车祸，由于受伤严重，经抢救无效后双双离世，留下一个身体残疾的儿子小坤（13岁）。黎某与赵某的债权人知道后纷纷来主张债权，但是他们生前仅有5万元存款，服装店的货物经折价后为24万元，这些遗产不足以清偿全部债务。小坤犯愁了，自己的爸爸妈妈都去世了，爷爷奶奶和姥姥姥爷也都年迈，而且爸妈留下来的遗产不足以清偿全部债务，自己身体又有残疾，他担心自己以后的生活没有着落。小坤想知道自己还能不能分到遗产。

解 析

根据《民法典》第1159条规定，分割遗产，应当清偿被继承人依法应当缴纳的税款和债务，但是应当为缺乏劳动能力又没有生活来源的继承人保留必要的遗产。也就是说，分割遗产首先应当清偿被继承人依法应当缴纳的税款和债务，缴纳税款和清偿债务以遗产实际价值为限。但是，对继承人中缺乏劳动能力又没有生活来源的，即使遗产不足以清偿债务，也应当为其保留适当的遗产份额。这彰显了《民法典》对弱者的尊重与保护，体现了“以人民为中心”的立法思想。

在上面的案例中，即使黎某与赵某的遗产不足以清偿全部债务，也应当为缺乏劳动能力又没有生活来源的小坤保留适当的遗产份额。

条文

《中华人民共和国民法典》

第一千一百五十九条 分割遗产，应当清偿被继承人依法应当缴纳的税款和债务；但是，应当为缺乏劳动能力又没有生活来源的继承人保留必要的遗产。

224. 无人继承又无人受遗赠的遗产归国家所有或者集体所有后，究竟作何之用？

案 例

某村孤寡老人齐某于2021年1月在

家里离世。齐某生前未结婚，没有子女，也没有兄弟姐妹，其父母去世得更得。齐某生前没有立下遗嘱，也未与其他组织或个人签订遗赠扶养协议。齐某生前是非农户口，户口不在村里，不属于村集体组织成员，按照法律规定，齐某的遗产应归国家所有。那么，像齐某这样遗产无人继承又无人受遗赠的，遗产归国家所有后，究竟作何之用？

解　析

《民法典》出台前，法律规定将无人继承又无人受遗赠的遗产收归国有或者集体所有，但是收归国有或者集体所有后，究竟作何之用，没有明确规定。《民法典》第1160条的规定明确了这一问题，无人继承又无人受遗赠的遗产，归国家所有，用于公益事业。该规定使私人的遗产即使被收归国有，也只能用于公益事业之正当目的，符合正当性原则的要求。

在上面的案例中，齐某无人继承又无人受遗赠的遗产归国家所有后将用于公益事业，如为困难的社会群体和个人提供帮助，为社会公共设施建设等涉及公共利益的领域提供支持等。

条文

《中华人民共和国民法典》

第一千一百六十条　无人继承又无人受遗赠的遗产，归国家所有，用于公益事业；死者生前是集体所有制组织成员的，归所在集体所有制组织所有。

225. 在遗产继承中，法定继承和遗嘱并存的，由谁来承担死者的债务？

案　例

邹某（男）为某公司的总经理，一生未婚，收养有一子。2020年10月，邹某在体检时查出癌症晚期。2021年4月，邹某不幸离世。邹某生前留下一份遗嘱，遗嘱载明：“我拥有的位于××路××小区××单元×号楼×××室的一套房子，在我去世后，归我儿子胡某所有。”同时，邹某生前曾录制视频遗嘱，表明等自己去世后将其个人所有的一幅价值20万元的名画赠与朋友马某。后查明，邹某除了上述财产外，还有一辆价值80万元的汽车和300万元的银行存款。另邹某生前因为做生意向某银行借款500万元，现某银行来主张债权。胡某和邹某的父母及马某之间因为偿还债务的问题发生了纠纷。那么，在遗产继承中，法定继承和遗嘱并存的，由谁来承担死者的债务？

解　析

《民法典》第1163条规定了既有法定继承，又有遗嘱继承、遗赠的情形下，清偿被继承人债务的顺序。根据这一条规定，在遗产已被分割而尚未清偿遗产债务的情况下，如果在同一继承关系中既有法定继承又有遗嘱继承和遗赠的，清偿被继承人的债务应当遵循以下顺序：

先由法定继承人在其实际继承遗产价值的范围内清偿被继承人依法应当缴纳的税款和债务；如其继承的遗产实际价值不足以清偿被继承人的全部债务时，剩余的债务则由遗嘱继承人和受遗赠人按比例用他们所得遗产来清偿。

在上面的案例中，邹某死亡后，法定继承财产为一辆价值80万元的汽车和300万元的银行存款，法定继承人为邹某的父母和养子胡某。那么，对于邹某所欠的500万元银行贷款，应先由邹某父母和胡某就他们所继承的汽车和银行存款来清偿。剩余的200万元贷款应由遗嘱继承人胡某和马某按所得遗产比例，以所得遗产来清偿。

条文

《中华人民共和国民法典》

第一千一百六十三条　既有法定继承又有遗嘱继承、遗赠的，由法定继承人清偿被继承人依法应当缴纳的税款和债务；超过法定继承遗产实际价值部分，由遗嘱继承人和受遗赠人按比例以所得遗产清偿。

七、侵权责任

（一）一般规定与损害赔偿

226. 没有造成损害结果的“准侵权行为”，还需要承担侵权责任吗？

案 例

江河市幸福小区于2000年建成，由于时间久远，小区的很多基础设施出现了问题，尤其是下水道，每逢下雨都会因为下水道不畅通导致路面积水，影响小区居民出行。小区业主委员会于2021年3月请了路遥施工队前来疏通和修理下水道，约定3月15日完成施工。路遥施工队施工顺利，于3月9日就解决了困扰小区居民多年的问题，但由于工人疏忽，在工程结束时漏装了3处井盖。虽然没有了小区路面积水的问题，但是井盖问题还是让居民战战兢兢。由于施工队的管理人家中有事，直到3月13日小区业主委员会委员胡某才联系到施工队管理人将井盖问题处理妥当。这期间，居民们小心谨慎，没有出现事故。那么，施工队还需要承担责任吗？

解 析

日常生活中会出现很多行为人有过错，侵害到他人的民事权益，但是并没有造成实质损害的情形。那么，对此行为人还需要承担责任吗？根据《民法典》第1165条的规定，行为人因过错侵害他人民事权益造成损害的，应当承担侵权责任。由此可见，在侵权责任的承担中，有民事权益受损害的事实是其构成要件之一。有民事权益受损害的事实包括人身权益受到损害和财产权益受到损害。也就是说，如果没有给他人或组织等带来人身权益或财产权益的损害，就不必承担侵权责任。

在上面的案例中，路遥施工队因为疏忽大意在施工完毕后未加盖井盖，给幸福小区居民出行带来了安全隐患，在一定程度上存在侵权结果发生的风险。然而幸福小区居民的安全意识比较强，没有造成任何实质性损害，因此路遥施工队不必承担侵权责任。

条文

《中华人民共和国民法典》

第一千一百六十五条 行为人因过错侵害他人民事权益造成损害的，应当承担侵权责任。

依照法律规定推定行为人有过错，其不能证明自己没有过错的，应当承担侵权责任。

第一千二百五十八条 在公共场所或者道路上挖掘、修缮安装地下设施等造成他人损害，施工人不能证明已经设置明显标志和采取安全措施的，应当承担侵权责任。

窨井等地下设施造成他人损害，管理人不能证明尽到管理职责的，应当承担侵权责任。

227. 因被侵权人自身过错造成同一损害的后果扩大的，侵权人是否要对扩大部分承担责任？

案 例

刘某和李某是同住在一个楼层的邻居，经常会在楼道里相遇。一天，刘某从家里往外搬东西，因为没有帮手，东西又摞得很高，搬动时晃晃悠悠的。正在这时，李某从旁边经过，刘某不小心手一滑，重物从高处掉下将李某的胳膊砸伤。刘某急忙将李某送往医院。在乘坐出租车去往医院的途中，李某非常生气，自己关车门时一用力，原本已经受伤的胳膊又不慎被车门狠狠地夹了一下。后经医生诊断，李某的手臂受伤严重，很可能会留下后遗症。为此，李某要求刘某承担全部侵权损害赔偿责任。刘某同意对李某进行一定的损害赔偿，但是他认为，李某的胳膊伤势如此严重是因为后来李某自己不小心用车门夹了一下，对于加重的部分，自己不应当承担损害赔偿责任。那么，因李某自己的原因导致其胳膊伤势加重的损害，刘某是否也需要承担侵权责任？

解 析

对于李某胳膊加重的损害部分，刘某不需要承担侵权责任。也就是说，在损害发生之后，被侵权人自己也有义务避免损害的扩大。《民法典》第1173条明确规定，被侵权人对同一损害的发生或者扩大有过错的，可以减轻侵权人的责任。由此可知，被侵权人在受到损害之后，因自己的过错导致损害扩大的，对于扩大的损害再让侵权人为此承担责任是不公平的。因此，法律规定在此时可以减轻侵权人的责任。当然，侵权人自愿承担更多赔偿的不在此列。

在本案例中，刘某搬东西不小心将李某的胳膊砸伤，刘某第一时间送李某前往医院治疗，李某在乘坐出租车时因为自己的过失将损害扩大，导致自己的伤势加重，对于其因自己的过错而导致的损害扩大部分，可以减轻刘某的侵权责任。

法条

《中华人民共和国民法典》

第一千一百七十三条 被侵权人对同一损害的发生或者扩大有过错的，可以减轻侵权人的责任。

228. 打排球时不小心受伤，损害赔偿责任应当由谁承担？

案 例

小白受到女排精神的激励，喜欢上了排球运动，参加了学校的排球队。因其训练刻苦、努力练习，很快成了排球队的主力。2021 年 3 月，校排球队参加大学生排球联赛，主办方的安全保障措施非常完备，但在比赛过程中，双方队员同时起跳，小白不小心被对方队员打中胳膊，造成手臂粉碎性骨折，治疗过程中花去了大量的医药费。小白认为，自己手臂骨折是对方队员造成的，对方队员应当承担对她的损害赔偿责任，比赛主办方也应当对自己的损失予以适当补偿。那么，小白的请求有法律依据吗？

解 析

小白的请求没有法律依据。一些文体活动因动作幅度较大或者参加人数较多，不可避免地存在一定的风险，运动员在参加文体活动前应当对风险的发生有所预见。为了保护体育运动参加者的利益，根据《民法典》第 1176 条的规定，自愿参加具有一定风险的文体活动，参加者应当自担风险，在其他参加者对损害的发生没有故意或者重大过失的情况下，其他参加者不对损害承担赔偿责任。同时，根据该法第 1198 条第 2 款的规定，经营者、管理者或者组织者未尽到安全保障义务的，需要承担相应的补充责任。但是，如果已经尽到安全保障义务，则不应当承担补充责任。

在本案例中，因为排球比赛本身存在着可能导致运动员受伤的风险，小白是自愿参加排球比赛的，应当自担风险。在比赛过程中，小白被对方队员不小心撞伤，造成手臂骨折，对方队员没有故意或者重大过失行为，所以不应当承担损害赔偿责任。而且，主办方的安全保障措施并无不当之处，因此主办方对小白的受伤不应当承担补充责任。综上所述，小白的损害赔偿责任应当由自己承担。

法条

《中华人民共和国民法典》

第一千一百七十六条 自愿参加具有一定风险的文体活动，因其他参加者的行为受到损害的，受害人不得请求其他参加者承担侵权责任；但是，其他参加者对损害的发生有故意或者重大过失的除外。

活动组织者的责任适用本法第一千一百九十八条至第一千二百零一条的规定。

第一千一百九十八条第二款 因第三人的行为造成他人损害的，由第三人承担侵权责任；经营者、管理者或者组织者未尽到安全保障义务的，承担相应的补充责任。经营者、管理者或者组织者承担补充责任后，可以向第三人追偿。

229. 营养费、住院伙食补助费包含在侵权损害赔偿费用之内吗？

案 例

65岁的李大爷平常喜欢晨跑锻炼身体。某日，李大爷如往常一样在外江路晨跑。由于当时下着蒙蒙细雨，天色较暗，李大爷晨跑结束着急回家，未注意过往车辆，被一辆闯红灯的私家车撞伤，随后被送往医院检查治疗。经检查，李大爷右腿骨折，需要在医院治疗。后来，李大爷将私家车车主起诉至法院。在起诉过程中，李大爷对于营养费和住院伙食补助费是否包含在侵权损害赔偿费用内存有疑问，想寻求律师帮助解答。那么，营养费、住院伙食补助费包含在侵权损害赔偿费用之内吗？

解 析

交通事故责任纠纷案件在现实生活中属于常见的侵害人身权案件。在这类案件中，人身损害赔偿通常情况下包含了医疗费、护理费、交通费、误工费等项目。对于营养费、住院伙食补助费这两项赔偿，早在2004年5月1日实施的《最高人民法院关于审理人身损害赔偿案件适用法律若干问题的解释》第17条中就已将这两项作为人身损害赔偿的范围。2020年该司法解释修正时，对此进行了更详细的规定。在司法实践中，被侵权人常常会根据该司法解释提出营养费、住院伙食补助费的主张。基于司法实践的推动，《民法典》将这一司法解释吸收，在第1179条规定营养费、住院伙食补助费为合理费用，与医疗费、护理费等赔偿项目并列。

在上面的案例中，李大爷被闯红灯的私家车撞伤，私家车车主侵害了李大爷的人身健康权，应当承担侵权责任。除了基本的医疗费、护理费、交通费、误工费等赔偿项目外，因李大爷需要住院休养，营养费与住院伙食补助费也应当包含在侵权损害赔偿费用之内。

《中华人民共和国民法典》

第一千一百七十九条 侵害他人造成人身损害的，应当赔偿医疗费、护理费、交通费、营养费、住院伙食补助费等为治疗和康复支出的合理费用，以及因误工减少的收入。造成残疾的，还应当赔偿辅助器具费和残疾赔偿金；造成死亡的，还应当赔偿丧葬费和死亡赔偿金。

《最高人民法院关于审理人身损害赔偿案件适用法律若干问题的解释》

第十条 住院伙食补助费可以参照当地国家机关一般工作人员的出差伙食补助标准予以确定。

受害人确有必要到外地治疗，因客观原因不能住院，受害人本人及其陪护人员实际发生的住宿费和伙食费，其合理部分应予赔偿。

第十一条 营养费根据受害人伤残情况参照医疗机构的意见确定。

230. 因损毁照片导致顾客精神损害的，顾客是否可以要求精神损害赔偿？

案　例

孙女士定居在国外，平时生活和工作繁忙，没有时间经常回国探望亲人，她的父母一直都是由妹妹在照顾。2020年6月，孙女士的母亲病重去世，孙女士在伤心的同时深感愧疚，对于自己没有在母亲床前尽孝自责不已。后来，孙女士在整理母亲遗物时找到了很多母亲生前的照片，其中有一些是母亲年轻时拍摄的。由于很多照片已经泛黄、破损，她决定将这些照片送到照相馆翻新。但不巧的是，照相馆的工作人员因为操作不当导致馆内发生小型起火事故，很多顾客送来的照片被毁，孙女士母亲的照片就在其中。孙女士得知此事后悲愤交加，不久之后便患上了严重的抑郁症。孙女士向法院提起诉讼，要求照相馆对她进行精神损害赔偿。那么，孙女士可以要求照相馆对自己进行精神损害赔偿吗？

解　析

孙女士可以要求照相馆对她进行精神损害赔偿。一些特定的具有人身意义的物品，一旦受到损毁是不能恢复的，可能给被侵权人带来重大的精神伤害。对此，《民法典》第1183条第2款规定，如果故意或者重大过失侵害自然人具有人身意义的特定物，使自然人受到严重精神损害的，自然人有权请求精神损害赔偿。

在本案例中，孙女士母亲的照片对孙女士而言是具有人身意义的特定物，照相馆没有尽到合理的保管义务，存在重大过失，造成孙女士母亲的照片被损毁，给孙女士造成了严重的精神伤害，导致她患上了严重的抑郁症。因此，孙女士可以向法院提起诉讼，要求照相馆承担精神损害赔偿责任。

条文

《中华人民共和国民法典》

第一千一百八十三条　侵害自然人人身权益造成严重精神损害的，被侵权人有权请求精神损害赔偿。

因故意或者重大过失侵害自然人具有人身意义的特定物造成严重精神损害的，被侵权人有权请求精神损害赔偿。

231. 在什么情况下，可以要求知识产权惩罚性赔偿？

案　例

李某是一个酷爱旅游的摄影爱好者，他喜欢将路上的所见所闻拍成视频，经过剪辑配音之后上传到某网络平台来纪念他的旅途时光。2020年5月，他将自己去西藏的经历拍成一部名叫《纯净之美》的视频并上传某网络平台，视频里有日光之城拉萨、世界屋脊珠穆朗玛峰等，视频中展示的神秘风景吸引了很多人。2021年2月，某电视台推出了一档以展示祖国大好河山为主题的节目，这个节目用无人机拍摄了很多普通人看不到的视角，吸引了许多摄影爱好者。2021年4月，在观看“任游西藏”这一期节目时，李某发现里边有大量片段使用了《纯净之美》视频里的内容。李某多次联系电视台请求下架其侵权视频，电视台都置之不理。那么，李某可以主张知识产权惩罚性赔偿吗？

解 析

《民法典》第1185条规定，故意侵害他人知识产权，情节严重的，被侵权人有权请求相应的惩罚性赔偿。惩罚性赔偿，即为要求侵权人赔偿的数额超出实际损害数额。惩罚性赔偿制度建立与适用的目的是加强对知识产权的保护力度，在一定程度上抬高了侵权人的侵权成本，进而改善维权成本高、维权难的局面，有效打击侵权者，有利于弥补权利人的权益损失，鼓励被侵权人采用积极手段进行维权，保持创新的激情。

由《民法典》的规定可知，对于侵害知识产权的情形，只有在“侵权人故意侵害”且“情节严重”的情况下，被侵权人才可以要求侵权人承担“惩罚性赔偿”。

在上面的案例中，某电视台出品的节目未经李某同意就使用其《纯净之美》视频中的片段，且作为电视节目，传播范围较广，侵害了李某的知识产权。在李某要求停止侵权的情况下，电视台却对其的要求置之不理，仍然继续使用侵权视频，如果由此能够认定属于“情节严重”，那么李某有权请求相应的惩罚性赔偿。

条文

《中华人民共和国民法典》

第一千一百八十五条 故意侵害他人知识产权，情节严重的，被侵权人有权请求相应的惩罚性赔偿。

232. 如果双方对损害的发生都没有过错，受到损害的一方就只能自认倒霉吗？

案 例

杨某患有羊癫疯，此病在发作前没有预兆，一旦发作，便会摔倒、身体抽搐或痉挛、两眼发直、凝视前方，甚至昏厥。刘某是一个跑车爱好者，在他过生日的当天，其父亲送给他一辆跑车作为生日礼物。收到车后，刘某便开车去兜风。行驶到某偏僻路段时，恰遇到杨某在路中间突发羊癫疯摔倒在地，浑身抽搐。由于事发突然，情况紧急，为了不撞到杨某，刘某只能猛打方向盘避让。虽然成功避开了杨某，却撞到了路边的大树上，导致车辆严重受损，刘某心痛不已。那么，在这种情况下，受到损害的刘某只能自认倒霉吗？

解 析

根据《民法典》第1186条规定，受害人和行为人对损害的发生都没有过错的，依照法律的规定由双方分担损失。

也就是说，在双方都没有过错的情况下，让受害人自己负担全部损失难免不公，因此法律规定“由双方分担损失”。这样做不仅有利于实现公平正义，也有利于规范每个人的行为。

在上面的案例中，对于刘某发生车损的结果，杨某和刘某都没有过错，但是刘某确实是因为躲避杨某而受到经济损失，根据法律的规定应当由双方分担损失。

条文

《中华人民共和国民法典》

第一千一百八十六条 受害人和行为人对损害的发生都没有过错的，依照法律的规定由双方分担损失。

233. 分期支付赔偿款的，一定要提供担保吗?

案 例

罗某和妻子李某已经结婚很多年了，两人相敬如宾，家庭和睦。2021 年 3 月 5 日是夫妻俩的 30 周年结婚纪念日，两人计划去第一次约会的地方庆祝，并且都为对方准备了惊喜。然而在开车前往目的地的途中，两人遇到一逆行车辆。逆行车辆车主马某喝酒后由于没有找到代驾而选择自己驾车回家，但由于喝酒过多，意识不清，致使车辆失控进入逆行车道。罗某躲避不及，被撞翻于路基下，当场死亡，李某重度颅脑损伤、枕骨骨折。后经交警认定，马某承担本次事故的全部责任。经调解，马某赔偿罗某家属死亡赔偿金和丧葬费等 50 万元，赔偿李某医药费、护理费等 30 万元。可是马某不能一次性支付所有赔偿款，欲选择分期支付，但他听说分期支付要提供担保，那么马某一定要提供担保吗?

解 析

本案涉及侵权赔偿款是否可以分期支付，以及是否可以要求担保的问题。根据《民法典》第 1187 条的规定，损害发生后，当事人可以协商赔偿费用的支付方式，协商不一致的，赔偿费用应当一次性支付；一次性支付确有困难的，可以分期支付，但是被侵权人有权请求提供相应的担保。由此可见，我国法律对侵权赔偿款的支付是否可以分期是持肯定态度的，即可以分期支付，但是，对于分期支付赔偿款时是否必须提供担保，则不能一概而论。法律规定，被侵权人有权请求分期支付人提供相应的担保，也就是说，当被侵权人请求担保时，侵权方就必须提供担保。这样的规定充分显示了民法上的意思自治原则。

在上面的案例中，马某因不能一次性支付赔偿款而需要分期支付，至于马某是否要提供担保取决于罗某的家属和李某是否予以请求，如果他们请求马某提供相应的担保，那么马某就应该提供担保，如果没有，马某则可以不提供担保。

条文

《中华人民共和国民法典》

第一千一百八十七条 损害发生后，

当事人可以协商赔偿费用的支付方式。协商不一致的，赔偿费用应当一次性支付；一次性支付确有困难的，可以分期支付，但是被侵权人有权请求提供相应的担保。

（二）责任主体的特殊规定

234. 监护人将监护职责委托给他人后，被监护人给他人造成损害的，应该由谁来承担侵权责任？

案 例

小伟（7 岁）的父母常年在外地打工，只有过年的时候才回家。为了方便照顾小伟，小伟的父母就和邻居周某签订了一份委托监护协议。协议载明：小伟的父母将小伟的监护职责全部转移给周某，由周某代为照管小伟，小伟的父母每月给周某 2000 元人民币；若小伟造成他人损害，一切责任由周某承担，小伟父母不负任何责任。2021 年 3 月 23 日，小伟因琐事与小花打架，周某没有及时制止，结果小伟将小花的鼻子打破，花去医疗费 5000 元。小花的父亲打电话给小伟的父亲要求赔偿，小伟的父亲说自己与周某有委托监护协议，因小伟造成他人损害的，一切责任由周某承担，自己不承担责任。于是小花的父亲又找周某赔偿，周某说自己只是暂时帮忙照顾小伟，小伟的父母才是法定监护人，应找小伟父母赔偿。无奈之下，小花的父亲将小伟的父母和周某告上了法院。那么，究竟应当由谁来承担侵权责任呢？

解 析

委托监护是当监护人难以履行监护职责时，将监护职责全部或部分委托给他人的情形。《民法典》第 1189 条就委托监护情形下的责任承担问题作出了明确规定，从而满足了实践中的追责需求。根据该规定，无民事行为能力人造成他人损害，监护人将监护职责委托给他人的，监护人应当承担侵权责任；受托人有过错的，承担相应的责任。另外，需要注意的是，监护人和受托监护人即使有约定，也不影响受害人对监护人主张侵权责任，这一规定更有利于受害人的权利保护。

在上面的案例中，7 岁的小伟是无民事行为能力人，小伟因琐事与小花打架造成了小花的损害，小伟的父母是小伟的法定监护人，理应承担小伟侵害他人权益的相关责任。周某作为受委托监护人，看到小伟与小花打架并没有及时制止，显然有过错，应承担相应的责任。小伟的父母以委托监护协议有约定为由拒绝承担责任的理由不成立，小花的父母有权向小伟的父母主张侵权责任。

条文

《中华人民共和国民法典》

第一千一百八十九条 无民事行为能力人、限制民事行为能力人造成他人损害，监护人将监护职责委托给他人的，监护人应当承担侵权责任；受托人有过错的，承担相应的责任。

235. 员工在工作时造成他人损害的，用人单位应当承担侵权责任吗？

案 例

玲玲是一个年轻漂亮的小姑娘，休息时间经常会跟朋友去逛街。一个周末，玲玲与同学正在步行街逛街，两人有说有笑，全然没有注意到周围的环境。这时，从旁边经过一个手推车，因为手推车太重，搬运工一时失去平衡，重物从车上掉了下来，正好砸到旁边的玲玲。朋友急忙将她送往医院治疗，住院治疗花去了5000元的医药费。玲玲事后得知搬运工是步行街某超市的员工，当时他正在为超市运货，因为当天人手紧缺，才让他一个人搬运重物。玲玲找到该超市负责人，要求超市承担自己被砸伤的赔偿责任。那么，她的要求有法律依据吗？

解 析

本案涉及用人单位工作人员在执行工作任务时造成侵权的归责问题。依据《民法典》第1191条第1款的规定，用人单位的工作人员在工作过程中造成他人损害的，由用人单位承担侵权责任。同时，该条还规定，如果工作人员造成他人伤害时，存在故意或者重大过失的，用人单位可以向工作人员追偿。

在本案例中，超市搬运工在执行工作任务时，不慎将玲玲砸伤，对于给玲玲造成的伤害，应当由超市承担损害赔偿责任。玲玲的要求是有法律依据的。

《中华人民共和国民法典》

第一千一百九十一条第一款 用人单位的工作人员因执行工作任务造成他人损害的，由用人单位承担侵权责任。用人单位承担侵权责任后，可以向有故意或者重大过失的工作人员追偿。

236. 雇主替雇员承担责任后可以向雇员追偿吗？

案 例

村民王某为盖二层楼房，雇用本村村民罗某、闫某、刘某来帮忙。王某给他们每人每天200元的工资。罗某在施工的过程中为了节省时间，将破旧的砖头从二楼直接扔下，不料正好砸中路过的赵某，导致赵某受伤住院。赵某遂向王某和罗某主张医疗费、误工费等5.5万元。罗某认为自己是给王某干活，在施工过程中造成了他人受伤，这一责任应由王某承担，自己不用赔偿。王某却觉得自己雇用了罗某，也支付给了罗某工资，罗某在干活中造成他人损害的，应当自己承担责任。但是，为了尽早盖完楼房，王某承担了全部赔偿责任。之后，王某称自己承担的是替代责任，向罗某追偿赔偿金。双方一直僵持不下，王某遂将罗某告上法院。那么，雇主替雇员承担责任后可以向雇员追偿吗？

解　析

在日常生活中，个人常常会有需要他人帮助的时候，比如进行简单的装饰、装修等活动，这时就可以雇用他人来完成，这就形成了个人之间的劳务关系。实践中，经常会出现因劳务侵权造成的纠纷，为此，《民法典》第1192条规定，个人之间形成劳务关系，提供劳务一方因劳务造成他人损害的，由接受劳务一方承担侵权责任。接受劳务一方承担侵权责任后，可以向有故意或者重大过失的提供劳务一方追偿。这有效解决了接受劳务一方与提供劳务一方之间的内部求偿问题。当然，在外部关系中，对受害人而言，侵权责任主体仍是接受劳务一方，受害人有权向其主张侵权责任。

本案例中，王某为盖楼房与罗某、闫某、刘某形成个人劳务关系。提供劳务一方的罗某在施工的过程中为了节省时间，将破旧的砖头从二楼扔下的行为显然存在重大过失，并最终造成了赵某受伤住院的事实。根据法律规定，赵某的损害应由接受劳务的一方即王某承担责任，王某在承担侵权责任后可以向有重大过失的罗某追偿。

条文

《中华人民共和国民法典》

第一千一百九十二条　个人之间形成劳务关系，提供劳务一方因劳务造成他人损害的，由接受劳务一方承担侵权责任。接受劳务一方承担侵权责任后，可以向有故意或者重大过失的提供劳务一方追偿。提供劳务一方因劳务受到损害的，根据双方各自的过错承担相应的责任。

提供劳务期间，因第三人的行为造成提供劳务一方损害的，提供劳务一方有权请求第三人承担侵权责任，也有权请求接受劳务一方给予补偿。接受劳务一方补偿后，可以向第三人追偿。

237. 当网络用户实施侵权行为时，权利人应当怎样保护自己的合法权益呢？

案　例

吴女士是一位时尚潮酷宝妈，经常会在网上给孩子和自己挑选一些漂亮的衣服。一次，吴女士对自己在某家网络店铺买的亲子装非常满意，便和女儿穿上亲子装拍了很多照片。店铺商家承诺，如果客户上传优质照片到“买家秀”中，就会给客户一定的“感谢费”。吴女士便将自己和女儿的照片上传到了“买家秀”中，商家给了吴女士20元的奖励。一段时间后，吴女士偶然发现自己购买的那款亲子装的宣传首页上，使用了自己之前上传的照片，吴女士非常生气，立即要求商家删除。商家却认为，这是吴女士自愿上传的照片，而且当时已经向吴女士支付了“感谢费”，因此拒绝了她的请求。那么，此时吴女士应当怎样保护自己的合法权益呢？

解 析

在网络信息时代，一个不经意的行为可能就会使自己的权益受到侵害。当发生网络侵权时，权利人可以通过向网络服务提供者要求采取删除、屏蔽、断开链接等必要措施来维护自己的权益。《民法典》第1195条明确规定，发生网络侵权行为的，权利人有权通知网络服务提供者采取删除、屏蔽、断开链接等必要措施。通知时，应当提供初步证据及权利人的真实身份信息。与此同时，网络服务提供者接到通知后，应当及时与相关网络用户取得联系，并采取必要措施；如未及时采取必要措施，对损害的扩大部分与该网络用户承担连带责任。需要注意的是，权利人在通知之前，应当确认好侵权的信息，否则，一旦错误通知给网络用户或者网络服务提供者造成损害的，要承担侵权责任。

在本案例中，吴女士有权要求某店家删除自己及女儿的照片，在遭到拒绝的情况下，可以通知网络服务提供者采取必要措施。其在发出通知时应提供下列材料：一是自己的真实身份信息；二是某网店侵权的初步证据，如自己的照片、网店侵权的图片等。网络服务提供者接到吴女士举报后，应当及时与侵权店家取得联系，并在核实证据后立即采取删除、屏蔽、断开链接等必要措施。

法条

《中华人民共和国民法典》

第一千一百九十五条 网络用户利用网络服务实施侵权行为的，权利人有权通知网络服务提供者采取删除、屏蔽、断开链接等必要措施。通知应当包括构成侵权的初步证据及权利人的真实身份信息。

网络服务提供者接到通知后，应当及时将该通知转送相关网络用户，并根据构成侵权的初步证据和服务类型采取必要措施；未及时采取必要措施的，对损害的扩大部分与该网络用户承担连带责任。

权利人因错误通知造成网络用户或者网络服务提供者损害的，应当承担侵权责任。法律另有规定的，依照其规定。

238. 如果不存在侵权行为，网络用户应当怎样维护自己的合法权益？

案 例

李某是一位年轻摄影师，经常在各大网络平台上发表自己拍摄的照片，想通过这种方式来扩大自己的影响力。一次，李某在某网站上发表了一张自己拍摄的照片，由于拍摄主题和内容都很好，被很多网友转发，一时间吸引了很多粉丝和线上线下的合作者。张某是李某的竞争对手，他看到李某一度成为“网红”很是嫉妒，便在网络平台上举报李某剽窃了自己的摄影作品。网络服务平台找到李某核实情况，李某便向网络服务平台说明了相关情况。那么，网络用户如果不存在侵权行为的，应当怎样维护自己的合法权益？

解 析

目前，各大网络平台的违法信息投诉、举报渠道都很畅通、便捷，旨在保护广大网络用户的合法权益，但有些网络用户可能因为各种原因提供错误的举报信息，此时，不存在侵权行为的网络用户可以通过提供不存在侵权行为的声明维护自己的合法权益。根据《民法典》第1196条第1款的规定，网络用户接到转送的通知后，可以向网络服务提供者提交不存在侵权行为的声明。声明应当包括不存在侵权行为的初步证据及网络用户的真实身份信息。此外，该条第2款规定，网络服务提供者接到声明后，应及时转送发出通知的权利人，告知其可以向有关部门投诉或者向人民法院提起诉讼，如果权利人在合理期限内并未投诉或者提起诉讼的，应当及时终止所采取的措施。

在本案例中，李某在收到网络服务平台转送的侵权通知后，可以向网络服务平台提交不存在侵权行为的声明，声明的内容应包括：（1）不存在侵权行为的初步证据，如能够证明该照片为自己原创的相关证据；（2）自己的真实身份信息。网络服务提供者在接到声明后应告知张某，如果张某未在合理期限内采取相关措施，网络服务提供者要立即终止已经采取的措施。

法条

《中华人民共和国民法典》

第一千一百九十六条 网络用户接到转送的通知后，可以向网络服务提供者提交不存在侵权行为的声明。声明应当包括不存在侵权行为的初步证据及网络用户的真实身份信息。

网络服务提供者接到声明后，应当将该声明转送发出通知的权利人，并告知其可以向有关部门投诉或者向人民法院提起诉讼。网络服务提供者在转送声明到达权利人后的合理期限内，未收到权利人已经投诉或者提起诉讼通知的，应当及时终止所采取的措施。

239. 羽毛球馆未尽到安全提示义务，需要对人员受伤承担责任吗？

案 例

钱某是一位羽毛球爱好者，业余时间经常与好友一起去打羽毛球。一个周末，好友说小区附近新开了一个羽毛球馆，邀请钱某一起去体验一下。结束后，几个人意犹未尽，决定下周还到这里来锻炼。但是，在离场时，因场内有一个高台阶未有明显标识，钱某不慎踢到了台阶，导致右脚拇趾骨折，花去医疗费5000多元。钱某认为，自己受伤是因为羽毛球馆未尽到提示义务，羽毛球馆应当对自己的损害承担赔偿责任。那么，对于这种情况，羽毛球馆需要承担责任吗？

解 析

羽毛球馆作为人员密集、流动性较大的场所，应当做好安全保障工作，如果经营者未尽到安全保障责任，造成人员伤害的，要承担损害赔偿责任。根据《民法典》第1198条的规定，从事住宿、餐饮、娱乐等经营活动或者其他社会活动的自然人、法人、其他组织，有在合理限度范围内保障他人人身安全的义务。由此可知，相关公共场所应当为在其所辖范围内活动的人员提供合理限度的安全保障。

在本案例中，钱某到羽毛球馆进行体育锻炼，羽毛球馆应当在容易发生危险的点位设立显著提示标识或采取相应的安全保障措施，但是该场馆未尽到相应的提示和安全保障义务，导致钱某右脚踇趾受伤，羽毛球馆存在过错，应当承担损害赔偿责任。

条文

《中华人民共和国民法典》

第一千一百九十八条 宾馆、商场、银行、车站、机场、体育场馆、娱乐场所等经营场所、公共场所的经营者、管理者或者群众性活动的组织者，未尽到安全保障义务，造成他人损害的，应当承担侵权责任。

因第三人的行为造成他人损害的，由第三人承担侵权责任；经营者、管理者或者组织者未尽到安全保障义务的，承担相应的补充责任。经营者、管理者或者组织者承担补充责任后，可以向第三人追偿。

240. 教育机构承担补充责任后可以向第三人追偿吗？

案 例

小红暑假期间在某培训机构上辅导班。某日，在课间休息时，和小红的父母素来有仇的张某路过该培训机构，恰巧看到小红正在走廊玩耍，于是偷偷进入走廊，将小红抱起来摔在地上后迅速逃跑。某培训机构并未及时通知小红的父母，导致治疗延误。后经鉴定，小红被评定为八级伤残。小红的父母要求张某赔偿，但是张某下落不明。后小红的父母要求某培训机构赔偿，某培训机构以自己尽到了管理职责为由拒绝承担责任。无奈之下，小红的父母将某培训机构及张某一并告上了法庭。那么，如果某培训机构对小红作出赔偿，事后可以向张某追偿吗？

解 析

《民法典》第1201条规定了幼儿园、学校及其他教育机构伤害事故中第三人的侵权责任。若是因为第三人的原因导致教育机构内的无民事行为能力或者限制民事行为能力人受到损害的，应由第三人承担侵权责任，教育机构未尽到管理职责的，承担相应的补充责任。教育机构承担相应的补充责任意味着其承担的是第二顺位的责任，即应当先由实施了直接侵权行为的第三人承担责任，当第三人承担责任不足时，如果教育机构未尽到管理职责的，才承担相应的补充责任，并且就该补充责任所产生的赔偿事宜，教育机构可以向实施侵权的第三人追偿。

本案例中，小红被培训机构以外的人员张某所伤，小红的父母可以直接向侵权人张某主张侵权责任。同时，因为培训机构在发现张某实施侵权后没有及时通知小红的父母，从而导致治疗延误。此外，培训机构对外人能够闯入机构内部行凶负有不可推卸的安保责任，因此应当承担补充责任。当然，培训机构作为补充责任人承担了责任后，可以向直接侵权人张某追偿。

条文

《中华人民共和国民法典》

第一千二百零一条 无民事行为能力人或者限制民事行为能力人在幼儿园、学校或者其他教育机构学习、生活期间，受到幼儿园、学校或者其他教育机构以外的第三人人身损害的，由第三人承担侵权责任；幼儿园、学校或者其他教育机构未尽到管理职责的，承担相应的补充责任。幼儿园、学校或者其他教育机构承担补充责任后，可以向第三人追偿。

（三）产品责任与机动车交通事故责任

241. 缺陷产品未及时下架导致损害扩大的，扩大损害部分的损失由谁来承担？

案 例

2021年1月，杨某到某汽车销售公司买了一辆A牌某型号汽车。没过多久，杨某在高速公路上正常行驶时发生了交通事故，因被后车追尾再加上汽车自身存在缺陷导致杨某受伤。事后查明，杨某购买的A牌某型号汽车存在缺陷，一是后防护装置强度不达标，在车辆行驶或者临时停车时，如被其他车辆追尾，起不到缓冲的作用，可能会造成不必要的人身伤亡；二是后防护离地过高，起不到防护的作用，发生被追尾事故时，易造成人员伤亡的重大事故。某汽车的生产商与销售商明知该款汽车存在缺陷，但是并没有及时采取停止销售、警示、召回等措施。杨某要求汽车的生产商与销售商承担责任，汽车的生产商与销售商承认汽车存在缺陷，但是只认可赔偿车的损失，对事故引发的杨某的人身损失则不想承担责任。而追尾杨某车辆的司机发生事故后下落不明，杨某无法找其落实赔偿问题。无奈之下，杨某只能把索赔的希望放在汽车生产商和销售商这里。那么，就人身损害这一扩大损害，杨某可以要求汽车生产商和销售商来赔偿吗？

解 析

《民法典》侵权责任编对产品责任部分较之前的《侵权责任法》作了较大改动。其中《民法典》第 1206 条对产品缺陷补救措施增加“停止销售”条款，在实践中能有效避免损失的进一步发生。根据该条的规定，产品投入流通扩大后发现存在缺陷的，生产者、销售者应当及时采取停止销售、警示、召回等补救措施，未及时采取补救措施或补救措施不力造成损害扩大的情形下，生产者、销售者对扩大的损害也应承担侵权责任。这一规定意味着义务人对“扩大的损失部分”也一并承担责任。

本案例中，杨某有权请求后车车主承担侵权责任。同时，由于生产商、销售商未及时采取停止销售、警示、召回等补救措施造成了损害的扩大，杨某也有权请求生产商、销售商就扩大的损害承担侵权责任。

《中华人民共和国民法典》

第一千二百零六条第一款 产品投入流通后发现存在缺陷的，生产者、销售者应当及时采取停止销售、警示、召回等补救措施；未及时采取补救措施或者补救措施不力造成损害扩大的，对扩大的损害也应当承担侵权责任。

242. 产品被召回，由此支出必要的费用由谁来承担？

案 例

2020 年 5 月，尹某购入了某汽车公司生产的一款汽车。2021 年 2 月，某汽车公司对这款汽车发布召回通知。召回的原因是由于车身控制模块和 LED 驱动模块之间的诊断软件设置不正确，导致 LED 前转向信号灯的故障可能无法被检测到。当前转向信号灯故障时，驾驶员不会收到故障提醒，不符合国家标准，可能会增加发生事故的风险，存在安全隐患。尹某看到通知后，联系销售商处理召回事宜。销售商让尹某联系拖车将汽车拖到销售商处。尹某想知道，拖车费应该由谁来负担呢？

解 析

在现实生活中，缺陷产品被召回的事件时有发生，因此产生的纠纷也不胜枚举，其中就包括关于产品召回期间发生的运输费、交通费等产生的纠纷。对此，《民法典》第 1206 条第 2 款明确规定，召回缺陷产品的必要费用由生产者、销售者承担。这一方面极大地保障了消费者的合法权益，有利于鼓励消费者发挥市场监督作用；另一方面有利于倒逼企业提高产品质量，优化产品设施，提升售后服务。另外需要注意的是，这里的费用承担要以“必要”为限。依照常理，费用如果超出必要限度的，则由被侵权人一方承担，生产者、销售者对此不承担赔偿责任。

本案例中，对“问题车”召回期间发生的拖车费属于必要费用，应由汽车的生产商和销售商承担，尹某无须负担。

《中华人民共和国民法典》

第一千二百零六条 产品投入流通后发现存在缺陷的，生产者、销售者应当及时采取停止销售、警示、召回等补救措施；未及时采取补救措施或者补救措施不力造成损害扩大的，对扩大的损害也应当承担侵权责任。

依据前款规定采取召回措施的，生产者、销售者应当负担被侵权人因此支出的必要费用。

《中华人民共和国消费者权益保护法》

第十九条 经营者发现其提供的商品或者服务存在缺陷，有危及人身、财产安全危险的，应当立即向有关行政部门报告和告知消费者，并采取停止销售、警示、召回、无害化处理、销毁、停止生产或者服务等措施。采取召回措施的，经营者应当承担消费者因商品被召回支出的必要费用。

《缺陷汽车产品召回管理条例》

第十九条 对实施召回的缺陷汽车产品，生产者应当及时采取修正或者补充标识、修理、更换、退货等措施消除缺陷。

生产者应当承担消除缺陷的费用和必要的运送缺陷汽车产品的费用。

243. 司机把非自己名下的车借给没有驾照的亲戚驾驶，发生交通事故的，该司机需要承担责任吗？

案 例

朱某常年开着朋友陈某的汽车上下班。2021年3月，朱某将该汽车借给了没有驾驶证的舅舅左某。左某在行车中闯红灯，将正在通过人行横道的程某撞成重伤。后经交警部门认定，左某应对事故负全部责任，程某不承担责任。程某出院后向朱某和左某主张医疗费、误工费等费用。朱某想知道，自己把车借给舅舅左某驾驶，发生交通事故的，自己还需要承担责任吗？

解 析

《民法典》第1209条是关于机动车所有人、管理人允许他人租借、使用机动车，导致所有人、管理人与使用人不一致，发生交通事故时的责任主体认定问题。该条在《侵权责任法》的基础上，增加了管理人的概念和责任，规定因租赁、借用等情形机动车所有人、管理人与使用人不是同一人时，发生交通事故造成损害，属于该机动车一方责任的，由机动车使用人承担赔偿责任；机动车所有人、管理人对损害的发生有过错的，承担相应的赔偿责任。相应地，如果机动车所有人、管理人对损害的发生没有过错，则无须承担赔偿责任。

本案例中，肇事车辆的车主虽为陈

某，但日常驾驶该汽车的人为朱某，因此朱某为该汽车的实际管理人。朱某明知其舅舅左某没有驾驶资格，仍然将汽车借给左某驾驶，并发生了左某闯红灯并撞伤程某的后果。无证驾驶是法律明确禁止的行为，朱某的借车行为显然有过错。因此，朱某需要对程某承担相应的赔偿责任。

《中华人民共和国民法典》

第一千二百零九条 因租赁、借用等情形机动车所有人、管理人与使用人不是同一人时，发生交通事故造成损害，属于该机动车一方责任的，由机动车使用人承担赔偿责任；机动车所有人、管理人对损害的发生有过错的，承担相应的赔偿责任。

244. 车辆被冲抵欠款但未过户的，债权人开车撞伤他人，应由谁来承担责任？

案 例

林某为买房从黄某处借款20万元，并以自己的汽车设置了抵押。借款到期后，林某实在无力还款，便与黄某商量，用自己的汽车冲抵欠款，并当场将汽车交付给黄某，双方约定3天后到车管所办理过户登记。可没想到，在林某将车辆交给黄某的第二天，黄某开车逆行将行人汪某撞伤。经交警部门认定，黄某对本次事故负全部责任，汪某不承担责任。汪某请求林某与黄某承担赔偿责任。林某觉得自己已经将车辆交付给黄某，是黄某开车把人撞伤的，自己不用承担责任。那么，对于车辆已经实际交付但还没有办理车辆过户登记的，发生交通事故后，应当由谁来承担责任？

解 析

在买卖、赠与或者以其他方式转让机动车后，未办理过户登记，发生交通事故，原机动车所有人是否应承担赔偿责任？不少人对此存在疑惑。对此，《民法典》第1210条有明确的规定："当事人之间已经以买卖或者其他方式转让并交付机动车但是未办理登记，发生交通事故造成损害，属于该机动车一方责任的，由受让人承担赔偿责任。"机动车属于动产，其所有权在交付时就发生转移，是否办理过户登记并不会影响其所有权，登记的意义是产生公示公信效力。实际上，原机动车所有权人将汽车交付给新机动车所有权人后，便丧失了对机动车的占有和支配的能力，不再具有防范事故发生的控制力。因此，原机动车所有人无须承担交付车辆后所发生交通事故的损害赔偿责任。

本案例中，林某在汽车被冲抵欠款后，将汽车交与黄某，在办理过户登记之前，黄某开车把人撞伤并负事故的全部责任，因此应由黄某承担赔偿责任，林某不必承担赔偿责任。

《中华人民共和国民法典》

第一千二百一十条 当事人之间已经以买卖或者其他方式转让并交付机动车但是未办理登记，发生交通事故造成损害，属于该机动车一方责任的，由受让人承担赔偿责任。

245. 在不知情的情况下购买了盗抢车辆，后撞伤路人的，责任谁担？

案 例

叶某从某二手车商处购得了一辆汽车。2021年4月，叶某开车将行人向某撞成重伤，向某因此需要支付一大笔医药费及后续的康复费用。经交警部门认定，叶某对事故负全部责任。另外，交警在处理事故时还发现，此车是一辆盗抢车，便问叶某车是从哪里来的，叶某称是从某二手车商处购买的。后此案被警方立案侦查。这时，向某要求叶某承担赔偿责任。叶某想知道，自己在不知情的情况下购买了盗抢的汽车后撞伤了路人向某，需不需要承担赔偿责任？

解 析

《侵权责任法》只规定了盗抢机动车发生交通事故时由盗抢人赔偿责任，并未明确规定在盗抢人与使用人不一致的情况下，应由谁承担该车辆的交通事故赔偿责任。根据机动车使用人承担责任的一般原则，在盗抢人与驾驶人不一致的情况下，驾驶、使用盗抢车辆的人，对发生交通事故造成的损害应当承担责任。但若仅由使用人承担责任，盗抢机动车的人不承担任何责任，显然有违公平原则。因此，《民法典》第1215条在原来法律的基础上进一步规定，在盗抢人与使用人不一致的情况下，发生交通事故后由盗抢人与使用人共同承担连带责任。这既符合由使用人承担责任的一般规则，也能更好地惩罚盗抢人的不法行为。

在上面的案例中，就叶某的损害赔偿问题，应由叶某、车辆盗抢人以及相关的销赃人等承担连带责任。对于叶某来讲，作为实际使用人，当然需要承担责任。

《中华人民共和国民法典》

第一千二百一十五条 盗窃、抢劫或者抢夺的机动车发生交通事故造成损害的，由盗窃人、抢劫人或者抢夺人承担赔偿责任。盗窃人、抢劫人或者抢夺人与机动车使用人不是同一人，发生交通事故造成损害，属于该机动车一方责任的，由盗窃人、抢劫人或者抢夺人与机动车使用人承担连带责任。

保险人在机动车强制保险责任限额范围内垫付抢救费用的，有权向交通事故责任人追偿。

246. 驾驶人发生交通事故后逃逸，抢救费用超过机动车强制保险责任限额的部分由谁承担？

案 例

蒋某刚拿到机动车驾驶证就买了一辆汽车。2021年2月1日，蒋某独自驾车外出兜风，错把油门当成刹车，行人秦某躲闪不及被撞成重伤。事故发生后，蒋某内心极其害怕，开车逃离了事故现场。路人孔某立即拨打了120和110，交警和急救车到达现场后，共同将伤者秦某送往医院进行救治，所有治疗费用均由秦某家属自行承担。后交警部门认定，蒋某对此次事故负全部责任。秦某出院后要求蒋某投保“交强险”的保险公司赔付抢救费用。保险公司辩称，自己只承担机动车强制保险责任限额内的抢救费用，对于超过的部分不予赔偿。秦某想知道保险公司的说法有没有依据，如果保险公司说的有道理，那么在车主逃逸后，自己因交通事故受到的损失应由谁承担呢？

解 析

《侵权责任法》只规定了机动车驾驶人逃逸的赔偿问题，但在驾驶人逃逸，能够查明交强险的情况下，如果交强险限额仍然不足以支付抢救费用、丧葬费用的，应当如何处理，并未作出规定。《民法典》第1216条在原来法律规定的基础上，增加了关于超过交强险限额部分如何赔偿的规定。即“机动车不明、该机动车未参加强制保险或者抢救费用超过机动车强制保险责任限额，需要支付被侵权人人身伤亡的抢救、丧葬等费用的，由道路交通事故社会救助基金垫付”。支付交通事故受害人抢救等费用后，社会救助基金管理机构有权向交通事故责任人追偿。

在上面的案例中，对于机动车强制保险责任限额内的抢救费用，由蒋某投保的保险公司赔付，对于超过机动车强制保险责任限额的抢救费用，由于肇事司机蒋某逃逸，则先由道路交通事故社会救助基金垫付。道路交通事故社会救助基金垫付后，其管理机构有权向蒋某追偿。

法条

《中华人民共和国民法典》

第一千二百一十六条 机动车驾驶人发生交通事故后逃逸，该机动车参加强制保险的，由保险人在机动车强制保险责任限额范围内予以赔偿；机动车不明、该机动车未参加强制保险或者抢救费用超过机动车强制保险责任限额，需要支付被侵权人人身伤亡的抢救、丧葬等费用的，由道路交通事故社会救助基金垫付。道路交通事故社会救助基金垫付后，其管理机构有权向交通事故责任人追偿。

《机动车交通事故责任强制保险条例》

第二十四条 国家设立道路交通事故社会救助基金（以下简称救助基金）。有下列情形之一时，道路交通事故中受害人人身伤亡的丧葬费用、部分或者全部抢救费用，由救助基金先行垫付，救助基金管理机构有权向道路交通事故责任人追偿：

（一）抢救费用超过机动车交通事故责任强制保险责任限额的；

（二）肇事机动车未参加机动车交通事故责任强制保险的；

（三）机动车肇事后逃逸的。

247. 发生交通事故造成免费搭车人受伤的，需要承担赔偿责任吗？

案 例

于某和郝某住在同一个小区，由于两人工作的地方距离较近，在限号的时候经常搭乘彼此的车上下班。这天，恰巧赶上于某的车限号，于是她便搭乘郝某的车去单位。行驶到一段车流量较大的路段时，由于郝某车速较快且未保持车距，在前车正常刹车时，郝某随之来了一个急刹车，可还是撞上了前车。坐在后排玩手机的于某没有反应过来，撞在了前排座椅上，造成鼻骨骨折，连治疗带整形花去了大量的医药费。事后郝某听说，在这种情况下，即便是好意拉乘他人同行，也需要对他人的损害进行赔偿。那么，在这种情况下，郝某是否需要对于某的损害进行赔偿？

解 析

郝某需要承担赔偿责任，但是应当减轻其赔偿责任。对此，《民法典》第1217条明确规定：“非营运机动车发生交通事故造成无偿搭乘人损害，属于该机动车一方责任的，应当减轻其赔偿责任，但是机动车使用人有故意或者重大过失的除外。”据此可知，非营运机动车一方好意搭乘他人同行时，在自己负交通事故责任的情况下，即使没有故意或者重大过失的情况，也需要对搭车人的伤亡承担一定的赔偿责任，但是可以减轻赔偿责任。

在本案例中，郝某的车辆属于非营运机动车，于某无偿搭乘郝某的车上班，郝某在驾驶通过车流量较大的路段时车速过快且未注意保持车距，导致追尾前车，负事故全责。因此，对于于某的伤，郝某也要承担一定的赔偿责任，但其责任应当减轻。

条文

《中华人民共和国民法典》

第一千二百一十七条 非营运机动车发生交通事故造成无偿搭乘人损害，属于该机动车一方责任的，应当减轻其赔偿责任，但是机动车使用人有故意或者重大过失的除外。

（四）医疗损害责任

248. 手术前，仅仅签字，却不知道具体风险的，该签字有效吗？

案 例

王某因上腹胀痛到某医院就诊，入院后被诊断为胰占位性病变，胆囊炎伴胆管炎，考虑恶性肿瘤。经医院专家会诊后，王某被告知需要做手术。手术前，医院要求王某在手术风险告知书上签字，但是并没有将手术过程中存在的具体风险等情况详细地告诉他。王某认为虽然手术都会有一定的风险，但是绝大多数手术都能顺利地完成，因此对自己所面临的手术也没有太担心，医生让他签字，他就签了。最后，小概率事件还是在王某身上发生了。在施行手术过程中，王某肝动脉旁边的一根小动脉发生破裂，手术未能止血，增加了发生多脏器功能衰竭的概率。结果，王某术后腹腔出血致休克，直至死亡。后经鉴定，王某的死亡与手术有关系。那么，手术前患者仅仅签字，却不知道具体风险的，该签字有效吗？

解　析

现实生活中，在患者做手术前，医院都会让患者或患者家属在手术风险告知书上签字，以便在将来万一发生手术意外事故，可以以在手术前患者已签字同意为借口，免除责任。

这对患者而言是否公平呢？答案当然是否定的，手术前签字不代表患者知情同意，更不代表医院可以免责。《民法典》第1219条第1款规定："医务人员在诊疗活动中应当向患者说明病情和医疗措施。需要实施手术、特殊检查、特殊治疗的，医务人员应当及时向患者具体说明医疗风险、替代医疗方案等情况，并取得其明确同意；不能或者不宜向患者说明的，应当向患者的近亲属说明，并取得其明确同意。"换句话说，患者对手术应享有知情同意权，这样患者的签字行为才可能真实。如果患者或患者家属在不知具体风险等情形下签字，那么手术签字行为就不能规范医患双方的权利义务关系，也就不能产生应有的法律效果。

在上面的案例中，手术前王某仅仅在手术风险告知书上"签字"，却不知道具体风险等情况，因此这种签字是无效的。

条文

《中华人民共和国民法典》

第一千二百一十九条第一款　医务人员在诊疗活动中应当向患者说明病情和医疗措施。需要实施手术、特殊检查、特殊治疗的，医务人员应当及时向患者具体说明医疗风险、替代医疗方案等情况，并取得其明确同意；不能或者不宜向患者说明的，应当向患者的近亲属说明，并取得其明确同意。

249. 发生医患纠纷时，医院丢失病例的，如何定责？

案　例

一天，78岁的童某在走路时突然出现浑身无力、手脚麻木、头晕目眩等症状，被紧急送往医院，入院后被诊断为急性脑血栓，需要做手术治疗。童某在术后虽经积极护理，但终因病情较重死亡。童某的女儿小茜认为是医院的医疗行为不当导致了母亲的死亡，遂起诉要求该医院赔偿各项损失共计30万元。小茜去医院复制病例，却被告知病例已丢失。小茜以为自己很难取证，便申请法院去医院调取病例，谁知，医院称由于科室搬迁，童某的病例不小心遗失，确实无法提供病历。此后，法院先后两次委托鉴定部门进行鉴定，但鉴定部门最终都以小茜提供的病历不完整，医疗事故技术鉴定无法进行为由予以退回。小茜想知道，在医院将病例弄丢的情况下，医院是否应承担赔偿责任？

解　析

我们都知道，患者不论是在门诊看病还是住院治疗都是有病历的。病历是医院对患者疾病的发生、发展、转归，进行检查、诊断、治疗等医疗活动过程的记录，能够比较真实、客观、全面地反映整个医疗服务过程。病历可以证明医院在医疗过程中是否尽到了应尽的医疗义务和对患者的损害是否应当承担赔偿责任等重要事项。因此，医院应该妥善保管患者的病历资料。根据《民法典》第1222条第3项的规定，医院将病历资料遗失的，应推定医院有过错。

在上面的案例中，医院未按照规定妥善保管童某的病历资料，导致鉴定无法进行，也就无法证明其医疗行为与童某的死亡之间是否有因果关系，以及其是否具有医疗过错。在这种情况下，法院可以依法推定医院存在过错。因此，医院应当承担相应的赔偿责任。

条文

《中华人民共和国民法典》

第一千二百二十二条　患者在诊疗活动中受到损害，有下列情形之一的，推定医疗机构有过错：

（一）违反法律、行政法规、规章以及其他有关医疗规范的规定；

（二）隐匿或者拒绝提供与纠纷有关的病历资料；

（三）遗失、伪造、篡改或者违法销毁病历资料。

250. 医院或医务人员泄露患者的个人信息，应承担怎样的责任？

案　例

董某是某市妇幼保健院的一名护士，也是母婴店老板高某的高中同学。一天，高某找到董某，请求董某将最近几个月在医院做过产检的孕妇的个人信息提供给他。董某本不想答应，但是碍于同学情面便将十几个孕妇的信息发给了高某。这些信息非常详细，包括孕周及预产期、居住地址、电话号码等。高某在获取这些孕妇的个人信息后将其列入了自己的推销意向客户名单。那么，董某泄露孕产妇的个人信息应承担怎样的责任呢？

解　析

近年来，个人信息的泄漏问题屡禁不止。在一些医疗机构，患者的资料也不能得到很好的保密。为了解决这些问题，《民法典》第1226条规定，医疗机构及其医务人员应当对患者的隐私和个人信息保密。泄露患者的隐私和个人信息，或者未经患者同意公开其病历资料的，应当承担侵权责任。与原来的《侵权责任法》相比，本规定新增了医疗机构及其医务人员对患者个人信息的保密义务。这一修改有助于强化对患者个人信息的保护。

在上面的案例中，董某作为某市妇幼保健院的工作人员，应当对患者的隐私和个人信息予以保密。但董某不仅没有做到保密，反而将患者的个人信息泄露给同学，因此其应当对患者承担侵权责任。

条文

《中华人民共和国民法典》

第一千二百二十六条 医疗机构及其医务人员应当对患者的隐私和个人信息保密。泄露患者的隐私和个人信息，或者未经患者同意公开其病历资料的，应当承担侵权责任。

251. 侵害医务人员合法权益的，如何承担法律责任？

案 例

白某的父亲因突发脑中风被收入甲医院急诊，后因抢救无效身亡。白某无法接受事实，固执地认定是主治医生林医生的失误导致了自己父亲的死亡。为了报复林医生，白某采取了一些过激行为。白某多次向林医生发送恐吓短信，还在林医生家门口用红色颜料写恐吓语等，严重影响了林医生的日常生活。随后林医生报警。那么，侵害医务人员合法权益的，应当如何承担法律责任？

解 析

根据《民法典》第1228条的规定，法律保护医务人员的合法权益，对于侵害医务人员合法权益的行为，应当依法承担法律责任。同时，根据《基本医疗卫生与健康促进法》第57条的规定，法律保护医务人员的人身安全和人格尊严，并由国家、社会共同建构良好的医疗秩序。

在上面的案例中，白某过激的行为已经影响到了林医生的日常生活，侵害了林医生的合法权益，白某应当承担相应的民事责任，如赔偿精神损失、道歉等。后果严重的，需要承担行政责任，如罚款、拘留，甚至还有可能承担刑事责任。

条文

《中华人民共和国民法典》

第一千二百二十八条 医疗机构及其医务人员的合法权益受法律保护。

干扰医疗秩序，妨碍医务人员工作、生活，侵害医务人员合法权益的，应当依法承担法律责任。

《中华人民共和国基本医疗卫生与健康促进法》

第五十七条 全社会应当关心、尊重医疗卫生人员，维护良好安全的医疗卫生服务秩序，共同构建和谐医患关系。

医疗卫生人员的人身安全、人格尊严不受侵犯，其合法权益受法律保护。禁止任何组织或者个人威胁、危害医疗卫生人员人身安全，侵犯医疗卫生人员人格尊严。

国家采取措施，保障医疗卫生人员执业环境。

（五）环境污染和生态破坏责任

252. 企业污染环境造成严重后果的，被侵权人能否请求惩罚性赔偿？

案 例

为了发展经济，提高村民的生活水平，某镇鼓励外来企业在镇上开设工厂。随着该政策的发布，化工厂落地该镇某村，解决了很多村民的就业问题，村民的日子也越过越好。但是，随着工厂规模越来越大，该化工厂附近的农田被严重污染，更为严重的是，该化工厂将未经处理的污水直接排放在河里，导致河里的生物种类和数量都变少了。住房紧挨着该工厂的刘某因感到身体不舒服，遂去医院做了一个全身检查，被医院诊断为某疾病，刘某怀疑是因为长期饮用被污染的河水造成的。于是，刘某向法院提起诉讼，要求该化工厂赔偿自己的损失。诉讼过程中，该村农田遭到破坏的村民也向法院申请参加诉讼。法院受理后对上述案件一并做了处理，认定刘某所患疾病以及村民遭受的农田损失与该化工厂排污有直接的因果关系，支持了刘某和其他村民的诉讼请求。那么，企业污染环境造成严重后果的，被侵权人除要求其赔偿自己遭受的损失之外，还能否请求惩罚性赔偿？

解 析

关于侵权责任，我国民法一般采取的是补偿性赔偿原则，即侵权行为给受害人造成了多少损失就赔偿多少，以此来弥补被侵权人所遭受的损害。但是，在实践中，有的企业实施侵权行为的成本远低于其能获取的利益，因此采取补偿性赔偿原则不利于遏制生态环境侵权行为的发生。在上述背景下，《民法典》加大了对污染环境、破坏生态行为的惩处力度，在第1232条中规定了惩罚性赔偿制度。所谓惩罚性赔偿，是指侵权人除了要赔偿受害人所遭受的实际损失，还要向受害人支付一定数额的赔偿金，用以惩罚侵权人的侵权行为，以示警戒。也就是说，如果企业违反法律规定故意污染环境、破坏生态造成严重后果的，受害人在主张补偿性损害赔偿责任的同时，还有权请求相应的惩罚性赔偿金。

在上面的案例中，某化工厂明知污水应经过净化处理后才能对外排放，但其忽略相关规定，故意实施污染环境、破坏生态的行为，且造成了严重的后果。根据上述规定，刘某和村民除了可以要求化工厂赔偿实际损失，即医疗费、误工费、农田损失费等费用外，还有权请求化工厂赔偿一笔额外的惩罚性赔偿金。

条文

《中华人民共和国民法典》

第一千二百三十二条 侵权人违反法律规定故意污染环境、破坏生态造成严重后果的，被侵权人有权请求相应的惩罚性赔偿。

253. 企业不履行恢复生态环境的责任的，有关部门可以采取什么措施？

案 例

姜某大学毕业后决定回到农村老家创业，由于其大学期间学的是计算机专业，姜某便在村里租了一块地开设电子工厂。由于姜某在创业前对市场进行了多方位的考察，且姜某本人也十分善于经营，所以该工厂的规模不断扩大。但是，随着工厂的发展，其堆积的塑料垃圾等有害物质造成旁边的林地受到大面积污染，很多树木都枯死了。环保部门在对该村进行走访时发现了上述情况，遂着手调查此事。经过群众的反映以及专业机构的评估鉴定，查明树木枯死是电子工厂丢弃有害物质造成的。于是，环保部门要求电子工厂将其产生的有害物质进行有效处理，并要求其在3个月内对破坏的生态环境进行植树修复。3个月后，环保部门去考察时发现电子厂没有履行修复林木的责任。那么，企业实施破坏生态环境的行为后，不履行恢复生态环境的责任的，有关部门可以采取什么措施？

解 析

在实践中，有些工厂为了节省开支，常常不采取完善的环保措施，没有对有害物质进行有效处理，导致生态环境受到严重破坏。为了打击上述行为，《民法典》第1234条特此规定了污染环境、破坏生态行为人的生态环境修复责任。具体而言就是，行为人违反国家规定造成生态环境损害，生态环境能够修复的，环保部门等组织有权请求侵权人在合理期限内承担修复责任。侵权人在期限内未修复的，环保部门等组织可以自行或者委托他人进行修复，但所需费用要由侵权人来负担。也就是说，企业实施破坏生态环境的行为后，必须履行修复责任。

此外，《民法典》第1235条还具体规定了生态环境损害赔偿的具体范围，包括：（1）生态环境受到损害至修复完成期间服务功能丧失导致的损失；（2）生态环境功能永久性损害造成的损失；（3）生态环境损害调查、鉴定评估等费用；（4）清除污染、修复生态环境费用；（5）防止损害的发生和扩大所支出的合理费用。

在上面的案例中，电子工厂丢弃的塑料垃圾等有害物质造成大量林木枯死，环保部门要求其在3个月内进行植树恢复，但电子厂未履行修复责任。根据上述规定，环保部门可以自行或者委托其他人种植树木以此来恢复当地的生态环境，但修复的费用需要由电子工厂来承担。

条 文

《中华人民共和国民法典》

第一千二百三十四条 违反国家规定造成生态环境损害，生态环境能够修复的，国家规定的机关或者法律规定的组织有权请求侵权人在合理期限内承担修复责任。侵权人在期限内未修复的，国家规定的机关或者法律规定的组织可以自行或者委托他人进行修复，所需费用由侵权人负担。

第一千二百三十五条 违反国家规定造成生态环境损害的，国家规定的机关或者法律规定的组织有权请求侵权人赔偿下列损失和费用：

（一）生态环境受到损害至修复完成期间服务功能丧失导致的损失；

（二）生态环境功能永久性损害造成的损失；

（三）生态环境损害调查、鉴定评估等费用；

（四）清除污染、修复生态环境费用；

（五）防止损害的发生和扩大所支出的合理费用。

254. 公益诉讼要求污染企业作出赔偿的，赔偿范围包括哪些？

案 例

老朱是某村村民，最近半年，他经常腹泻，有时还会伴有便血的症状，到医院一检查，被确诊为肠癌。这几年，周边村镇的很多人都不明原因地患上了肠道疾病，最终大家发现，造成大家患病的原因是附近的造纸厂经常排放废气废水，周边的河流和地下水都受到了严重的污染，村民们因饮用了危害物质超标的水，患上各种各样的肠道疾病。2021 年 3 月，造纸厂附近的村民向当地某公益组织反映，要求造纸厂搬离此地，清除对当地环境造成的污染，并作出相应赔偿。该公益组织向法院提起公益诉讼，法院受理了此案。那么，公益诉讼要求污染企业作出赔偿的，赔偿范围包括哪些？

解 析

绿水青山就是金山银山，企业在追求经济利益的同时，也要兼顾生态环境效益，不能以污染环境为代价。违反国家规定造成生态环境破坏的企业，要对给环境造成的损失进行相应赔偿，弥补对环境造成的损害。对此，根据《民法典》第 1235 条的规定，国家规定的机关或者法律规定的组织有权请求侵权人赔偿下列损失和费用：（1）生态环境受到损害至修复完成期间服务功能丧失导致的损失；（2）生态环境功能永久性损害造成的损失；（3）生态环境损害调查、鉴定评估等费用；（4）清除污染、修复生态环境费用；（5）防止损害的发生和扩大所支出的合理费用。

在本案例中，造纸厂违反规定排放废水废气，对环境造成了严重的破坏，导致附近村民生命健康受到严重的损害，其应当立即搬离此地，并在公益组织向人民法院提起公益诉讼后，按照上述法律规定承担相应的赔偿责任。

条 文

《中华人民共和国民法典》

第一千二百三十五条 违反国家规定造成生态环境损害的，国家规定的机关或者法律规定的组织有权请求侵权人赔偿下列损失和费用：

（一）生态环境受到损害至修复完成期间服务功能丧失导致的损失；

（二）生态环境功能永久性损害造成的损失；

（三）生态环境损害调查、鉴定评估等费用；

（四）清除污染、修复生态环境费用；

（五）防止损害的发生和扩大所支出的合理费用。

（六）高度危险责任与饲养动物损害责任

255. 具有强腐蚀性的物品造成他人损害，被侵权人有重大过失的，占有人或使用人还需要承担责任吗？

案 例

白某系南湘公司的职工。2021年1月，南湘公司承揽云华公司一车间、二车间的防腐工程，指派包括白某在内的几名职工在该工地施工。2021年3月1日上午8点多，白某和同事朱某正在调漆，距他们七八米高的云华公司的硫酸管道突然自行爆炸，喷出的硫酸将白某和朱某都烧伤了。云华公司的员工立即将白某、朱某送往医院治疗，经诊断：白某面部、双上肢、小腿、足部均被硫酸严重烧伤，烧伤面积达全身面积的41%；朱某无大碍。云华公司负责人在事故发生后出具的情况说明中载明，该事故系人为操作重大失误造成，南湘公司在对管道防腐喷漆过程中搭建的脚手架与输送硫酸的管道多有接触，其中多次将管道作为脚手架搭设支撑点，使输送硫酸管道承受外力造成管道破裂，因此云华公司不需要承担责任。那么，具有强腐蚀性的物品造成他人损害，被侵权人有重大过失的，占有人或使用人还需要承担责任吗？

解 析

我们不难发现，具有强腐蚀性、高致病性的物质符合高度危险物质的基本特征，如强酸、强碱等危险化学品以及致人重病的病毒等。虽然《侵权责任法》在列举高度危险物的特性时使用的“等”字能够包含这两类物质，但为避免实务工作者在适用时对此产生歧义，《民法典》第1239条将“强腐蚀性”“高致病性”两种类型明确列举了出来。由此条规定可知，具有强腐蚀性的物品造成他人损害的，占有人或者使用人应当承担侵权责任，但是能够证明损害是因受害人故意或者不可抗力造成的，不承担责任。如果被侵害人对损害的发生有重大过失，则可以减轻占有人或使用人的责任。

在上面的案例中，白某作为从事防腐安装特种行业的人员，应该知道将脚手架搭建在装有硫酸等腐蚀性液体的管道上的危险性，也具备最起码的常识和基本的注意义务，但其却多次将管道作为脚手架搭设支撑点，使输送硫酸管道承受外力造成管道破裂，这说明白某对于此次损害存在重大过失。结合条文的规定，只有在损害是因被侵权人故意或不可抗力造成的情况下，占有人或使用人才不用承担责任；而被侵权人对损害的发生存在重大过失的，占有人或使用人需要承担责任，但是承担的责任可以减轻。

条　文

《中华人民共和国民法典》

第一千二百三十九条　占有或者使用易燃、易爆、剧毒、高放射性、强腐蚀性、高致病性等高度危险物造成他人损害的，占有人或者使用人应当承担侵权责任；但是，能够证明损害是因受害人故意或者不可抗力造成的，不承担责任。被侵权人对损害的发生有重大过失的，可以减轻占有人或者使用人的责任。

256. 被侵权人对损害的发生有过失但非重大过失的，经营者能减轻责任吗？

案　例

一天，唐某与朋友李某到董某经营的水库内的某垂钓园钓鱼，二人支付200元钓鱼费用后开始夜间垂钓（两人的钓位均位于水库堤坝底处）。当晚11时许，唐某竖扛鱼竿行走在水库堤坝上时，不慎将鱼竿触碰到堤坝上空的高压线路，导致其被电击，经抢救无效死亡。经公安局现场勘验，高压线路电压为10kV，属于高压电范畴，最低线路距地面垂直距离为6.24米，而唐某身高1.75米，鱼竿长度为7.2米。事发时，该堤坝路面与高压线路立体交叉处附近设有“高压线、禁止钓鱼”的警示牌，高压电路经过水库东南角水面范围设有铁丝拦护网，该警示牌及拦护网均是某垂钓园经营者董某所设，高压线路经过水库区域的高压导线呈裸露状态，未加固绝缘措施。高压线路的所有权人和经营管理人均为D县铁路局，其辩称自己的供电线路符合国家标准，是先有高压供电线路后修建的鱼塘，且鱼塘属于违法经营，受害人在本起事故中也有过失，应该承担本起事故的主要责任。那么，被侵权人对损害的发生有过失但非重大过失的，经营者能减轻责任吗？

解　析

现代社会，从事高度危险活动的经营者增多，潜在安全隐患也随之变多。为体现以人为本，加强弱势群体保护的立法主旨，《民法典》第1240条将高度危险活动经营者可以减轻责任的条件修改为“被侵权人对损害的发生有重大过失”。由此可知，只有当被侵权人对损害的发生有重大过失时，才可以减轻高度危险活动经营者的责任。

在上面的案例中，D县铁路局作为高压线路的所有权人及管理人，明知高压线下的水库堤坝是村民农耕必经之路，经常会有行人及车辆通行，却未对高压导线加固绝缘设施，消除潜在隐患，故其对唐某触电身亡的事故存在重大过错，应当承担侵权责任。而唐某作为具有完全民事行为能力的成年人，在夜间钓鱼期间，对周围环境是否存在安全隐患或危险未注意观察，以致在竖扛钓鱼竿行走在水库堤坝上时不慎将钓鱼竿与上方高压线相接触，发生触电事故，后经抢救无效死亡，其自身也存在过失。但这种过失不属于重大过失，是由于疏忽大意导致的，不能因此减轻经营者的责任。所以，被侵权人对损害的发生有过失，而非重大过失的，经营者不能减轻责任。

条　文

《中华人民共和国民法典》

第一千二百四十条　从事高空、高压、地下挖掘活动或者使用高速轨道运输工具造成他人损害的，经营者应当承担侵权责任；但是，能够证明损害是因受害人故意或者不可抗力造成的，不承担责任。被侵权人对损害的发生有重大过失的，可以减轻经营者的责任。

257. 安全措施不足，警示义务履行不充分的，高度危险作业管理人还能减轻责任或免责吗？

案　例

一天，王某不顾B市高速收费站工作人员的劝阻与警告，私自从检票口旁的小路（设有警示标志）步行进入高速路段。半小时后，罗某驾驶小型轿车在小客车道与行人王某发生碰撞，造成王某受伤、车辆受损的道路交通事故，王某经抢救无效死亡。后王某家属到法院起诉罗某和收费站管理公司，要求其各自承担相应的责任。该收费站管理公司负责人郭某辩称，高速公路已采取了相应的安全措施，并在入口树立了警示标志，对其管理的区域尽到了法定的管理和警示义务，应当免责。而王某的家属辩称，他们的安全警示义务不够充分。那么，郭某的说法正确吗？对于这种安全措施不足，警示义务履行不充分的，高度危险作业管理人还能减轻责任或免责吗？

解　析

通常情况下，高度危险活动区域同社会大众的活动场所相隔绝。如果管理人已经采取合理的安全措施并且尽到充分警示义务的，社会大众是不能随意进入，将自己置于危险之中的。对此，《民法典》第1243条提高了安全警示义务的标准，对高度危险作业或物品管理人的责任减免设置了更严格的条件，要求“管理人能够证明已经采取足够安全措施并尽到充分警示义务”。由此可知，高度危险作业管理人采取的安全措施不足，履行的警示义务不够充分，是不能减轻责任或免责的。

在上面的案例中，虽然高速公路管理人员在看到王某违法进入高速公路时，对其进行劝阻与警告，但之后并未对王某是否听从劝阻放弃进入高速公路加以确认，其劝阻的有效性不够。在王某进入高速路后，高速公路管理人员应及时发现并且应当进一步采取安全防范措施却未采取，说明其警示及采取的安全措施不够充分，对王某的死亡存在一定的过错，不能因此减轻或者免除其责任。当然，死者王某在高速公路管理人员对其劝阻的情况下，仍然执意步行进入高速公路，对此次事故也存在过错，可以因此减轻高度危险作业管理人的赔偿责任。所以，郭某的说法不正确，对于安全措施不足，警示义务履行不充分的，高度危险作业管理人不能减轻责任或免责。

条 文

《中华人民共和国民法典》

第一千二百四十三条 未经许可进入高度危险活动区域或者高度危险物存放区域受到损害，管理人能够证明已经采取足够安全措施并尽到充分警示义务的，可以减轻或者不承担责任。

258. 遛狗时没有拴狗绳，狗被“逗”后咬伤人的，狗主人可以减轻责任吗？

案 例

梁小姐刚满30岁，事业蒸蒸日上，新买了一套房子。搬入新家后，梁小姐带来了她的宠物——哈士奇毛毛。一天，梁小姐正准备出门遛狗时，发现自己的牵狗绳没有带过来，想着毛毛平时都非常乖巧，也未曾惹过什么祸，所以梁小姐没有给毛毛系上牵狗绳便出门了。一人一狗遛弯时，金先生正从旁边经过。金先生觉得毛毛非常可爱，便拿着刚从便利店买的香肠逗毛毛，在毛毛来吃的时候又拿开，如此反复。结果毛毛一着急，便咬到了金先生的手。金先生认为，自己的伤由毛毛造成，应当由梁小姐负全责，承担全部的医药费、营养费等费用。那么，遛狗时没有拴狗绳，狗被“逗”后咬伤人的，狗主人可以减轻责任吗？

解 析

现在养宠物的人越来越多，与此同时也增加了很多安全隐患。根据《民法典》第1246条的规定，动物饲养人应当对动物采取相应的安全措施，否则，在动物致人损害时，应当承担侵权责任。但是，如果损害是被侵权人故意造成的，可以减轻饲养人的责任。后半部分的但书为《民法典》相较于《侵权责任法》

新增的规定，这样能够根据当事人的过错更加公平地分担当事人之间的责任，体现了民法中的公平原则。

同时，《动物防疫法》第30条第2款规定，携带犬只出户的，应当按照规定佩戴犬牌并采取系犬绳等措施，防止犬只伤人、疫病传播。在上面的案例中，梁小姐没有给毛毛系牵狗绳，是违法行为，应当对金先生的损害承担侵权责任。但金先生看到没有系牵狗绳的金毛犬时，本应注意不要靠近，以免受伤。然而，金先生却自己用食物去“逗”狗，最后导致被狗咬伤。因此，由于金先生故意逗狗的行为，梁小姐可以减轻一部分责任。

条 文

《中华人民共和国民法典》

第一千二百四十六条 违反管理规定，未对动物采取安全措施造成他人损害的，动物饲养人或者管理人应当承担侵权责任；但是，能够证明损害是因被侵权人故意造成的，可以减轻责任。

《中华人民共和国动物防疫法》

第三十条第二款 携带犬只出户的，应当按照规定佩戴犬牌并采取系犬绳等措施，防止犬只伤人、疫病传播。

（七）建筑物和物件损害责任

259. 大桥倒塌，建设与施工单位能够证明大桥无质量问题的，还需要承担赔偿责任吗？

案 例

2021年3月24日晚，某地遭遇大暴雨。彭某等人开着大货车相继从某大桥通过。恰逢彭某开着大货车走到桥中央时，大桥突然倒塌，彭某连车带人掉入河中。彭某遇难，他的妻子温某悲痛欲绝，认为桥的质量有严重问题，大桥的建设单位与施工单位对彭某的死亡负有不可推卸的责任。大桥的建设单位与施工单位则辩称大桥没有质量缺陷。在协商无果后，温某遂将大桥的建设单位与施工单位告上法院，要求其承担损害赔偿责任。法院委托鉴定部门鉴定，鉴定意见认为大桥在建设、施工的过程中均不存在违规问题，大桥不存在质量缺陷。建设单位与施工单位也拿出当初的验收材料证明大桥本身不存在质量问题。后经专家鉴定解析，之所以发生大桥倒塌事件，极有可能是由于连续通过的几辆货车严重超载，加之天气恶劣，使大桥不能承受，与大桥本身质量无关。那么，在建设与施工单位能够证明大桥无质量问题的情况下，其还需要承担赔偿责任吗？

解 析

《民法典》第1252条第1款规定了

建筑物、构筑物或者其他设施倒塌、塌陷造成他人损害的责任承担问题："建筑物、构筑物或者其他设施倒塌、塌陷造成他人损害的，由建设单位与施工单位承担连带责任，但是建设单位与施工单位能够证明不存在质量缺陷的除外。"

该条款明确了建筑物等倒塌、塌陷责任的归责原则为过错推定原则，即建设单位、施工单位可以通过举证建筑物等不存在质量缺陷来证明自己没有过错。如果建设单位、施工单位不能举证证明，则认定其有过错；如果其能够成功证明，则认定其没有过错，也就不承担侵权责任。

在上面的案例中，大桥的建设单位与施工单位能够证明大桥无质量问题，即其对于大桥的倒塌没有过错，因此不需要承担损害赔偿责任。

条 文

《中华人民共和国民法典》

第一千二百五十二条 建筑物、构筑物或者其他设施倒塌、塌陷造成他人损害的，由建设单位与施工单位承担连带责任，但是建设单位与施工单位能够证明不存在质量缺陷的除外。建设单位、施工单位赔偿后，有其他责任人的，有权向其他责任人追偿。

因所有人、管理人、使用人或者第三人的原因，建筑物、构筑物或者其他设施倒塌、塌陷造成他人损害的，由所有人、管理人、使用人或者第三人承担侵权责任。

260. 高空坠落物品导致他人受伤的，应该按照怎样的规则追究赔偿责任？

案 例

高某是健身达人，每天早上和晚上都会在小区内跑步。有天晚上，高某照常在小区内进行夜跑，但在跑步途中，经过14号楼楼下时，一个玻璃瓶忽然从楼上掉下来，正巧砸中高某的头部，高某当场晕倒。路过的居民赶紧拨打120急救电话将高某送往医院。经医院诊断，高某有轻微的脑震荡，共花去医药费5万多元。痊愈出院后，高某以及高某的家属试图通过查看监控的方式找到抛掷玻璃瓶的人，但是都没有结果。于是，他们又去找物业讨说法，认为他们没有尽到安全保障责任。但是，物业以自己已经在电梯内贴了"禁止高空抛物"的安全提示来进行辩解，认为自己已经履行了安全保障义务，不应该承担赔偿责任。那么，高空坠落物品导致他人受伤的，应该按照怎样的规则来追究赔偿责任？

解 析

高空抛物致人损害事件在生活中时有发生，但由于监控范围的有限性，导致在事故发生后，有时会无法确定具体的侵权人。为保障受害人的权益，《民法典》第1254条专门规定了高空抛物致人损害的责任承担规则。具体来说就是，从建筑物中抛掷物品或者从建筑物上坠落的物品造成他人损害的，由侵权人承担侵权责任；公安等机关应当对高空抛物、坠物事件进行及时调查，以此来查清楚真正的责任人。经调查无法确定具体的侵权人的，除能够证明自己不是侵权人外，由可能加害的建筑物使用人给予补偿。可能实施加害行为的建筑物使用人补偿后，有权向真正的侵权人进行追偿。

此外，该条文还规定了物业服务企业等建筑物管理人的安全保障义务，要求其必须采取必要的安全保障措施来防止高空抛物、坠物事件的发生。未采取必要的安全保障措施的，应当依法承担相应的侵权责任。

在上面的案例中，高某被从14号楼上掉落的玻璃瓶砸中后无法确定具体的侵权人，根据上述规定，高某可以请求公安机关查明具体的侵权人。如果无法查明的，就应该由14号楼所有的住房使用人给予补偿，但是能够证明自己不是侵权人的除外，如外出有证人证明等。另外，如果小区的物业服务企业没有履行安全保障义务的，高某还可以要求物业服务企业承担安全保障责任。

条　文

《中华人民共和国民法典》

第一千二百五十四条　禁止从建筑物中抛掷物品。从建筑物中抛掷物品或者从建筑物上坠落的物品造成他人损害的，由侵权人依法承担侵权责任；经调查难以确定具体侵权人的，除能够证明自己不是侵权人的外，由可能加害的建筑物使用人给予补偿。可能加害的建筑物使用人补偿后，有权向侵权人追偿。

物业服务企业等建筑物管理人应当采取必要的安全保障措施防止前款规定情形的发生；未采取必要的安全保障措施的，应当依法承担未履行安全保障义务的侵权责任。

发生本条第一款规定的情形的，公安等机关应当依法及时调查，查清责任人。

261. 在公共道路上晒粮食造成他人损害的，由谁承担责任？

案　例

一天上午，卢某像往常一样骑电动车去上班。这天，天气晴朗，她发现公路的一些路段都晾晒了刚刚收割的粮食。每逢这个季节，一些农民都会在路上晒粮，卢某并没有在意，骑车继续前行。不料，卢某经过某处撒有粮食的道路时，车轮打滑，不慎摔倒。不幸的是，由于卢某太阳穴着地，摔到了头部要害，不治身亡。后来，卢某家属将晒粮的农民常某和公路管理部门告上法庭，要求他们承担责任。请问，在公共道路上遗撒妨碍通行的物品造成他人损害的，由谁承担责任？

解　析

《民法典》第1256条规定了在公共道路上堆放、倾倒、遗撒妨碍通行的物品造成他人损害的责任承担问题。根据这条规定，受害人可以请求在公共道路上堆放、倾倒、遗撒妨碍通行物品的行为人承担责任。受害人也可以请求对损害的发生或扩大有过错的公共道路管理人承担责任。道路管理人如果不想承担责任，则要证明自己已经尽到了清理、防护、警示义务，否则就要承担责任。

在上面的案例中，常某在公路上晒粮，妨碍他人通行，并造成他人损害，应该承担侵权责任。在公路上晒粮是道路交通法律所不允许的。公路管理者对于农民在公路上晒粮没有尽到管理、清理义务，应当承担相应的损害赔偿责任。

条文

《中华人民共和国民法典》

第一千二百五十六条 在公共道路上堆放、倾倒、遗撒妨碍通行的物品造成他人损害的，由行为人承担侵权责任。公共道路管理人不能证明已经尽到清理、防护、警示等义务的，应当承担相应的责任。

262. 果实坠落造成他人损害的，责任如何承担？

案 例

某个冬日，吕某带着妻女来到某地游玩。晚饭后，吕某夫妇二人用婴儿车推着女儿在路边散步。突然，从路边的柿子树上掉下来一个熟透的大柿子，恰巧砸到了吕某女儿的头上。由于孩子刚刚一岁多，连砸带吓，住进了医院，为此花去医药费3000元。吕某得知此柿子树归当地园林部门管辖，便要求园林部门承担赔偿责任。他认为园林部门没有及时对路边的树枝进行修剪，也没有及时地摘取熟透的果实，对事故的发生负有不可推卸的责任。园林部门则主张吕某女儿被果实砸中算是特例，概率特别小，他们不能因为这种极小概率的事件而承担法律责任。吕某想知道，园林部门的说法有没有法律依据。难道他们一家只能自认倒霉吗？

解 析

《民法典》第1257条新增了果实坠落造成他人损害的责任承担规则。根据这条规定，因果实坠落造成他人损害时，由林木的所有人或者管理人承担侵权责任。除非林木的所有人或者管理人证明自己没有过错，否则，就应当承担侵权责任。

在上面的案例中，吕某的女儿被从路边柿子树上掉落的果实砸中入院，因此花去医药费，造成了身心和经济损害。对此，吕某一家不用自认倒霉。依据上面的法律规定，应由林木的所有人或者管理人，即市政园林部门承担损害赔偿责任。

条文

《中华人民共和国民法典》

第一千二百五十七条 因林木折断、倾倒或者果实坠落等造成他人损害，林木的所有人或者管理人不能证明自己没有过错的，应当承担侵权责任。

263. 道路施工挖坑致人损害，谁来担责？

案 例

某日，孙某家所在小区门口的道路上进行施工，某施工公司在道路上挖沟，但是没有设置明显标志来提醒过往的行人注意，也没有采取其他安全措施。施工一直进行到晚上还没完，工人们只用了两袋水泥挡在坑的两边，便下班了。孙某骑摩托车下班时，没有想到早上看到的沟还没有填平，他以为路上的水泥袋子是工人们遗漏的，便踩着油门骑了过去，结果一下子跃入沟内，造成多处骨折，住院半个月，花去医药费近万元。出院后，孙某请求某施工方承担损害赔偿责任，但是某施工方一直拖着不给答复。那么，施工方应该承担赔偿责任吗？

解 析

《民法典》第1258条规定了在公共场所或者道路上挖掘地下设施等造成他人损害的责任承担问题。根据这条规定，施工人承担责任适用过错推定原则。也就是说，一旦发生道路施工损害，首先推定施工人具有过错，如果施工人能够证明其已尽到足够注意与提醒义务，则可以免责，由受损害人自行承担损害责任。如果施工人不能证明已经设置明显标志和采取安全措施的，应当承担侵权责任。

在上面的案例中，孙某在施工路段受到损害，应当由施工方承担损害赔偿责任，除非施工方能够证明自己尽到了充分的提醒义务。但事实上，施工方没有设置明显标志来提醒过往的行人注意，两袋水泥不足以起到“前方施工”的警示作用。

《中华人民共和国民法典》

第一千二百五十八条 在公共场所或者道路上挖掘、修缮安装地下设施等造成他人损害，施工人不能证明已经设置明显标志和采取安全措施的，应当承担侵权责任。

窨井等地下设施造成他人损害，管理人不能证明尽到管理职责的，应当承担侵权责任。

图书在版编目（CIP）数据

民法典新规则速查速用大全集 / 张思星主编 . —北京：中国法制出版社，2021. 10

ISBN 978 -7 -5216 -2091 -7

Ⅰ. ①民… Ⅱ. ①张… Ⅲ. ①民法—法典—法律解释—中国 Ⅳ. ①D923. 05

中国版本图书馆 CIP 数据核字（2021）第 160157 号

策划编辑：胡艺（ngaihu@ gmail. com）

责任编辑：王悦（wangyuefzs@ 163. com）

封面设计：周黎明

民法典新规则速查速用大全集

MINFADIAN XINGUIZE SUCHA SUYONG DAQUANJI

主编/张思星

副主编/李坤

经销/新华书店

印刷/三河市国英印务有限公司

开本/710 毫米 ×1000 毫米 16 开

印张/ 15. 75 字数/ 249 千

版次/2021 年 10 月第 1 版

2021 年 10 月第 1 次印刷

中国法制出版社出版

书号 ISBN 978 -7 -5216 -2091 -7

定价：48. 00 元

北京市西城区西便门西里甲 16 号西便门办公区

邮政编码：100053

传真：010 -63141852

网址：http：//www. zgfzs. com

编辑部电话：010 -63141831

市场营销部电话：010 -63141612

印务部电话：010 -63141606

（如有印装质量问题，请与本社印务部联系。）